U0451507

"经典与解释"丛编
Classici et Commentarii

HERMES

刘小枫 ● 主编

罗马共和纪事
Historiae

〔古罗马〕 撒路斯提乌斯 ● 著

张培均 ● 译注

商务印书馆
The Commercial Press

中国社会科学院学科建设"登峰战略"资助计划
"世界文学与文明互鉴"重点学科项目成果

"经典与解释"丛编
出 版 说 明

古典文明研究工作坊创设的"经典与解释"丛书,是改革开放以来我国学界规模最大、持续时间最长的丛书之一,自2002年开设以来,迄今已出版逾500种。

"经典与解释"丛书自觉继承商务印书馆创设的"汉译世界学术名著丛书"的精神,为我国学界积累学术资源,尤其积极推动译介西方历代经典的绎读,以期源源不断的学子们能更好地认识西方历代经典。

古典文明研究工作坊精选若干西方经典,联合商务印书馆共同推出"'经典与解释'丛编"。本丛编着眼于配合"汉译世界学术名著丛书"的发展,为这一百年学术大业添砖加瓦。

古典文明研究工作坊
商务印书馆
2022年元月

目　录

文献缩写表　/ *1*
中译本前言　/ *13*

第一卷
前言（残篇1—16）　/ *29*
历史背景（残篇17—47）　/ *42*
国内事务和勒皮都斯的反叛（前78—前77年）（残篇48—72）　/ *55*
国内事务（前77年）（残篇73—75）　/ *78*
色尔托瑞乌斯和西班牙战争（残篇76—113）　/ *80*
评论奇利奇阿的海盗战争（前78—前77年）（残篇114—118）　/ *95*
在马其顿和忒腊克的战争（前77年）（残篇119—120）　/ *97*
第一卷中上下文不明的残篇（残篇121—139）　/ *98*

第二卷
勒皮都斯在撒丁岛的失败和死亡（前77年）（残篇1—15）　/ *105*
派庞培去西班牙（前77年）（残篇16—21）　/ *111*
国内事务（前76年）（残篇22—24）　/ *114*
色尔托瑞乌斯战争（前76年）（残篇25—33）　/ *116*

东方的战争(前76年)(残篇34—37) / 120

国内事务(前75年)(残篇38—44) / 122

色尔托瑞乌斯战争(前75年夏)(残篇45—56) / 130

第三次米特瑞达忒斯战争的背景(残篇57—65) / 134

东方的战争(前75年)(残篇66—74) / 138

色尔托瑞乌斯战争(前75年秋)(残篇75—86) / 143

第二卷中上下文不明的残篇(残篇87—110) / 151

第三卷

玛尔库斯·安东尼乌斯对海盗作战的开始阶段(前74—前73年)(残篇1—7) / 161

色尔托瑞乌斯战争(前74年)(残篇8—12) / 165

对达尔达尼亚人的战争(前74—前73年)(残篇13—14) / 168

平民保民官玛刻尔致平民的演说(残篇15) / 169

第三次米特瑞达忒斯战争(前73—前72年)(残篇16—37) / 176

斯帕尔塔库斯领导的奴隶暴动:第一年(前73年)(残篇38—45) / 183

玛尔库斯·安东尼乌斯对海盗作战的最后阶段(前73—前72年)(残篇46—54) / 188

色尔托瑞乌斯战争的结果(前73—前72年)(残篇55—63) / 192

斯帕尔塔库斯领导的奴隶暴动:第二年(前72年)(残篇64—70) / 196

玛尔库斯·路库路斯的忒腊克战役(前72年)(残篇71—73) / 199

米特瑞达忒斯战争(前72年)(残篇74—81) / 201

附记本都地形(残篇82—99) / 205

第三卷中上下文不明的残篇（残篇100—108） / 211

第四卷
　　京城事务（前72年）（残篇1—2） / 217
　　米特瑞达忒斯战争（前71年）（残篇3—10） / 219
　　斯帕尔塔库斯领导的奴隶暴动的结果（前72年秋—前71年春）
　　　　（残篇11—31） / 222
　　京城事务（前71年）（残篇32—41） / 230
　　米特瑞达忒斯战争（前70年）（残篇42—46） / 234
　　京城事务（前70年）（残篇47—51） / 236
　　路库路斯入侵亚美尼亚（前69年）（残篇52—59） / 239
　　米特瑞达忒斯的信（残篇60） / 243
　　路库路斯进军亚美尼亚（前69年中—前68年）（残篇61—
　　　　70） / 251
　　京城事务（前68年）（残篇71） / 255
　　第四卷中上下文不明的残篇（残篇72—77） / 256

第五卷
　　路库路斯进行的战争的结果（前68年［秋］—前67年）（残篇1—
　　　　14） / 261
　　海盗战争（残篇15—20） / 266

不定残篇
　　战争和军事事务（残篇1—25） / 271
　　船和航行（残篇26—31） / 279
　　政治与国内事务（残篇32—37） / 281
　　其他（残篇38—56） / 284
　　短语和单词（残篇57—69） / 290

可疑残篇

就国事致老凯撒书

一　/ 311

二　/ 320

附录一　作为统一体的撒路斯提乌斯作品（艾　伦）　/ 334
附录二　论菲利普斯的演说（施托伊普）　/ 338

文献缩写表

基本文献

B 本：Sallust, *Catiline's Conspiracy, The Jugurthine War, Histories*, William W. Batstone trans., Oxford: Oxford University Press, 2010.

E 本：Salluste, *Catilina, Jugurtha, Fragments Des Histoires*, Alfred Ernout ed., 3ᵉ édition, Paris: Les Belles Lettres, 1958.

K 本：C. Sallusti Crispi, *Catilina, Iugurtha, Fragmenta Ampliora*, Alphonsus Kurfess ed., editio tertia, Leipzig: B. G. Teubner, 1957.

Mc 本：Sallust, *The Histories*, Patrick McGushin trans. and comm., 2 vols., Oxford: Clarendon Press, 1992-1994.

R 本：*Sallust with an English Translation*, J. C. Rolfe ed., Cambridge, MA: Harvard University Press, 1st edition 1921, rev. 1931, rep. 2005.

Ra 本：Sallust, *Fragments of The Histories, Letters to Caesar*, John T. Ramsey ed., Cambridge, MA: Harvard University Press, 2015.

Re 本：C. Sallusti Crispi, *Catilina, Iugurtha, Historiarum fragmenta selecta*, L. Reynolds ed., Oxford: Oxford University

Press，1991.

王本：撒路斯提乌斯,《喀提林阴谋·朱古达战争》,王以铸、崔妙因译,商务印书馆 1995 年版。

古代作者和作品

Amm. Marc. : 阿米阿努斯·玛尔刻利努斯
App. B Civ. : 阿庇安,《内战史》
    Hisp. :《西班牙志》
    Iber. :《伊比利亚志》
    Mith. :《米特瑞达忒斯传》
    Pun. :《布匿志》
Arist. Rhet. : 亚里士多德,《修辞术》
Arr. Anab. : 阿里安,《亚历山大远征记》
[Aur. Vic.] De vir. ill. :《论人杰》
Auson. Ep. : 奥索尼乌斯,《书信集》
Caes. B Afr. : 凯撒,《阿非利加战记》
    B Civ. :《内战记》
[Caes.] B Alex. :《亚历山大城战记》
    B Hisp. :《西班牙战记》
Cato, Agr. : 卡图,《农业志》
Cic. Agr. : 西塞罗,《论土地法案》

Att. :《致阿提库斯书》
Balb. :《为巴珥布斯辩护》
Brut. :《布鲁图斯》
Caecin. :《为凯奇纳辩护》
Cael. :《为凯利乌斯辩护》
Cat. :《反卡提利纳》
Clu. :《为克路恩提乌斯辩护》
De fin. :《论善恶之极》
De imp. Cn. Pomp. :《论庞培的指挥权》
De Or. :《论演说家》
Dom. :《论他的家宅》
Fam. :《致亲友书》
Leg. :《论法律》
Mur. :《为穆热纳辩护》
Nat. D. :《论诸神的本性》
Off. :《论义务》
Orat. :《演说家》
Parad. :《廊下派之反论》
Part. :《演说术的分类》
Pis. :《反皮索》
Phil. :《反腓力辞》

Planc. :《为璞拉恩奇乌斯辩护》

Prov. Cons. :《论执政官的行省》

Quint. :《致兄弟昆图斯书》

Red. pop. :《归来后对民众的演说》

Rep. :《论共和国》

Sest. :《为色斯提乌斯辩护》

Tusc. :《图斯库路姆论辩集》

Verr. :《反维勒斯之一审控词》

2 Verr. :《反维勒斯之二审控词》

Claud. *De bell. Gild.* :克劳迪阿努斯,《吉尔多之战》

Dem. :德摩斯梯尼

Dio:迪奥·卡西乌斯,《罗马史》

Diod. Sic. :狄俄多儒斯,《史集》

Dion. Hal. *Ant. Rom.* :哈利卡尔纳索斯的狄奥尼修斯,《罗马古史纪》

Enn. *Ann.* :恩尼乌斯,《编年史》

Eutr. :厄乌特若皮乌斯

Flor. :伏罗茹斯

Frontin. *Str.* :弗龙蒂努斯,《谋略》

Hdt. :希罗多德,《原史》(旧译《历史》)

Hes. *OP.* :赫西俄德,《劳作与时日》

Hom. *Od.* :荷马,《奥德修斯纪》

Hor. *Carm.* :贺拉斯,《颂诗集》

Epod. :《长短句》

Serm. :《讽刺诗集》

Liv. :李维,《自建城以来》

Per. :《自建城以来摘要》

Macrob. *Sat.* :玛克若比乌斯,《农神节》

Mela:姆颇尼乌斯·美垃

Obseq. :欧卜色克威恩斯

Oros. :欧若西乌斯

Ov. *Fast.* :奥维德,《岁时记》

Met. :《变形记》

Pont. :《黑海书简》

Paus. :保萨尼阿斯,《希腊述描》

Pl. *Resp.* :柏拉图,《王制》(旧译《理想国》)

Plin. *HN* :老普林尼,《自然志》

Plin. *Ep.* :小普林尼,《书信集》

Pan. :《图拉真颂》

Plut. *Aem.* :普鲁塔克,《埃米利乌斯传》

Ant. :《安东尼乌斯传》

C. Gracch.：《盖乌斯·格拉古传》
Caes.：《凯撒传》
Cat. Mai.：《老卡图传》
Cat. Min.：《小卡图传》
Cic.：《西塞罗传》
Crass.：《克拉苏传》
Luc.：《路库路斯传》
Mar.：《马略传》
Pomp.：《庞培传》
Pyrrh.：《皮洛士传》
Sert.：《色尔托瑞乌斯传》
Sull.：《苏拉传》
Polyb.：珀律比俄斯，《罗马兴志》
Ptol. *Geog.*：托勒密，《地理学》
Rhet. Her.：《赫热恩尼乌姆修辞术》
Sen. *Controv.*：塞涅卡，《辩驳辞》
De ira：《论愤怒》
Ep.：《书信集》

Q Nat.：《自然问题》
Strabo：斯特拉波，《地理学》
Suet. *Aug.*：苏厄托尼乌斯，《神圣的奥古斯都传》
Iul.：《神圣的尤利乌斯传》
Tac. *Ann.*：塔西佗，《编年史》
Hist.：《历史》
Tert. *De anim.*：德尔图良，《论灵魂的证明》
Thuc.：修昔底德，《战争志》（旧译《伯罗奔尼撒战争史》）
Val. Max.：瓦勒瑞乌斯·玛克西穆斯
Varro, *Rust.*：瓦罗，《论农业》
Veg. *Mil.*：韦格蒂乌斯，《兵法简述》
Vell.：威珥勒尤斯
Verg. *Aen.*：维吉尔，《埃涅阿斯纪》
G.：《农事诗》

常引作品

CAH：*Cambridge Ancient History*, 2nd ed., Cambridge, 1982-2000.（《剑桥古代史》）

CSEL：*Corpus Scriptorum Ecclesiasticorum Latinorum*, Viena, 1866-.（《拉丁教父文献集成》）

FGrHist：*Die Fragmente der griechischen Historiker*，ed. F. Jacoby，Berlin，1923-.(《希腊史家残篇集成》)

FRHist：*The Fragments of the Roman Historians*，vols. 1-3，ed. T. Cornell，Oxford，2013.(《罗马史家残篇集成》)

GL：*Grammatici Latini*，vols. 1-7，ed. H. Keil et al.，Leipzig，1855-1880；Supplement (vol. 8)，ed. H. Hagen，Leipzig，1870.(《拉丁语语法家著作集》)

ILS：*Inscriptions Latinae Selectae*，ed. H. Dessau，Berlin，1892-1916.(《拉丁铭文选》)

K-S：R. Kühner and C. Stegmann，*Ausführliche Grammatik der lateinischen Sprache: Satzlehre*，2 vols.，2nd ed.，Hannover，1914，Corr. repr. 1976.(《拉丁语详尽语法：句法》)

LSJ：Liddle and Scott，*Greek-English Lexicon*，9th ed.，rev. H. Stuart Jones，Oxford，1940.(《希英辞典》)

MRR：*The Magistrates of the Roman Republic*，3 vols.，T. R. S. Broughton，Atlanta，1951-1952，1986.(《罗马共和国官制》)

OLD：*Oxford Latin Dictionary*，ed. P. G. W. Glare，Oxford，1968-1982.(《牛津拉丁语词典》)

TLL：*Thesaurus Linguae Latinae*，Leipzig，1900-.(《拉丁辞海》)

保存有残篇的古代作品①

Adnot. super Luc.：*Adnotationes super Lucanum*，ed. I. Endt，Leipzig，1909.(《路卡努斯集注》)

Ambr.：Ambrosius，*De fuga saeculi*，ed. C. Schenkl，CSEL vol. 32.2.(安布罗修斯)

---

① 各条残篇的资料来源参 Ra 本页 579 以下的"来源索引"。

Ampel.：L. Ampelius, *Liber memorialis*, ed. E. Assmann, Leipzig, 1935.（阿姆佩利乌斯）

Anon. *brev. expos. Verg. G.*：Anonymi *brevis expositio Verg. Georgicorum*, ed. H. Hagen, *Appendix Serviana*, vol. 3.2, Servius, Leipzig, 1902, 193-320.（无名氏,《维吉尔〈农事诗〉简述》）

Ars anon. Bern.：*Ars anonyma Bernensis*, ed. H. Hagen, *GL Supplementum*, vol. 8.62-142.（《伯尔尼无名氏之艺》）

Arus.：Arusianus Messius, *Exempla elocutionum*, ed. H. Keil, *GL* 7.449-514. Cited by page number of Keil and A. Della Casa's edition (Milan, 1977).（阿茹西阿努斯）

Ascon.：Q. Pedius Asconius, *Orationum Ciceronis quinque enarratio*, ed. A. Clark, Oxford, 1907.（阿斯科尼乌斯）

Audax：Audax, *De Scauri et Palladii libris excerpta*, ed. H. Keil, *GL* 7.320-362.（奥达克斯）

Aug. *Civ.*：Aurelius Augustine, *De civitate Dei*, ed. B. Dombart et A. Kalb, Leipzig, 1981[5].（奥古斯丁,《上帝之城》）

Aug. *Reg.*：*Ars breviata eiusdem regulae*, ed. H. Keil, *GL* 5.496-524.（奥古斯丁,《简艺》）

Bede：Bede, *Liber de orthographia*, ed. H. Keil, *GL* 7.261-294.（比德）

Charis.：Charisius, *Ars grammatica*, ed. H. Keil, *GL* 1.1-296. Cited by page number of Keil and C. Barwick's edition (Leipzig, 1925, corr. repr. 1964).（卡瑞西乌斯）

Cledon.：Cledonius, *Ars grammatica*, ed. H. Keil, *GL* 5.1-79.（克勒多尼乌斯）

Comm. Bern. ad Luc.：M. Annaei Lucani *Commenta Bernensia*, ed. H. Usener, Leipzig, 1869.（《路卡努斯伯尔尼注》）

Consent.：Consentius, *Ars de nomine et verbo*, ed. H. Keil, *GL*

5.338-385.(康森提乌斯)

Corn.: *Cornucopiae seu Latinae linguae commentarii*, Niccolo Perotti, Basil, 1526: citations reported by R. Oliver, *TAPA*, 1947, 413-417.(《丰裕之角》)

Diom.: Diomedes, *Ars grammatica*, ed. H. Keil, *GL* 1.299-529.(迪欧美得斯)

Donat. ad Ter.: Aelius Donatus, *Commentum Terenti*, ed. P. Wessner, 2 vols., Leipzig, 1902-1905.(多纳图斯注忒热恩提乌斯)

Donat. ad Verg.: Ti. Claudius Donatus, *Interpretationes Vergilianae*, ed. H. Georgii, 2 vols., Leipzig, 1905-1906.(多纳图斯注维吉尔)

Donat. *Ars*: Aelius Donatus, *Ars grammatica*, ed. H. Keil, *GL* 4. 355-402.(多纳图斯,《语法》)

Dosith.: Dositheus, *Ars grammatica*, ed. H. Keil, *GL* 7.363-436.(多西忒乌斯)

Dub. nom.: *de dubiis nominibus*, ed. H. Keil, *GL* 5.567-594. (《论可疑名词》)

Eutych.: Eutyches, *Ars de verbo*, ed. H. Keil, *GL* 5.442-489. (厄乌缇刻斯)

Exc. Andecav.: *Excerpta Andecavensia*, ed. M. De Nonno, *RFIC* 121(1993).(《安得卡威恩西阿摘录》)

Exc. Bob.: *Excerpta Bobiensia ex Charisii arte grammatica*, ed. H. Keil, *GL* 1.531-565.(《博比奥摘录》)

Exsuper.: Julius Ex(s)uperantius, *Opusculum*, ed. N. Zorzetti, Leipzig, 1982.(爱舒彼郎)

Festus: Festus, *De verborum significatu*, ed. W. M. Lindsay, Leipzig, 1913. Cited by page number of L. Müller's edition (Leipzig,

1839) and Lindsay's. (斐斯图斯)

Fr. Bob.: *Fragmentum Bobiense de nomine et pronomine*, ed. H. Keil, *GL* 5.555-566.(《博比奥残篇》)

Fronto: Fronto, *Epistulae*, ed. M. P. J. van den Hout, 2nd ed., Leipzig, 1988.(伏若恩托)

Gell.: Aulus Gellius, *Noctes Atticae*, ed. P. K. Marshall, Oxford, 1968.(革利乌斯)

Gloss. 5: *Excerpta ex libro glossarum*, in *Corpus glossariorum Latinorum*, ed. G. Goetz, vol. 5, Leipzig, 1894, 161-255.(《难词汇编》5)

Gloss. Vatic.: *Glossarium Vaticanum*, ed. A. Mai, *Classicorum auctorum e Vaticanis codicibus editorum*, vol. 8, Rome, 1836.(《梵蒂冈难词汇编》)

Gloss. Verg.: Scriptoris incerti *Glossarium Vergilianum*, ed. H. Hagen, *Appendix Serviana*, vol. 3.2, Servius, Leipzig, 1902, 527-529.(《维吉尔难词汇编》)

Gran. Lic.: Granius Licinianus, *Quae supersunt*, ed. M. Flemisch, Leipzig, 1904.(利奇尼阿努斯)

Hieron. *Ep.*: Jerome, *Epistulae*, ed. I. Hilberg, *CSEL* vols. 54-58.(哲罗姆,《书信集》)

Hieron. in *Dan.*: Jerome, *commentarii in Danielem prophetam*, ed. F. Glorie, *S. Hieronymi presbyteri opera*, 1.5, Turnhout, 1964.(哲罗姆,《但以理书注》)

Hieron. in *Hab.*: Jerome, *commentarii in Habacuc prophetam*, ed. M. Adriaen, *S. Hieronymi Presbyteri Opera*, 1.6, Turnhout, 1970.(哲罗姆,《哈巴谷书注》)

Hieron. *Sit. et nom.*: Jerome, *De situ et nominibus locorum Hebraicorum*, *Onomastica sacra*, ed. P. de Lagarde, 2nd ed., Göttingen,

1887，118-190.（哲罗姆，《论希伯来的位置和地名》）

Isid. *Etym.*：Isidore of Seville, *Etymologiarum siue Originum libri XX*, ed. W. M. Lindsay, Oxford, 1911.（伊西多若斯，《词源》）

Macrob. *Exc. Bob.*：*Excerpta Bobiensia de libro Macrobii de differentiis et societatibus Graeci Latinique verbi*, ed. H. Keil, *GL* 5. 631-655.（玛克若比乌斯，《博比奥摘录》）

Macrob. *Exc. Paris.*：*Excerpta Parisina ex libro Macrobii de differentiis et societatibus Graeci Latinique verbi*, ed. H. Keil, *GL* 5. 599-630.（玛克若比乌斯，《巴黎摘录》）

Macrob. *Sat.*：Macrobius, *Saturnalia*, ed. R. Kaster, Oxford, 2011.（玛克若比乌斯，《农神节》）

Mar. Victor. *Rhet.*：Marius Victorinus, *Explanationes in rhetoricam Ciceronis*, ed. C. Halm, *Rhetores Latini minores*, Leipzig, 1863, 153-304.（维克托瑞努斯，《西塞罗修辞释义》）

Mart. Cap.：Martianus Capella, *De nuptiis Philologiae et Mercurii*, ed. J. A. Willis, Leipzig, 1983.（卡佩拉）

Non.：Nonius Marcellus, *De compendiosa doctrina*, ed. W. M. Lindsay, Leipzig, 1903. Cited by page number of J. Mercier's 2nd edition (Paris, 1614) and Lindsay's.（诺尼乌斯）

Phoc.：Phocas, *Ars de nomine et verbo*, ed. H. Keil, *GL* 5. 405-439.（佛卡斯）

Placid. *Gloss.*：Lutatius Placidus, *Glossae*, in *Corpus glossariorum Latinorum*, ed. G. Goetz, vol. 5, Leipzig, 1894. 3-104.（璞拉奇都斯，《难词汇编》）

Pomp.：Pompeius, *Commentum artis Donati*, ed. H. Keil, *GL* 5. 81-312.（庞培乌斯）

Porph.：Pomponius Porphyrio, *Commentum in Horatium Flaccum*, ed. A. Holder, Innsbruck, 1894.（颇尔费瑞欧）

Prisc. : Priscianus, Institutiones grammaticae, ed. M. Hertz, *GL* 2 and 3. 1-384. (璞瑞斯奇阿努斯)

Prob. : Probus, *Catholica nominum et verborum*, ed. H. Keil, *GL* 4. 3-43; *Institute atrium*, ed. H. Keil, *GL* 4. 45-192. (璞若布斯)

Ps. -Acro: Pseudacro, *Scholia in Horatium vetustiora*, ed. O. Keller, Leipzig, 1902-1904. (托名阿克若)

Ps. -Apul. : L. Caecilius Minutianus Apuleius, *De orthographia*, ed. M. Cipriani, PhD diss. (Università degli studi Roma Tre, 2009) available online. (托名阿普来乌斯)

Ps. -Ascon. : Pseudasconius, ed. T. Stangl, *Ciceronis orationum scholiastae*, Vienna, 1912, 181-264. (托名阿斯科尼乌斯)

Quint. : Quintilian, *Institutio oratoria*, ed. M. Winterbottom, Oxford, 1970. (昆体良)

Rufin. : Rufinus, *De metris oratorum*, ed. H. Keil, *GL* 6. 565-578. (茹菲努斯)

[Rufin.] *Schem. dian.* : Ps. Iulius Rufinianus, *De schematis dianoeas*, ed. C. Halm, *Rhetores Latini minores*, Leipzig, 1863, 59-62. (茹菲尼阿努斯,《论思想的形式》)

[Rufin.] *Schem. lex.* : Ps. Iulius Rufinianus, *De schematis lexeos*, ed. C. Halm, *Rhetores Latini minores*, Leipzig, 1863, 48-58. (茹菲尼阿努斯,《论词语的形式》)

Sacerd. : Marius Plotius Sacerdos, *Artes grammaticae*, ed. H. Keil, *GL* 6. 414-546. (撒刻尔多斯)

Sacerd. fr. : cited from De Nonno, *RFIC* 111 (1983): 401-409. (撒刻尔多斯残篇)

Schol. Bemb. : *The Scholia Bembina*, ed. J. F. Mountford, Liverpool, 1934. (《贝姆比纳注》)

Schol. Bern. : *Scholia Bernensia ad Vergili Bucolica et Georgica*, ed. H. Hagen, Leipzig, 1867.(《伯尔尼注》)

Schol. Bob. : *Scholia Bobiensia*, ed. T. Stangl, *Ciceronis orationum scholiastae*, Vienna, 1912, 75–179.(《博比奥注》)

Schol. Γ *ad Hor.* : *Scholia Horatiana quae in V et codicibus ad recensionem G vel G¹ pertinentibus continentur*, in *Pseudoacronis Scholia in Horatium vetustiora*, ed. O. Keller, 2vols., Leipzig, 1902–1904.(《贺拉斯注》)

Schol. Gronov. : *Scholia Gronoviana*, ed. T. Stangl, *Ciceronis orationum scholiastae*, Vienna, 1912, 279–351.(《格若诺维阿努斯注》)

Schol. in Iuv. : *Scholia in Iuvenalem vetustiora*, ed. P. Wessner, Leipzig, 1931.(《尤威纳利斯古注》)

Schol. Luc. : *Scholia ad Lucanum*, vol. 3 of Lucan, *Pharsalia*, ed. K. Webe, Leipzig, 1831.(《路卡努斯注》)

Schol. Stat. : Lactanti Placidi qui dicitur commentarii in Statii Thebaida et commentarius in Achilleida, ed. R Jahnke, Leipzig, 1898.(《斯塔提乌斯注》)

Schol. Vatic. : *Scholia non Serviana ad Georgica e codice Vaticano 3317* (10th c.), in Servius, vol. 3. 1, ed. G. Thilo, Leipzig, 1887.(《梵蒂冈注》)

Schol. Veron. : *Scholiorum Veronensium in Vergilii Bucolica, Georgica, Aeneidem Fragmenta*, ed. H. Hagen, *Appendix Serviana*, vol. 3. 2, Servius, Leipzig, 1902, 393–450.(《维罗纳注》)

Serg. Explan. : Sergius, *Explanationes in artem Donati*, ed. H. Keil, *GL* 4. 486–565.(色尔吉乌斯,《释义》)

Serv.(Serv. auct.): Servius (Servius *auctus/Danielis*), in *Vergilium commentarii* ad *Aen.* 1–5, Harvard ed., Cambridge, Mass., 1946–1965; for the remainder, ed. G. Thilo and H. Hagen, Leipzig,

1881-1902.（色尔维乌斯）

  Serv. *Comm. in Don.*：Servius, *Commentarius in artem Donati*, ed. H. Keil, *GL* 4.405-448.（色尔维乌斯,《多纳图斯注》）

  Solinus：C. Iulius Solinus, *Collectanea rerum memorabilium*, ed. Th. Mommsen, 2nd ed., Berlin, 1895.（索利努斯）

  Steph. Byz.：Stephanus of Byzantium, *Ethnicorum quae supersunt*, ed. A. Meineke, Berlin, 1849.（拜占庭的斯忒法诺斯）

中译本前言

哲人尼采(Friedrich Wilhelm Nietzsche)在《偶像的黄昏》(*Götzen-Dämmerung*)中盛赞撒路斯提乌斯:

> 归根到底,只有极小一部分古代书籍,在我的生命中还算回事;最有名的不在其中。我对风格、对作为风格的警句诗(Epigramm)的感受力,是在接触撒路斯提乌斯的时候,几乎在一瞬间觉醒的。我没有忘记我尊敬的老师科森(Corssen)的惊讶,那时他不得不给他最差的拉丁文学生最高的分数——我一下子变得成熟。简练,严格,有尽可能多的基本储备,针对"华丽辞藻"和"华丽情感"的一种冷峭恶意——就此我看透自己。一直深入到我的扎拉图斯特拉,人们可以在我身上重新认出对罗马风格和风格中"比青铜更加不朽"的一种非常认真的追求。(《我感谢古人什么》,第1节)①

尼采对风格的感受力因接触撒路斯提乌斯而觉醒,并将其视为罗马风格的代表——简练而严格,这一风格甚至深入影响到他的扎拉图斯特拉。令尼采如此青睐的撒路斯提乌斯是何许人也?

---

① 中译参尼采,《偶像的黄昏》,卫茂平译,华东师范大学出版社2007年版,第180—181页,略有改动。

为何他的风格会如此深刻地影响尼采?

一 撒路斯提乌斯及其作品

撒路斯提乌斯(Sallustius, Sallust)是古罗马最重要的史家之一,但对于他的生平,我们知道得并不多。根据零星的资料,他的生平可简述如下。①

公元前86年,撒路斯提乌斯出生于意大利大萨索山(Gran Sasso)脚下的阿弥特尔努姆(Amiternum),萨宾(Sabine)地区的一个乡镇,位于罗马东北约88千米。这儿离瓦罗和威斯帕西阿努斯(Vespasianus)皇帝的故乡列阿特(Reate)不远。直到建城第7个世纪末,其家族才首见于历史,而且显然是平民出身,因为撒路斯提乌斯担任过保民官一职。

根据他自己的说法(《卡提利纳阴谋》3.3),撒路斯提乌斯一定在早年就开始了在罗马的政治生涯。他担任过财务官并因而获准进入元老院,但不确定这发生在哪一年。他是公元前52年的保民官,在克洛迪乌斯(Clodius)被谋杀之后,他与两位同事昆图斯·庞培(Quintus Pompeius)和提图斯·穆纳提乌斯·普兰库斯(Titus Munatius Plancus)站在一边,反对西塞罗(Cicero)和米洛(Milo)。公元前50年,他成了监察官阿皮乌斯·克劳迪乌斯·普尔凯尔(Appius Claudius Pulcher)的党争活动的牺牲品,并被逐出元老院。

公元前49年,凯撒(Gaius Julius Caesar,前100—前44年)再次任命撒路斯提乌斯为财务官,从而使他再一次成为元老院成员。

---

① 对撒路斯提乌斯生卒年的讨论,可见拉姆齐为其洛布本第一册作的导论:Sallust, *The War with Catilina, The War with Jugurtha*, J. C. Rolfe trans., John T. Ramsey rev., Cambridge, MA: Harvard University Press, 2013, pp. xv-xvii。撒路斯提乌斯的生平和作品,参考R本的导言以及王本第1—92页。各本缩写见本书文献缩写表第1—2页"基本文献"。

公元前48年,他在伊利里库姆(Illyricum)统帅凯撒的一个军团,但表现不突出,败在欧克塔维乌斯(Octavius)和利波(Libo)手下。第二年,他被派去平定坎佩尼亚(Campania)的军团暴动,也没有成功,还差点死在那里。公元前46年,作为裁判官,他航向奇尔奇纳(Circina)岛,并夺取敌人的粮食;这一次他成功地完成了自己的使命,而且这一行动对凯撒的最终胜利大有作用。为了酬谢其服务,凯撒将他任命为努米底亚(Numidia)和阿非利加(Africa)行省的长官,他在那里结束自己的政治生涯。

撒路斯提乌斯回到罗马时,曾因勒索受到审讯,但随即获释,这无疑是通过凯撒的影响。撒路斯提乌斯变得非常富裕,成为豪华的撒路斯提乌斯园(Horti Sallustiani)的主人,该园后来为尼禄(Nero)、威斯帕西阿努斯、涅尔瓦(Nerva)和奥热利乌斯(Aurelianus)所有。

凯撒遇刺后,撒路斯提乌斯退而致力于著史。据说他娶了西塞罗的离异妻子特伦提娅(Terentia),并收养他姐姐的孙子撒路斯提乌斯·克里斯普斯(Sallustius Crispus)——贺拉斯(Horace)曾把他的一首颂诗(卷二,第2首)献给这位克里斯普斯,他后来还成了奥古斯都(Augustus)皇帝的密友。因此,撒路斯提乌斯可能没有亲生儿子。他死于公元前35年至前34年。

从以上概述可以确定,撒路斯提乌斯在写作之前,有过实际的政治和军事经历。① 他的一生,正处于罗马共和国晚期内战迭起的血腥时代:他出生时,正值共和国的第一次内战(前88—前82年),随之而来的是苏拉(Sulla)的独裁(前82—前79年),这是罗马共和制第一次受到严重打击;他本人站在凯撒一边,曾参与庞培与凯撒之间的第二次共和国内战(前49—前45年);凯撒遇刺后,

---

① 比他稍早的太史公司马迁(生于约汉景帝中元五年,即公元前145年)亦如是:"于是迁仕为郎中,奉使西征巴、蜀以南,南略邛、笮、昆明,还报命。"(《史记·太史公自序》)

他退而著史,又目睹共和国的第三次内战,即以布鲁图斯(Brutus)为首的刺杀凯撒派与"后三头执政"之间的厮杀。① 他的这些经历反映在他的写作中,他的写作是他对罗马共和末期分裂与动荡之原因的思考。

撒路斯提乌斯并非第一个以拉丁文写作罗马史的人,却是有完整作品传世的最早的罗马史家。早在撒路斯提乌斯之前,皮克托尔(Quintus Fabius Pictor,生于约前254年)和恩尼乌斯(Ennius,前239—前169年)都写过《编年纪事》(Annales),②著名的老卡图(Marcus Porcius Cato,前234—前149年,外号监察官卡图[Cato the Censor])写过《史源》(Origines),可惜都已失传。凯撒是撒路斯提乌斯的上级和庇护人,写过好几部"战记",但我们并不简单称其为史家。③ 至于珀律比俄斯(Polybios,约前200—前118年)和珀赛多尼奥斯(Poseidonios,约前135—前51年),虽然也写罗马史,但他们是以希腊语写作的希腊人。撒路斯提乌斯凭借《卡提利纳阴谋》(Bellum Catilinae,旧译"喀提林阴谋")和《尤古尔塔战争》(Bellum Iugurthinum,旧译"朱古达战争")这两部传世著作,已无愧于"罗马史第一人"之称号。

撒路斯提乌斯的意义,当然不只在于有完整作品传世。他所处的时代,罗马共和国已经风雨飘摇、名存实亡,因此他笔下的共和国一片衰败气象。他去世不久,共和国即被帝国取代。撒路斯提乌斯的纪事作品,为我们展现出一幅共和国的晚期图景。他通过自己的写作,思考罗马共和衰落的原因,这是其作品真正的意义所在,也是我们研究其作品的意义所在。

---

① 参刘小枫编,《撒路斯提乌斯与政治史学》,曾维术等译,华夏出版社2011年版,"编者导言",第4页。
② 皮克托尔的《编年纪事》用希腊文写成,后来翻译成拉丁文,已失传;恩尼乌斯的《编年纪事》为史诗体,据老普林尼(Gaius Plinius Secundus)说有十五卷,现残存600多行。
③ 罗马的"纪事"传统,参王焕生,《古罗马文学史》,中央编译出版社2008年版。

除了《卡提利纳阴谋》和《尤古尔塔战争》之外,撒路斯提乌斯还有另一部可以说更加重要的作品,即《(罗马共和)纪事》(*Historiae*)。拉丁文 historiae 是 historia 的复数形式,源自希腊文 ἱστορία,现代西方语言中所谓的"历史"一词(英文 history、法文 histoire、德文 Historie)均脱胎于此。不少罗马史家的书都直接以 Historia(克劳迪乌斯·夸德瑞伽瑞乌斯、波利奥)或 Historiae(撒路斯提乌斯、塔西佗)命名。刘小枫先生将此书名译为《(共和)纪事》,将《卡提利纳阴谋》和《尤古尔塔战争》亦称为"纪事",试图把这三部作品视为连贯统一的整体。① 本书延续这一思路。又,中国古代有"左史记言,右史记事"(《汉书·艺文志》)的传统,分别以《尚书》和《春秋》为代表。撒路斯提乌斯的作品,虽亦有不少言辞,仍更类似"记事"之书;又由于他所记者乃罗马共和末期之事,因此译者试将他的这部书译为《罗马共和纪事》。

比起另外两部作品,《罗马共和纪事》由于只剩残篇而较少受到关注。但作为撒路斯提乌斯去世前最后的作品,该书以五卷的篇幅详细记了从公元前78年至前67年这12年间的事件。这可能是他最重要的作品,可惜大部分亡佚,完整传世的只有其中的四篇演说和两封书信(书信可当演说之用,下文若笼统言之,则概称六篇演说)。可以说,他在《罗马共和纪事》上花费的心力最多,《卡提利纳阴谋》和《尤古尔塔战争》都是《罗马共和纪事》之前的准备之作。而且,《罗马共和纪事》覆盖的时间段,可以填补"尤古尔塔战争"与"卡提利纳阴谋"之间的一段空白,由此这三部"纪事"构成一个整体,共同服务于撒路斯提乌斯对晚期罗马共和国衰败原因的思考。

之前的研究往往把前两部作品与《罗马共和纪事》割裂开来,认为两者体裁不同。罗尔夫(Rolfe)就把前两部作品称为纪事专

---

① 详见刘小枫编,《撒路斯提乌斯与政治史学》,"编者导言"。

论(historical monograph)。① 沃尔特·艾伦(Walter Allen)对这一说法提出质疑,②他提醒我们考虑三部作品跨越的年代。《尤古尔塔战争》始于第二次布匿战争后玛西尼撒(Masinissa)获得努米底亚王位(《尤古尔塔战争》5),持续到公元前104年1月1日马略(Marius)的胜利。《卡提利纳阴谋》从第18章开始记述公元前66年的"第一次卡提利纳阴谋"。《罗马共和纪事》覆盖的年份处于两者之间,是苏拉死后的公元前78—前67年。撒路斯提乌斯没有写公元前104—前78年的历史,但他有自己的理由。因为,那段时期,或其中最好的一段,已经由路奇乌斯·西色恩纳(Lucius Sisenna)或其他人处理过:

> 既然我叙述的事件使我们注意到这一伟大人物,我以为在这里就他的生平和本性谈几句是适当的。如果在别的地方,我们就无需再谈苏拉的事情,因为路奇乌斯·西色恩纳对他的记述总的说来是最好的也是最精确的,只是依我看,他的意见讲得不够坦诚。(《尤古尔塔战争》95.2)

因此,《罗马共和纪事》跨越从苏拉之死到卡提利纳阴谋之前的年代,极可能是撒路斯提乌斯刻意为之。从这三部作品覆盖的年代来看,撒路斯提乌斯的写作构成对罗马共和晚期政治状况的完整思考。

除此之外,归于撒路斯提乌斯的还有两篇《致凯撒》(*Ad Caesarem*)和一篇《抨击西塞罗》(*In M. Tullium Cireronem oratio*)。抄本 V 中,③在源自《罗马共和纪事》的六篇演说之后,以相同的笔迹

---

① R 本,第 xii 页。
② W. Allen, "The Unity of the Sallustian Corpus", *The Classical Journal*, 61(6), 1966, pp. 268-269. 中译见本书"附录一"。
③ 抄本情况详见下文。

抄有两篇匿名的《致凯撒》,这两封信建议凯撒以恰当的行为统治。学者们一般倾向于承认这两篇《致凯撒》的真实性。①《抨击西塞罗》和一篇据称属于西塞罗的回复(《抨击撒路斯提乌斯》)则见于其他抄本,有时与撒路斯提乌斯的《卡提利纳阴谋》和《尤古尔塔战争》放在一起,有时与西塞罗的真实作品放在一起。② 译者倾向于传统的看法,承认这三篇作品出自撒路斯提乌斯笔下;或者说,既然前人多不否认其真实性,这三篇作品至少与撒路斯提乌斯的真实作品在思想上存在一贯性。译者已将两篇《致凯撒》译出,附于《罗马共和纪事》译文之后。

二 《罗马共和纪事》的抄本和版本

撒路斯提乌斯的《卡提利纳阴谋》和《尤古尔塔战争》完整地流传下来且抄本数量巨大。但不幸的是,《罗马共和纪事》大部分亡佚,一个完整的抄本也没有。通过抄本传下来的,只有极少量《罗马共和纪事》的残篇。

抄本

梵蒂冈图书馆藏拉丁册子本3864号(V),9世纪晚期写于法国北部皮卡第地区的科尔比(Corbie),包含选自《卡提利纳阴谋》《尤古尔塔战争》和《罗马共和纪事》的一些演说和书信,紧随其后还有前述两篇《致凯撒》。该册子本可能传抄自一本2世纪的《集锦》(*florilegium*),这类《集锦》一般用于教授修辞术。从中保留下《罗马

---

① A. Kurfess, *Sallustii Crispi Epistulae ad Caesarem Senem de Re Publica*, Leipzig, 1924.
② 洛布丛书一开始将这两篇"抨击"收在撒路斯提乌斯的作品集中,见R本,第492—521页;后来与西塞罗的作品放在一起,见Cicero, *Letters to Quintus and Brutus, Letter Fragments, Letter to Octavian, Invectives, Handbook of Electioneering*, ed. D. R. S. Bailey, Cambridge, MA: Harvard University Press, 2002, pp. 359 – 391。对这两篇"抨击"的研究,参 Anna A. Novokhatko, *The Invectives of Sallust and Cicero*, Walter de Gruyter, Berlin, New York, 2009。

共和纪事》的四篇完整的演说和两封完整的书信:执政官勒皮都斯（Lepidus）致罗马人民的演说、菲利普斯（Philippus）在元老院的演说、科塔（Cotta）致罗马人民的演说、庞培致元老院的信、平民保民官玛刻尔（Macer）致平民的演说、米特瑞达忒斯（Mithridates）的信。

弗勒里抄本（cod. Floriacensis），幸存 8 页。这是一个羊皮纸抄本，抄于 5 世纪。该抄本可能抄有全本《罗马共和纪事》，可惜于 7 世纪散落殆尽。幸存的 8 页保留着卷二和卷三的一些残篇，包括科塔的演说的开头和庞培的信的四分之三，这两篇东西另外都完整地保留在抄本 V 中。这 8 页现在分别保存在梵蒂冈、柏林和奥尔良：梵蒂冈残篇（R），2 页，保留着属于卷三的八行；柏林残篇（B），1 页，保留着卷二的一小部分；奥尔良残篇（A），5 页，由豪勒（Hauler）发现于奥尔良抄本（cod. Orleanensis）。

除以上抄本之外，《罗马共和纪事》的绝大部分残篇，都是通过语法学家、修辞学家、笺注家和其他人的摘录资料流传给我们的，他们要么对撒路斯提乌斯的语言或风格感兴趣，要么引他作为某些事实信息的权威。

对所有这些残篇的恰当排列及其解释，都是十分不确定且众说纷纭的问题。但已有不少西方学者作了整理和研究，并在此基础上编成校勘本。

校勘本

18 至 19 世纪，整理《罗马共和纪事》的主要有德布罗塞（De Brosses）、克里茨（Kritz）、蒂奇（Dietsch）和茂伦布莱舍尔（Maurenbrecher）四家。[①] 他们的成果多为后来的校勘者所吸收。

---

① C. de. Brosses, *Histoire de la République Romaine dans le cours du VIIe siècle, par Sallust*, Dijon, 1777; Gai Sallusti Crispi, *Opera quae supersunt*, vol. 3, *Historiarum fragmenta*, F. Kritz ed., Leipzig, 1853; Gai Sallusti Crispi, *Opera quae supersunt*, vol. 2, *Historiarum reliquiae*, R. Dietsch ed., Leipzig, 1859; Gai Sallusti Crispi, *Historiarum reliquiae*, B. Maurenbrecher ed., Leipzig, 1891–1893.

20世纪的几个重要校勘本都将《罗马共和纪事》附于《卡提利纳阴谋》和《尤古尔塔战争》之后。比如，雅各布斯（R. Jacobs）、维尔茨（H. Wirz）和库尔菲斯（A. Kurfess）合作的版本：*De Coniuratione Catilinae et De Bello Iugurthino libri: Orationes et Epistulae ex Historiis Excerptae*，Berlin，1922。该版本收录出自《罗马共和纪事》的六篇演说，并对之作了校勘和笺注。后来，库尔菲斯又编了一个全集本，收入托伊布纳尔丛书（Teubner Series），译者手头仅有第三版：C. Sallusti Crispi，*Catilina, Iugurtha, Fragmenta Ampliora*，Alphonsus Kurfess ed.，editio tertia，Leipzig：B. G. Teubner，1957（K本）。这是德语学界最著名的校勘本，汇集了现代德语学界的撒路斯提乌斯研究成果。此版本除了四篇演说和两封书信之外，还收录了其他所有见于抄本的《罗马共和纪事》残篇。

法语学界的校勘本收入布戴丛书（Budé series），译者所见为第三版：Salluste，*Catilina, Jugurtha, Fragments Des Histoires*，Alfred Ernout ed.，3e édition，Paris：Les Belles Lettres，1958（E本）。对于《罗马共和纪事》，此版本只收有六篇演说。

英语学界在20世纪末推出牛津古典文丛（OCT）版的撒路斯提乌斯拉丁文校勘本：C. Sallusti Crispi，*Catilina, Iugurtha, Historiarum fragmenta selecta*，L. Reynolds ed.，Oxford：Oxford University Press，1991（Re本）。这是继托伊布纳尔本之后的又一个权威校勘本，不仅囊括托伊布纳尔本收录的所有残篇，还添加约70条保存在摘录资料中的《罗马共和纪事》残篇。该版本还收录两篇《致凯撒》以及撒路斯提乌斯和西塞罗互相抨击的两篇演说。

洛布古典丛书早就出过一个撒路斯提乌斯全集，并多次修订和重印，译者手头的是2005年的重印本：*Sallust with an English Translation*，J. C. Rolfe ed.，Cambridge，MA：Harvard University Press，1st. edition 1921，rev. 1931，rep. 2005（R本）。就《罗马共和纪事》而言，该版本只收录六篇演说。进入21世纪，洛布古典丛

书推出新的撒路斯提乌斯版本,并分两册出版。第一册收录《卡提利纳阴谋》和《尤古尔塔战争》,由约翰·拉姆齐(John T. Ramsey)在罗尔夫本的基础上修订而成,2013 年出版。第二册是《罗马共和纪事》残篇和两篇《致凯撒》:Sallust, *Fragments of the Histories, Letters to Caesar*, John T. Ramsey ed., Cambridge, MA: Harvard University Press, 2015(Ra 本)。这是目前能见到的最全的《罗马共和纪事》版本,收录所有见于抄本和摘录资料的残篇,并按一定顺序把这些残篇放在《罗马共和纪事》的五卷书中。对于那些无法确定属于哪一卷的残篇和那些真实性不确定的残篇,编者分别置于"不定残篇"和"可疑残篇"两个部分。在残篇的排列方式上,拉姆齐主要吸收茂伦布莱舍尔本的成果,但也与之不尽相同。每条残篇之上,除了自己的编号,拉姆齐还列出了茂伦布莱舍尔、麦古欣(见"笺注本"部分)、蒂奇和克里茨的编号,便于读者查对。

笺注本

目前最权威且最详细的笺注本是帕特里克·麦古欣(Patrick McGushin)的两册本《纪事译笺》:Sallust, *The Histories*, Patrick McGushin trans. and comm., 2 vols., Oxford: Clarendon Press, 1992 – 1994(Mc 本)。麦古欣本比茂伦布莱舍尔本正好晚一个世纪,由于这一个世纪新发现的材料和对撒路斯提乌斯研究的推进,麦古欣对残篇的排序与茂伦布莱舍尔存在较大差异,而且他收录的残篇比后者更多更全。麦古欣的笺注综合丰富的学术成果并使读者更容易理解这些残篇,但该本最大的缺陷就是没有附拉丁原文,加之他的译文比较灵活,故未能太好地呈现原文内容。用这个本子的时候,最好与 Re 本和 Ra 本对勘。麦古欣在注释中时常体现出亲平民派的立场,读者自当分辨。

另一个重要的笺注本是鲁道夫·福纳瑞(Rodolfo Funari)编的

两卷本《纪事残篇》(*Historiarum fragmenta*, Amsterdam, 1995)。该本以双栏的形式提供拉丁原文和意大利文笺注。此版本只收录通过摘录资料流传下来的残篇,而排除保存在抄本或莎草纸上的材料。他的版本严格遵循茂伦布莱舍尔本的残篇编号和顺序。不过由于此版本难找且译者不通意大利文,故未能参考。

西文译本

比起《卡提利纳阴谋》和《尤古尔塔战争》,对《罗马共和纪事》残篇的翻译要少得多,而且一般仅仅把六篇演说附在前两部作品之后。上文提到的布戴丛书的法译本即如是。以下是其他译本的大致情况。

保罗·弗拉西内蒂的意大利文译本收录的残篇比较齐全(Paolo Frassinetti, *Opere e frammenti di Caio Sallustio Crispo*, Turin, 1963)。该译本于1991年再版(与露西娅·迪·萨尔沃[Lucia di Salvo]合作),对译文和注释作了修订,同时加入茂伦布莱舍尔的拉丁文本。

奥托·莱格维的拉德对照本收录六篇演说以及出自《罗马共和纪事》前言的四条残篇,并作了简单的注释(Otto leggewie, *Historiae/Zeitgeschichte*, Otto Leggewie ed., Stuttgart, 2005)。

译者见到的多是英译本,在此介绍其中比较重要的几个。企鹅丛书1963年出过一个韩福佛德(S. A. Handford)的译本,译者未见,现有一个伍德曼的新译本(A. J. Woodman, *Catiline's War, The Jugurthine War, Histories*, A. J. Woodman trans., Penguin Classics, 2007)。该译本以紧贴原文为目标,甚至刻意保留拉丁文的词序和句子结构。就《罗马共和纪事》而言,伍德曼遵循牛津古典文丛本对残篇的排序方式,同时附有麦古欣本的编号;不过,考虑到排序的困难,该译本并未全收《罗马共和纪事》残篇,而只收前言中的一些残篇、一些较长的残篇以及六篇演说。

由威廉·巴特斯通翻译的牛津世界经典(Oxford World's Classics)英译本以牛津古典文丛本为底本,《罗马共和纪事》残篇的排序亦基本以此为准,另附有麦古欣本的编号(Sallust, *Catiline's Conspiracy, The Jugurthine War, Histories*, William W. Batstone trans., Oxford: Oxford University Press, 2010)。巴特斯通的译文明白晓畅,在紧贴原文方面不如伍德曼的译本,但可读性比后者更强。此本后面附有较详细的注释,对我们理解原文和译文均有助益。不过,这个译本甚至没有全部收录牛津古典文丛本收录的残篇,英译者仅挑选了自己认为与撒路斯提乌斯的思想明确有关的一些残篇。

三　中译本说明

译者在翻译《罗马共和纪事》时,以 Ra 本的拉丁文为底本,并参考 Ra 本、Mc 本和 B 本的英译。每卷前的提纲出自 Ra 本,残篇编号亦以此本为准,[①]同时附有茂伦布莱舍尔(M)、麦古欣(Mc)、蒂奇(D)和克里茨(K)四家的编号。为助于理解,译者将 Ra 本、Mc 本的注释择其精要,去其重复,置于脚注之中。译者所加注释则标明"译注"。涉及《罗马共和纪事》中的六篇完整演说时,译者还参考过 R 本的译文,并吸收此本的一些注释。

在体例上,本稿亦沿用 Ra 本的一些做法,概述如下。

每卷书开头的提纲以及原文和译文中的标题和注释提供的年代路标,有助于读者追踪勒皮都斯叛乱(前 78—前 77 年)、色尔托瑞乌斯战争(前 80—前 71 年)、米特瑞达忒斯战争(前 74—前 67 年)和斯帕尔塔库斯(Spartacus,又译"斯巴达克斯")叛乱(前 73—前 71 年)中诸事件的进程,撒路斯提乌斯的《罗马共和纪事》将这

---

① 具体的编排原则,见 Ra 本的导论。

四次主要的、横跨多年的冲突分配到两卷或更多卷书中。那些已知属于某一卷书但无法归于某一合理、可靠的上下文的残篇，置于这五卷书每一卷的最后。这些残篇一般按主题（战役、战争中的其他行动、杂项）分成不同的集群。

69条无可怀疑但无法归入具体某一卷书的残篇，置于"不定残篇"（fragmenta incertae sedis，位置不定残篇），紧跟在组成卷五的残篇之后。这些残篇根据主题排列，在各主题内，以残篇出自的摘录资料的早晚为序。另外55条收在先前的集子中的残篇，可能是也可能不是撒路斯提乌斯的真作，置于"可疑残篇"（fragmenta dubia et spuria，可疑和伪托残篇），放在最后一个部分。

摘录资料未提供卷号的残篇，在残篇编号之后标星号（＊）。符号†表示此版本未接受提供的卷号（残篇1.23、88；2.23；3.3、14、19、30、66；4.3、6、48）；††表示诸摘录资料给出不同的卷号（残篇2.55；3.10）；†††表示摘录资料把原文归于不是《罗马共和纪事》的另一部作品（残篇1.87；4.62；不定残篇63；可疑残篇18）。

就翻译而言，属于撒路斯提乌斯文本的内容使用粗体，疑似属于原文的，则使用楷体。【】中的文字表示并非撒路斯提乌斯的确切的原文，而是对他的描写的概述或补足；其中的粗体用于唤起对可能直接引自撒路斯提乌斯的单词或词组的注意。〈〉中的文字为校勘者所补，[ ]中的文字为译者根据句意补足。＊＊＊表示原文某个或某些词漶漫不清，无法辨识。

不完整句子的后面不加句号，使之与结构完整的残篇区别开来。

Ra本对于每一条摘录资料，都简要说明为何引用撒路斯提乌斯，不管是用他举例说明一个词的意思、阐述一个语法点或词法点、解释一个历史事实，还是提供一些地理或文化方面的信息。此外，由于残篇本身单个出现，常常非常简洁，类似无意中听到的谈话片段，因此Ra本会给出一种可能的语境的意义来引导读者。考虑到这一目标，Ra本多数残篇前都有简要的说明，同时会提到相关的古代资料。本稿对这些内容作了编译，是为残篇前的"Ra本说明"。类似地，本稿中的"R本说明"和"Mc本说明"分别编译自对应的本子。

引用《卡提利纳阴谋》和《尤古尔塔战争》时，随文附作品名和章节号，中译文参考王本，并据原文有所修正。本书中出现的其他古代作者和作品的缩写以第四版《牛津古典辞典》(OCD^4)为准，对应的中译名见下，译注中引用时参考过已有的中译本。

本译稿还收录两篇相关研究文献作为附录。《作为统一体的撒路斯提乌斯作品》一文虽短，但提出把撒路斯提乌斯的三部作品视为一个整体，给人不小启发。《论菲利普斯的演说》译自德文，是对《罗马共和纪事》中归给菲利普斯的那篇演说的文本考辨，由此可一窥德国古典语文学的进路。

另需指出的是，对于一些常见的专名，本稿一般沿袭惯常的译法。但个别音译自英文的译名，则据拉丁文正之，如把"喀提林"正名为"卡提利纳"（Catilina），把"朱古达"正名为"尤古尔塔"（Iugurtha）。恕不一一指出，读者自当明鉴。

感谢刘小枫先生对本译稿的鼓励和督促，否则本译稿不知何时才能面世。感谢我的硕士论文导师娄林，本译稿是我为硕士论文所做的材料准备，译稿成文离不开娄老师的指导。当然，译文中的错误都由译者本人负责，请各位方家不吝指正。

张培均

2022年12月

第一卷

提　纲

前言（残篇 1—16）
　　纲领性陈述（残篇 1—7）
　　内乱（残篇 8—16）

历史背景（残篇 17—47）
　　同盟战争（前 91—前 87 年）（残篇 17—21）
　　内战（前 88—前 82 年）（残篇 22—35）
　　苏拉的僭政（前 82—前 80 年）（残篇 36—47）

国内事务和勒皮都斯的反叛（前 78—前 77 年）（残篇 48—72）
　　执政官勒皮都斯致罗马人民的演说（残篇 49）
　　苏拉的公共葬礼（残篇 50—53）
　　菲利普斯在元老院的演说（残篇 67）

国内事务（前 77 年）（残篇 73—75）

色尔托瑞乌斯和西班牙战争（残篇 76—113）
　　色尔托瑞乌斯的早期生涯和作为（残篇 76—81）
　　前 81 年：色尔托瑞乌斯被逐出西班牙（残篇 82—90）
　　前 80 年：色尔托瑞乌斯战争的开始（残篇 91—98）
　　前 79—前 78 年：美忒路斯·皮乌斯在远西班牙的军事行动（残篇 99—113）

评论奇利奇阿的海盗战争（前 78—前 77 年）（残篇 114—118）

在马其顿和忒腊克的战争（前 77 年）（残篇 119—120）

第一卷中上下文不明的残篇（残篇 121—139）
　　诸战斗（残篇 122—124）
　　战争中的诸行动（残篇 125—128）
　　战争（残篇 129—133）
　　其他（残篇 134—139）

前　言
（残篇 1—16）

纲领性陈述（残篇 1—7）

1　1M, Mc, D, K

［Ra 本说明］宣布主题和叙述的起点（前 78 年）。

我已编修（conposui）玛尔库斯·勒皮都斯（M. Lepido）①和昆图斯·卡图路斯（Q. Catulo）②执政那年③及其后④罗马人民在国内

---

① ［Mc 本注］撒路斯提乌斯的叙述始于这个人领导的反叛。
② ［Mc 本注］一位贵族，其政治观点与勒皮都斯截然对立。
③ ［Mc 本注］意为前 78 年是撒路斯提乌斯叙述的起点（terminus a quo）。一种传统的动机可能促使他从前 78 年开始记述：这是苏拉去世之年，而且撒路斯提乌斯最近的前辈西色恩纳的《纪事》，可能已包含这一事件。
④ ［Mc 本注］其后（deinde）：这是终点（terminus ad quem）的一种含混表述，对此，奥索尼乌斯《书信集》（Auson. Ep.）22.61 以下给出了一些更实质性的内容："卡提利纳，你那骇人的阴谋，勒皮都斯的暴动，从勒皮都斯和卡图路斯之年，我将开始［记述］罗马的事和时，历经 12 年。"这一陈述带出该作品结束于前 67 年这一结论。然而，有些学者赞成格拉赫（Gerlach）的观点，认为《罗马共和纪事》包含对西塞罗和安东尼乌斯执政那年（前 63 年）的事件的叙述。这种观点的一个变体就是茂伦布莱舍尔（"序言"，第 73 页）的假设：死亡阻止这位史家将其叙述延伸至卡提利纳阴谋。这也是见证米特瑞达忒斯之死的年份，这一点符合鲍霍费尔（Bauhofer）的推测，他认为史家曾想过加一个第六卷，以米特瑞达忒斯之死终结《罗马共和纪事》。鲍霍费尔的以下推测没有得到支持：《罗马共和纪事》的结构在某种程度上围　（转下页）

和军中的功业(res gestas)。①

2 8M,2Mc,6D,7K

[Ra 本说明]这条残篇可能部分构成撒路斯提乌斯对其罗马史领域的前辈们的讨论。

因为从建城之始②到对佩尔色乌斯(Persi)的马其顿战争③

(接上页)绕着叙述中的领导人物。确实,《罗马共和纪事》在某种程度上可填补两部专论之间的空白,当奥索尼乌斯谈论《罗马共和纪事》与卡提利纳阴谋之间的联系时,他指的可能就是这一点。但他似乎不太可能会重复自己处理过的材料,因为比如说,他已经以对所谓的第一次阴谋的概述作为前64—前63年的卡提利纳故事的开场。我们现有的作品以一些处理内部事务——比如前67年的《伽比尼乌斯法》(Lex Gabinia),以及国外事物——比如庞培征服海盗——的残篇作结。据说(雅各布斯-维尔茨-库尔菲斯,"序言",第5—6页),标志着庞培崛起的前67年,构成一个圆满的结局,与《尤古尔塔战争》以马略的权力的崛起作结异曲同工。可以假定,撒路斯提乌斯用含混的"其后",表明其小心谨慎,使时间下限不受限制。他是否曾考虑到早逝的可能,或者尚未确定一个与其目的相符的结尾?鉴于我们现有的文本的情况,已无法确知。

① [Ra 本注]终于前 67 年,跨度为 12 年(bis senos...annos [12 年], Auson. *Ep.* 22.63)。
② [Ra 本注]传说为前753年。
③ [Mc 本注]马其顿战争:前168年,经过丕德纳(Pydna)战役,保路斯·埃米利乌斯(Paulus Aemilius)赢得这场战争(Liv. *Per.* 45.9-10)。提及这件事使确定此残篇的上下文更加不易。这种措辞引起各种猜测,关乎这样一段时间间隔中史著的任务。弗拉赫(D. Flach)的猜测(*Philologus*, 117, 1973, pp.76-86)相当有趣,他认为,通过强调老卡图已经处理之直到马其顿战争为止的罗马史,而诸罗马史家已彻底处理过从那时起直到前78年的大段时间间隔,撒路斯提乌斯在语境中为自己选择的主题辩护。然而,彼得罗内(G. Petrone)以多少有点不充分的理由拒绝这一猜测(*Pan*, 4, 1976, pp.39-67),她给出了一个让人无法轻易接受的假设。她提出的理论认为撒路斯提乌斯是在彻底且批判地检查(不太必要)所有罗马史书——从最早的编年作家到离撒路斯提乌斯的时代更近的史家;因此撒路斯提乌斯必定使用过覆盖罗马奠基与马其顿战争之间一长段历史时期的材料,并将之用于凸显卡图在其史著中发挥的作用。

在《卡提利纳阴谋》8.5,讨论过雅典人因拥有像希罗多德(Herodotus)、修昔底德(Thucydides)和色诺芬(Xenophon)那样卓著的史家而享有的有利之处后,撒路斯提乌斯继续说:"但罗马人民从来不曾有过这样的有利之处,因为他们中间最有才能的人总是从事实际的事务;他们总是要在身体力行的情况下使用他们 (转下页)

3　4M,3Mc,2D,2K

[Ra 本说明]对先前的两位史著者的赞美:玛尔库斯·颇尔奇乌斯·卡图,即老卡图(前 195 年执政官,前 184 年监察官),《史源》(以拉丁文写成的最早的散文体罗马史之一,*FRHist* no. 5)的作者;以及盖乌斯·法恩尼乌斯(C. Fannius),前 2 世纪后半叶的一位反格拉古(anti-Gracchan)的史家(*FRHist* no. 12)。

【撒路斯提乌斯……在《罗马共和纪事》卷一将简洁归于卡图①】——罗马民族中最雄辩的人,②以简驭〈繁〉;而将真实归于法

(接上页)的头脑;最优秀的公民重视行动而不喜空谈,他认为他自己的英勇行动应当受到别人的称赞,而不应由他本人来记述别人的英勇行动。"有可能,撒路斯提乌斯通过提及一长段罗马在其中缺乏一种成熟的史著的时期来开始其探究,并且,通过提及马其顿战争,他暗示第一部真正的罗马史书的出现——老卡图的《史源》。

茂伦布莱舍尔接受克里茨的观点,认为此残篇是对罗马权力增长的概览的一部分;因此他将其置于残篇 8 并将另外两条残篇(9ᵃ M 和 10M)置于其后,以便说明撒路斯提乌斯确实处理过罗马扩张的话题。必须强调,我们拥有的任何残篇都无法确切地指向克里茨和茂伦布莱舍尔设想的那类观点。也应该注意到,撒路斯提乌斯既不可能将马其顿战争的结束视为罗马权力上升的顶峰,也不可能将其视为罗马政治生命发展的关键转折点。在下面的残篇 9 中,他清楚地说,征服高卢标志着罗马外部扩张的顶点;他在残篇 10 中则说,迦太基的毁灭标志着罗马内部历史的转折点。

① [Mc 本注]卡图,即老卡图,一个在法律、政治和军事领域能力出众之人,他因坚决地监督严厉的传统道德而获得持久的名声。在这一方面,其作品对撒路斯提乌斯影响深远。卡图的七卷本《史源》是概要性的(capitulatim)。作为该类型的第一部拉丁文作品,此书为历史研究设定标准并开创拉丁散文风格。这一风格对撒路斯提乌斯的影响,表现于他对用词、表达方式和结构方面的古奥的喜爱,亦表现于一种有力、好战的叙述风格。参 Syme, *Sallust*, Berkeley and Los Angeles: University of California Press, 1964, pp. 262–263, 267–268。

[译注]此书中译见罗纳德·塞姆,《萨卢斯特》,荆腾译,生活·读书·新知三联书店 2020 年版。

② [Ra 本注]参卡图路斯对西塞罗的描述:"罗马子孙中最雄辩的人。"(49.1, disertissime Romuli nepotum)

恩尼乌斯。①

4 2M,4Mc,4D,4K

[Ra 本说明]可能指西色恩纳,如果 recens 是一个形容词(似乎来自卡瑞西乌斯[Charisius]摘录的上下文)并且指相对于作者最近的纪事,即当代的纪事(参《尤古尔塔战争》95.2)。如果 recens 是一个副词(描述离撒路斯提乌斯最近的一个前辈),两个可能的人选是西色恩纳(死于前 67 年)和利奇尼乌斯·玛刻尔(Licinius Macer,死于前 65 年)。

---

① [Mc 本注]法恩尼乌斯:他得到过前 122 年的执政官一职,原是盖乌斯·格拉古的朋友,后来转而反对他(Plut. *C. Gracch.* 8.2-3)。作为史家,他第一个代表贵族传统考虑格拉古现象,也许打下了对格拉古兄弟的敌视态度的基础;西塞罗(*Brut.* 101)知道并赞赏他的作品。撒路斯提乌斯把真实归为法恩尼乌斯作品的主要特征,可能是本着残篇 7 中他自己声明的不偏不倚的精神:个人的政治倾向不会致使他歪曲真相。

　　茂伦布莱舍尔认为撒路斯提乌斯此处暗中否认老卡图的真实,这一假定致使他在其残篇 1.5*M 中把卡图称为历史的歪曲者;我将那一残篇归入出处不定残篇。克林纳(F. Klingner, "Über die Einleitung der Historien Sallusts", *Hermes*, 63, 1928, p.168)谈到卡图与法恩尼乌斯之间的对照,认为这不是源自撒路斯提乌斯而是源自维克托瑞努斯(Victorinus)。我认为这里不涉及任何对照。撒路斯提乌斯显得是在着手谈论刻画出具体史家的各种品质。他将简洁归于卡图,不是否认那位史家的真实,而只是在命名其作品最显著的品质,并且这符合老卡图闻名的严肃性格。如内珀斯的《卡图传》(Nepos, *Cato*)3.4 和老普林尼的《自然志》(Plin. *NH*)8.11 所示,撒路斯提乌斯无情地反对元老史著(senatorial historiography)中的阿谀奉承,这致使他甚至把战斗的主角和胜利者的名字排除在自己的叙述之外。撒路斯提乌斯应当了解西塞罗在《论法律》(*Leg.* 1.6-7)和《论演说家》(*De Or.* 53)中就著史一事的论辩。如下陈述指明这些论辩的大概要旨:"因为,在大祭司们(pontiffs)无比枯燥的编年纪之后,当我们转向法比乌斯或卡图(你们总是把他的名字挂在嘴边),或者转向皮索、法恩尼乌斯或威恩诺尼乌斯(Vennonius),尽管其中某个可能比另一个展示出更多活力,但还有什么会比这一整群人更缺乏生机呢?"西塞罗只处理了风格方面。作为史家,撒路斯提乌斯也许感到他能够更内行地识别出为西塞罗所忽视或低估的诸品质。

他写了(scripsit)①最近的(recens)[纪事]②

5* 3M,5Mc,不定 1D,1.5K

[Ra 本说明]以前辈们来衡量一个人面临的挑战。

我们身处如此多博学之人中间③

6* 6M,7Mc,5D,6K

[Ra 本说明]许诺要客观公正,尽管在最近的内战中是凯撒党

---

① [Ra 本注]或者,如果正确的拼读是 scripsi[我写了],那可能指《尤古尔塔战争》。
② [Mc 本注]一般将此残篇解释为指向撒路斯提乌斯的前辈西色恩纳的作品,后者的《纪事》覆盖从同盟战争(前 91—前 87 年)直到前 78 年初这段时期,或者可能直到苏拉之死。史书的前言传统上包括向其直接前辈致意,表明没有重复他已处理过的材料。这不是说必须忽略或原谅前辈作品中的缺点。修昔底德便如此向希罗多德致意,从其前辈结束波斯侵略史的地方开始其战争志。不过,当修昔底德提到在他自己的作品中没有神话(romance)的时候(1.22),他想到的显然是希罗多德。

以类似的方式,撒路斯提乌斯早在《尤古尔塔战争》95.2-4 就提到他无意在别处谈及苏拉时期,因为西色恩纳已处理过。然而,他补充道:"西色恩纳对他的记述总的说来最好也最精确,只是……讲得不够坦诚。"这可能表明撒路斯提乌斯觉得西色恩纳的叙述在处理事件时有缺陷,要么是由于恐惧,要么是由于同情苏拉解决罗马危机的方案。无论如何,他没有决定坚持不在别的地方处理苏拉(参残篇 1.48 各处的注及残篇 49—53 的注)。

1.2-4:根据这些残篇的内容,我们得以比较自信地假定,撒路斯提乌斯列举他在罗马史学方面最重要的一些前辈,从卡图直到西色恩纳;此外,他还评估他们的文学表述的品质及其研究的可靠性。残篇 5 提到"博学之人"可能表明,他对前辈们的判定在许多方面是称许的,尽管偶尔通过具体的保留而有所折中。
③ [Mc 本注]撒路斯提乌斯现在转而讨论与自己有关的事情。尽管此残篇被引用时未带卷号,但将其置于前言似乎合情合理。有些学者注意到,李维在其前言第 3 节中几乎原样模仿这些用词:"而且即便我的名声在如此庞大的著述家群体(scriptorum turba)中隐没,我也会借着那些妨蔽我名声之人的卓越和伟大以慰藉自己。"

弗拉赫认为(Philologus,117,1973,p.78),也许通过这一陈述,撒路斯提乌斯承认,他认为自己无法成功地赶超前辈们,因而决定处理一段仍有待恰切处理的时期。然而,我十分怀疑撒路斯提乌斯[原本]的段落是否与对应的李维的选段有同样不自信的语气。撒路斯提乌斯的两部专论开启了一种新的处理纪事的方式,他以更加传统的罗马史著形式写成的这部散文作品不会被视为对传统框架的盲目依附。更可能的是,"我……如此多博学之人"的对立表明,他对材料的处理将显示出与前辈们的作品在态度和语气上的不同。这一部分的两条现存残篇表明他坚定地代表自己说话。

的一员。

内战中站在对立派系之一方①不会使我偏离真实②

7 10M,6Mc,D、K 未收

[Ra 本说明]前言中提及乌提卡的玛尔库斯·卡图(M. Cato Uticensis,死于前46年),无疑是因为他是与凯撒对立的党派中的一位首要的政治人物,而撒路斯提乌斯拥护凯撒的事业(参上一条残篇)。

【"卡图[从塞浦路斯遥远的海洋运来]的东西":……撒路斯提乌斯在《罗马共和纪事》卷一的开头提到】这个卡图。③

---

① [Mc 本注]内战中站在对立派系之一方:尽管凯撒在《内战记》(*B Civ.*)中没有提到撒路斯提乌斯,但后者确实曾参与前49—前46年的内战。前49年底,他在伊利里亚指挥凯撒的一个军团(Oros. 6. 15. 8)。前47年他再次现身,作为当选的裁判官,他试图平定坎佩尼亚的凯撒军中的暴动,但没有成功(App. *B Civ.* 2. 29; Dio 42. 52. 2)。前46年,作为裁判官,撒路斯提乌斯在凯撒的阿非利加战役中表现积极,在从奇尔奇纳岛确保急需的供给中展示出管理和行政能力(*B Afr.* 8. 3, 34. 3)。

　　李维会希望避免作家们在处理类似内战这样的话题时不可避免地产生的憎恶,撒路斯提乌斯与之不同,对于他正在写的那段困难时期的政治,他坚定地陈述自己的立场。他对不偏不倚的声称,与这种直白的坦率全然对立。这与塔西佗在《历史》(*Histories*)1. 1 中坦承多米提安对他的提携如出一辙。

② [Mc 本注]这一陈述清楚地标志着前言的结束。塔西佗在其《历史》对应部分的结尾,以同样的方式誓绝憎恶和偏袒:"自称始终不渝地忠于真理的人们,在写到任何人时都不应存个人爱憎之见。"参 Tac. *Ann.* 1. 1. 6:"既不会心存愤懑,也不会意存偏袒,因为实际上我没有任何理由受这些情绪影响。"

③ [Mc 本注]此残篇提到了前58年委托给小卡图的使命,这一事实以及注家坚决将该残篇置于《罗马共和纪事》卷一,引发撒路斯提乌斯把这一片段放在什么语境中讨论的问题。茂伦布莱舍尔认为提到吞并塞浦路斯与撒路斯提乌斯处理罗马的帝国统治的扩张有关,并将其置于据推测处理这一话题的部分(1.10M)。然而,这一推测是站不住脚的(参残篇1.2的注)。

[译注]参孟德斯鸠的说法:"卡图是没收塞浦路斯国王财宝的那项可耻法律的执行者,他的全部美德就是不对掠夺者实行掠夺。"见《有关〈罗马盛衰原因论〉的资料》151,收于孟德斯鸠,《罗马盛衰原因论》,许明龙译,商务印书馆2016年版,第188页。

(转下页)

内乱(残篇 8—16)

8 7M,8Mc,7D,8K

[Ra 本说明]纷争的种子从人性的裂缝中发芽。

我们中间最初的纷争产生自人性的缺陷(humani ingeni vitio),①这种缺陷总是令人无休止地、不受控制地为了自由(libertatis)或荣耀(gloriae)或霸权(dominationis)而从事斗争(certanime)。②

(接上页) 1.1-7:史家的前言或个人陈述,包含一群差不多固定的元素,并构成希腊和罗马史著必不可少的一部分。传给我们的古代史书中的巨大缺口,阻止我们详细地追踪这类传统元素的发展,但我们可以从路吉阿诺斯(Lucian)的《如何著史》(*How to Write History*,公元2世纪)的第52—54章瞥见大体的图景。谈及史家的责任,路吉阿诺斯说:"当他做完所有的准备,如果主题不需要预备性的阐述,他有时不写前言就直接开始。但即使这样,他也会用一个实质性的前言澄清他要说什么……如果他表明他要说的东西是重要的、个人的或有用的,他们[他的读者]就会去注意。"(第52—53章)哈尔姆(Halm)书(*Rhetores Latini minores*,Leipzig,1863,rep. 1964,588.18 ff.)中的无名修辞家扩充了路吉阿诺斯的诸观点。他将前言所包含材料的主要论题分别命名为"论纪事"(de historia):对纪事之有用性的一般陈述;"论个人"(de persona):个人细节、写作缘由等;"论材料"(de materia):所选主题值得作史学处理的诸理由。

除了这类传统做法的规则之外,就撒路斯提乌斯的前言的内容,塔西佗——当他写作自己的《历史》时,他显然以此作为自己的典范——给出撒路斯提乌斯的前言的结构的某些指引。李维的前言,除了加强我们对罗马史家使用的传统材料的一般储备的印象之外,因其对撒路斯提乌斯的观点的论战态度,也给出了某些进入撒路斯提乌斯的历史哲学的洞察。

就我们现在所知,撒路斯提乌斯的前言始于对主题的陈述(残篇1),接下来提及他在写作罗马史方面的前辈们(残篇2—4)。他然后提及了他的具体目的,并且有可能提及他写作时所处的个人环境(残篇5—6),最后以承诺他在处理材料时的不偏不倚作结(残篇7)。

① [Mc本注]许多评论家抓住这一表达以支持他们的这一信念:撒路斯提乌斯对人性抱有一种深刻的怀疑主义,在其思考从两部专论到《罗马共和纪事》的发展过程中,这种感觉明显发展成了悲观主义。尽管撒路斯提乌斯可能将道德卓越附于其早期作品,但没有必要断定,撒路斯提乌斯在这里用"缺陷"(vitium)来指德性(virtus)上的根本无能。他可能仅仅指人与生俱来的堕落,这种堕落使他总是不满足于为自由和国家荣耀而斗争的结果。

② [Mc本注]人总是倾向于把用于获得自由和荣耀的值得称道的能量,降格为对个人权力的无情获取,撒路斯提乌斯在这里想的显然是这一点。修昔底德(3.82.2)谈到"一种天生的特性"。当塔西佗写下"人心中由来已久的对权力的渴望"(Tac. *Hist.* 2.38)时,他显然在反映撒路斯提乌斯的思考。

(转下页)

9　11aM,9Mc,8D,9K

［Ra 本说明］奥古斯丁(Aug. *Civ.* 2.18.4)解释过这条残篇的最后一句，称其见于撒路斯提乌斯《罗马共和纪事》卷一的开头，而且残篇 10"紧"(continuo)随其后。

［1］罗马国家在色尔维乌斯·苏珥皮奇乌斯(Ser. Sulpicio)和玛尔库斯·玛尔刻路斯(M. Marcello)执政期间[前51年]享有最大的权力，莱茵河此岸以及我们的海[地中海]和大洋[大西洋]之间的整个高卢，除因沼泽而不可通行的地方之外，都已臣服。① ［2］相对地，② 罗

（接上页）　自由、荣耀、霸权这一序列，正是撒路斯提乌斯追踪罗马内战发展原因的过程。内部纠纷起于平民反对国王和贵族的斗争(《卡提利纳阴谋》6.7、7.1—4;《罗马共和纪事》1.10)。迦太基陷落之后，在野心的影响下(《卡提利纳阴谋》10—11;《尤古尔塔战争》41)，寻求荣耀这件事堕落到如此地步：每个攻击政府的人"在为了公众利益的伪装之下，实际上都在为个人权力而卖力"(《卡提利纳阴谋》38.3)。最后，由于道德和政治生活中的堕落，一小撮大权在握之人(pauci potentes)力求个人统治——比如马略、秦纳(Cinna)、卡尔波(Carbo)、苏拉这样的人。

受到对罗马共和危机的持续研究的影响，撒路斯提乌斯意识到，动机可敬的斗争非常容易堕落，并为煽动家和僭主的野心创造有利气候。反讽的是，能带来政治和谐的益处的推动力，更经常是达成稳定平衡的障碍。无疑，撒路斯提乌斯的观点发生了变化，但其观点是否在《罗马共和纪事》中发生了彻底的逆转则还有争议。

此残篇的语气和内容显然具备"稽古"(archaeology)的特征。然而，克林纳表明《罗马共和纪事》的稽古可能始于残篇 1.9 的起始句"罗马国家……享有最大的权力"。原因在于，无论《卡提利纳阴谋》的稽古(6—13)还是《尤古尔塔战争》中关于党派和派系的离题话(41)，都没有与我们的残篇中的"我们中间"中的第一人称相呼应之处。支持克林纳观点的帕索尼(Pasoni)补充道(*Stud. Urb.* 49, 1975, p. 372)，此残篇部分构成以下过渡的一种恰当方式：撒路斯提乌斯对亲身经历的内部失序的个人回忆(残篇7)与对源头和首要原因(残篇9)及罗马内乱的考虑(残篇10)。

① ［Ra 本注］凯撒于前 58—前 50 年担任山内和山外高卢及伊利里亚的资深执政官之时将其征服。
　　［Mc 本注］考虑到撒路斯提乌斯的仕途，无怪乎他会将凯撒的成就凸显为罗马扩张的顶峰。当然，他的写作是在凯撒遇刺以及他寄托于凯撒的解决共和危机的任何期待都落空之后的那 10 年。
② ［Mc 本注］引入了一种典型的撒路斯提乌斯式对立：外部统治在前51年达到顶峰，道德健康和政治和谐的顶点却在另一时期获致——在第二次和最后一次布匿战争之间。罗马帝国扩张的顶点与同时发生的道德和政治理想的几乎完全堕落之间的对比，再现于残篇10，在那里，败坏和堕落的首要因素与政治权力转移至罗马有关。

马在第二次和最后一次迦太基战争期间,①表现出最好的道德和最大的同心(concordia)。

10 11bM,10Mc,9D,10K

[Ra 本说明]迦太基的毁灭(前 146 年)引起道德滑坡。紧接着残篇9(参上条说明),撒路斯提乌斯处理公民离心,时间跨度起自罗马的最后一个国王——傲王塔昆(Tarquinius Superbus)——被逐之日(传说为前510年),直到第二次布匿战争(前218—前201年)。

[1]而离心、贪婪、野心以及其他惯于从顺境中滋生的恶,在迦太基被毁之后急剧增长。② [2]的确,强者们的不义,随之而来的

---

① [Mc 本注]在第二次和最后一次迦太基战争期间:这段内部同心且道德完满的时期(前201—前150年),要归功于 metus hostilis,即对外敌的畏惧。由于撒路斯提乌斯随后扩展了这个一般概念的范围(参1.10注),在这一语境中,我们可以更准确地使用 metus Punicus 这一术语——由罗马在控制地中海盆地方面的最大对手迦太基城造成的畏惧。许多学者指出,珀西多尼乌斯(Posidonius)最早提出了 metus hostilis 理论,并且这是撒路斯提乌斯使用的这一概念的源头。但这是一个非常罗马式的概念,且构成斯奇皮欧·纳西卡(Scipio Nasica)据称用来反对老卡图的以下口号的主要论据:老卡图呼吁通过第三次布匿战争"必须毁灭迦太基"(参 Diod. Sic. 34/5.33.4-6;Plut. Cat. Mai. 27;Flor. 1.31.5;App. Pun. 69)。

② [Mc 本注]急剧增长:堕落这一主题在两部专论中也得到了处理(《卡提利纳阴谋》6—13;《尤古尔塔战争》41),这使我们得以追踪撒路斯提乌斯对这一话题的观点的发展。《卡提利纳阴谋》为罗马史的开端设想天性就好的一代;只有意外才能使"与其说出于法律不如说出于天性的"(9.1)正义和正直反转。意外随迦太基的陷落而来,但造成随后的败坏的,不是去除 metus hostilis,而是无理、暧昧的机运"开始变得残忍,把我们的事务搅浑"(10.1)。在《尤古尔塔战争》41 中,迦太基的陷落再次成为转折点,但现在强调随后去除的 metus Punicus——对迦太基的畏惧阻止罗马人内乱。如今,在《罗马共和纪事》中,metus hostilis 这一动机显著扩展。这一畏惧——当时可以具体贴上 Punicus 的标签,因为关乎与迦太基的冲突——如 metus hostilis 这个一般概念,从共和国一开始就存在,当时,对塔昆以及与埃特鲁里亚人作战的畏惧,维持着京城内部的和谐。去除这两个早期的威胁后,各阶层之间的同心解体,贵族与平民间旷日持久的冲突不断,除非出现 metus hostilis,再次要求同心。畏惧动机的这种扩展,表明了一种深化的悲观论或一种强化的唯理论,这与他早期作品中的理想化相去甚远。这幅甚至引起对罗马命运的怀疑的更黑暗画面,显然使李维担忧,他在前言(11)中间接反对撒路斯提乌斯的这一观点: (转下页)

平民从贵族[统治的国家]的撤离,①以及其他国内的纠纷,从一开始就已存在;国王被逐之后,当对塔昆的畏惧和与埃特鲁里亚的沉重的战争②尘埃落定之后,行事便不再根据公平、适度之法。[3]之后,贵族像对待奴隶一般将权力强加于平民,以国王的方式对待他们的生命和身体,将他们赶出农田,独自操纵权力而不给其他人机会。[4]平民受到此类残暴和极大债务——由于持续的战争,他们同时承受着赋税和兵役——的压迫,于是他们武装占据圣山和阿威恩提努斯山,③并于那时为自己取得平民保民官和其他权利。[5]第二次布匿战争结束离心和双方的斗争。

（接上页）"然而,或是对所承担的任务之热爱蒙蔽了我,或是从未有过一个共同体更为伟大、更为神圣、有更多的好榜样。"

　　通过选择前146年作为罗马堕落道路上的关键转折点,撒路斯提乌斯拒绝已得到广为接受的传统说法:至前2世纪中叶,最终摧毁共和国的进程已在运转。李维(39.6-7)代表的编年传统,把转折归咎于前187年曼利乌斯·武珥索(Manlius Vulso)的军队自亚细亚返回。珀律比俄斯意识到前200年以降道德水准的变化,将转折置于前168年后罗马获得世界霸权的那些年(31.25.3以下;参Diod. Sic. 31.26)。编年史家路奇乌斯·皮索(L. Piso),将堕落之始定在前154年(Plin. HN 17.224=Piso fr. 38 HRR[H. Peter, *Historicorum Romanorum reliquiae*, vol. 1, Leipzig, 1967²])。如厄尔(D. C. Earl)在《撒路斯提乌斯的政治思想》(*The Political Thought of Sallust*, Cambridge, 1961)页44所论,这些解释都没有排除其他人正确的可能。我在其他地方提到,撒路斯提乌斯拒绝编年传统的原因似乎在于,他对早期的关注角度不同于卡图、珀律比俄斯、皮索和李维。他强调的是concordia[同心],且他对罗马过往的过于简单的观点,在1.9得到改进,在那里,"最大的同心"只见于前146年之前的半个世纪。他在两部专论中的理想化观点,使他忽视了一种非常复杂的情形中的其他因素——贵族中的派系、公共和私有财富的增加,诸如此类都被忽略。但应注意,后来的作家接受撒路斯提乌斯把前146年作为罗马史上划时代的年份的选择(参Plin. HN 33.150; Vell. 2.1.1; Flor. 1.33.1; Aug. Civ. 1.30; Oros. 5.8.2)。

① [Ra本注]参《卡提利纳阴谋》33.3注及本残篇第4节注。
　[译注]《卡提利纳阴谋》33.3注:"由于贵族不给平民任何政治权利,于是平民离开罗马并威胁说要另建一个独立的国家。历史上载有三次这样的'撤离':前494年去'圣山'(Mons Sacer)、前449年去阿威恩提努斯山(Aventine)、前287年去雅尼库路姆山(Janiculum)。"
② [Ra本注]根据传说,埃特鲁里亚国王拉尔斯·珀尔色恩那(Lars Porsenna)向罗马发动战争,妄图复辟被逐的塔昆国王。
③ [Ra本注]撒路斯提乌斯并提两个相当的传说,一个是前494年的第一次撤离,至距罗马东北约3英里的"圣山";另一个与阿威恩提努斯山有关,此山是罗马七丘中最南端的一座,靠近台伯河(Tiber)。

11　15M,11Mc,112D,106K

［Ra本说明］罗马在前2世纪上半叶享有一段宁静的时期。

从战争中获得宁静的共同体

12　12M,12Mc,10D,11K

［Ra本说明］迦太基造成的威胁随其在前146年的毁灭而解除之后，内乱和道德滑坡抬头。

对布匿人的畏惧解除之后，［罗马］已没有竞争对手，于是发生极多的骚乱、叛乱，并且最终酿成各场内战，同时，有权的少数人——多数人屈从于他们的声望——借贵族或平民的可敬的名义（honesto nomine）来追求统治。① 被称为好公民和坏公民，不是出于对共和国的功劳，因为所有人都同样败坏；而是每个极富之人因不义而变得更强就被视为好，②因为他维持着现状。

13* 　16M,13Mc,12D,K

［Ra本说明］前146年迦太基被毁之后或苏拉于前82年在内

---

① ［Ra本注］参《卡提利纳阴谋》38.3。
［译注］《卡提利纳阴谋》38.3："要知道，言简意赅地说句老实话，那时以来所有攻击共和国的人使用各种可敬的名义，有人说他们在捍卫民众的权利，有人说他们在维护元老院的权威；但在为了公共利益的伪装下，实际上每个人都在为自己向上爬而卖力。"
② ［Mc本注］政治词汇的歪曲，是政治冲突不可避免的特征，这在修昔底德(3.82.4)那里得到有力的强调和说明。拉丁词boni一般用于涵括那些忠诚地支撑政制的人：西塞罗在《致阿提库斯书》(*Att.* 7.7.5 ff.)中试图阐述并发展boni的这一含义，在《为色斯提乌斯辩护》(*Sest.* 97 ff.)中则试图把这一表述扩展到所有人，不管阶层或财富，只要他支持维护共和政制。但这是个易于歪曲的词。在此，这个词被用于那些所谓的现状的拥护者，且只是一块掩饰他们的压迫行为的假标签。

战中获胜之后(参《卡提利纳阴谋》11.1—5)①——无法确定撒路斯提乌斯这里指的是哪件事——奢侈的增长加速道德滑坡。

从那时起,祖先们的风尚,不是像先前那样被渐渐抛弃,而是一泻千里;年轻人被奢侈和贪婪败坏到此种地步,以致可以恰当地说,他们生出来既不能保有自己的家产,也不能允许其他人保有家产。

14   13M,14Mc,13D,K

[Ra 本说明]与残篇 13 相同的内容。贪婪支配着罗马政治。

并且所有派系的精华都因贿赂(mercedem)而败坏

15*   17M,15Mc,11D,14K

[Ra 本说明]平民保民官提贝瑞乌斯·格拉古(Ti. Gracchus)于前 133 年被谋杀,标志着冲突的开始(参下引 Vell. 2.3.3,见残篇 16)。

【确实,论辩②发生于格拉古兄弟中的一位被杀之时,从那时

---

① [译注]《卡提利纳阴谋》11.1—5:"但最初使人们的灵魂受到促动的与其说是贪婪,毋宁说是野心——野心确实是一种缺点,但还不算太违背道德。因为荣耀、荣誉和权力,高尚的人和卑劣的人同样热烈期望,只是前者通过正当的途径获得,而没有高贵品质的后者通过狡诈和欺骗取得罢了。贪婪意味着想得到金钱,而智者绝不会追求金钱。这种恶习就像沾上危险的毒药,能使极为健壮的体魄和精神萎靡下去。没有任何东西能使这种无限、永无满足的贪婪缓和下来,丰足不行,匮乏也不行。但在苏拉通过武力取得国家的统治权而使一切事物在好的开端后面出现不祥的结果之后,所有的人便开始动手劫掠起来。有人想弄到一所房屋,有人则想弄到土地;胜利者肆放之极又不知节制,他们凶残可耻地残害他们的同胞。在这一切之外,苏拉为了赢得他带到亚细亚去的军队的忠诚,竟然违反我们祖宗的惯例,允许他们过骄奢淫逸的生活,放松纪律对他们的约束。在温柔乡一般的、可以纵欲的国土上所过的无所事事的日子,迅速使他的士兵们的尚武精神萎靡下来。"
② [Ra 本注]在西塞罗的《论共和国》(De Re Publica)中,这是一场发生于前 129 年的对话。

起,如撒路斯提乌斯所写,】严重的叛乱肇始。①

16　18M,43Mc,33D,38K

[Ra本说明]可能与残篇 15 内容相同,因为威珥勒尤斯(Vell.2.3.3)说,提贝瑞乌斯·格拉古被谋杀之后,"从此强力压倒正义"(inde ius vi obrutum)。

于是退回到从前那种无序的生活方式,所有正义都基于强力。

---

① [Mc本注]1.8—15:撒路斯提乌斯的叙述方法的一个显著特征是,他选择罗马史上一段短暂、关键的时期,并从决定那段历史进程的总体力量和动机的角度分析。在《罗马共和纪事》的这一部分,他选定时期的诸事件被置于对罗马史的总体解释之中。他说的许多东西与两部专论中的内容类似,但在细节和重点上有一些重要的不同。有两个特征对我们理解撒路斯提乌斯的历史哲学来说非常重要,即与迦太基的陷落相伴的 metus hostilis 这一概念,以及可以从他对罗马的道德和政治堕落的处理中觉察到的悲观语气。

历史背景

（残篇 17—47）

同盟战争（前 91—前 87 年）（残篇 17—21）

17　19M，16Mc，14D，15K

[Ra 本说明]罗马在征服时期与意大利各民族打交道的早期历史。

这就是祖先们对意大利氏族（gente）的尊重和关切（antiquitatis curaeque）。①

18＊　20M，17Mc，15D，3.81K

[Ra 本说明]前 91 年罗马的诸意大利同盟反叛的促成致因（maxima causa[首要原因]，Ascon. p.68C.5），是前 95 年利奇尼乌斯和穆奇乌斯的执政官法（consular Lex Licinia Mucia），该法把那些伪称拥有罗马公民权的人从公民册上删除，尽管他们是波河（Po River）以南的意大利同盟团体中的原住民。

---

① [Mc 本注]应当强调，早期阶段的公民权授予只限于个人。到公元前 2 世纪和前 1 世纪，这变成一个授予整个共同体以公民权的问题，统治阶层的某些部分抵制这一运动；对此的反应开启了罗马与意大利各民族之间的公开对抗。

利奇尼乌斯法对波河此岸的所有人都是欺骗。①

19*   21M,18Mc,不定 2D,1.16K

[Ra 本说明]前 91—前 87 年的同盟战争中,罗马的诸意大利同盟反叛。

且整个意大利热切地(anims)分崩离析

20*   22M,19Mc,17D,K

[Ra 本说明]与残篇 19 相同的内容。

诸同盟和拉丁人②的背叛之后

---

① [Mc 本注]西塞罗(Cic. Off. 2.47)证实这是在推行这项法律:"要知道,不允许不是公民者享有公民权是应该的,无比智慧的执政官克拉苏斯和斯凯沃拉就制定过这样的法律。"
[译注]当为 3.47,利奇尼乌斯全名路奇乌斯·利奇尼乌斯·克拉苏斯,穆奇乌斯全名昆图斯·穆奇乌斯·斯凯沃拉。
② [Ra 本注]拉丁人,即那些拥有拉丁权利的人(参《尤古尔塔战争》39.2 注)。这种意义上的拉丁人(Latium),参《尤古尔塔战争》69.4 注。
[译注]《尤古尔塔战争》39.2 注:"即那些拥有罗马公民的私人权利而非公共权利的同盟团体。享有'拉丁权利'的人,可以签订得到罗马法律承认的婚姻或商务契约,但他们不能在罗马投票或担任公职。"《尤古尔塔战争》69.4:"这个城市的卫戍长官图尔皮利乌斯(Turpilius),正如我在上面所说,是唯一能逃了活命的人。美式路斯在军事法庭上对他进行审讯,而由于他不能为自己进行辩解,便在被处以笞刑之后处死;因为他是出自拉丁人的公民(nam is civis ex Latin erat)。"注云:"撒路斯提乌斯在其他地方(84.2, 95.1)用这个同样的表达"ex Latio"[出自拉丁人]指那些不拥有全部罗马公民权而只有拉丁权利的人(参 39.2 注),此处肯定也是这个意思,因为这由 nam[因为]引起的从句似乎旨在解释为何图尔皮利乌斯没有像一个罗马公民那样,免于笞刑和死刑。(拒绝这种解释的唯一理由是普鲁塔克未经证实的声明,他说图尔皮利乌斯是一位 praefectus fabrum[工兵长官],而这是一项限于罗马公民的职务,不过参 66.3 注。在同一节,普鲁塔克包含不见于其他资料的细节:图尔皮利乌斯被处死后,有证据表明他是无辜的。)" 66.3 注:"也许这一说法——图尔皮利乌斯是 praefectus oppidi[卫戍长官]——导致普鲁塔克的未经证实的断言(Mar. 8.1),说图尔皮利乌斯是一个 praefectus fabrum(工兵长官),这一职务后来类似于指挥官的参谋长。"

21[*]　23M,20Mc,36D,19K

[Ra 本说明]同盟战争(前91—前87年)造成意大利的荒芜。

确实,意大利因劫掠、逃亡、杀戮而荒败①

内战(前88—前82年)(残篇22—35)

22　24M,21Mc,19D,21K

[Ra 本说明]马略从他的敌人执政官苏拉那里逃命时,试图于前88年春经海路到达阿非利加,但暴风天气迫使他在罗马以南的拉丁姆海岸、靠近奇尔刻依(Circeii)的地方登陆。他在那儿向一些牧人求助(Plut. *Mar*. 36.5)。②

最后,他向那些农民本身请求,诉诸人的悲惨和无常③

23[†]　25M,22Mc,2.66D,2.75K

[Ra 本说明]继残篇22记述的情节之后,遭遇被捕获又被释放之后(参 Plut. *Mar*. 38.2-39),马略抓住一条小渔船,以此抵达

---

① [Mc 本注]前91—前87年的同盟战争缺少足够的文献。由于李维作品中相应的几卷已佚失,阿庇安成了我们主要的信息资源。尽管阿庇安《内战史》的第一卷就意大利问题的起源给出一种清晰、连贯的说明(1.21.34),但这位史家只简单地解释同盟战争如何发生,而没有处理导致冲突的复杂的潜在原因。那么,对细节的看法存在持续的学术争议不足为奇。但是,就以下两点人们有大致的共识:前2世纪罗马、拉丁人与意大利同盟(Socii)之间的关系史;导致同盟战争这一冲突的诸因素。实际冲突的资料,参《剑桥古代史》卷九。
② [译注]《马略传》36.5:"虽然时间已晚,他们在无意中遇见几位贫穷的牧人,后者无力供应所需的粮食,认出马略劝他立即离开此地,因为这些牧人在离这不远之地,看到一队骑兵前来搜查他的踪迹。"
③ [Mc 本注]马略毫不耽搁地离开罗马,他需要尽快,因为苏拉迅速组织起对逃亡之敌的追捕。马略的目的地是北非,他的数量巨大的老兵安置在那里。在途中,他的船被迫在奇尔刻依附近靠岸,靠近忒剌奇纳(Terracina),此地的领主革米尼乌斯(Geminius)是马略的死敌。马略决定朝米恩图尔奈(Minturnae)的内陆行进,那里的居民对他表现友善。

离岸的一个岛屿;他在那里登上一艘船,以完成他被打断为阿非利加逃亡之旅(App. *B Civ.* 1.62)。

夜间,他碰巧遇上(incidit)一条渔(piscantis)船(lenunculum)①

24   144M,25Mc,21D,23K

[Ra 本说明]可能描述前 87 年夏围城期间,苏拉在台伯河上设置障碍,以阻止补给到达罗马(App. *B Civ.* 1.67, 69)。

他以锁链的方式连接[船? 木材?]

25*   28M,23Mc,不定 4D,1.25K

[Ra 本说明]前 87 年暮春或夏,美忒路斯·皮乌斯(前 89 年裁判官)及其军队被从撒姆尼乌姆(Samunium)——他在那里与仍在叛乱的意大利人作战——召回,以保卫罗马,抗击秦纳和马略(Dio fr. 102.7;App. *B Civ.* 1.68)。

[元老院(或执政官们?)命令美忒路斯]停止战争,不管他能

---

① [Ra 本注]或者,如果保留抄本的 lenunculo,并且像米勒那样把 piscantis 解释为复数宾格,作 incidit 的直接宾语,那么也可译作"碰巧遇上在船上钓鱼的人"。
[Mc 本注]1.21—22:前 89 年底,同盟战争的军事危机已得到控制。留待处理的问题是:恢复意大利内部的同心,反击东方对罗马统治的持续增长的威胁。然而,由于派系利益的持存,维持良好和平的前景并不光明。
  前 88 年执政官苏拉获得亚细亚行省以及与米特瑞达忒斯作战的指挥权,马略也觊觎这一任命。保民官普卜利乌斯·苏珥皮奇乌斯·茹福斯,接过德茹苏斯(Drusus)的旗子,试图迫使政府实现让步,赋予诸同盟以公民权,通过将诸同盟分成 35 个部落(Ascon. 64;App. *B Civ.* 1.55-56;cf. Liv. *Per.* 77),而非将其限制在或许 10 个部落(Taylor, *Vot. Dist.*, pp.102-103, n.6)。为了反击寡头们的反对,他提出一些措施,其中有一项是把对米特瑞达忒斯作战的指挥权从苏拉转移到马略那里(Liv. *Per.* 77;Diod. Sic. 37.29.2;App. *B Civ.* 1.55-56),以确保[马略]对自己计划的支持。遭到执政官们的反对后,苏珥皮奇乌斯将他们强行驱逐出城并推行他的措施。苏拉诉诸自己为米特瑞达忒斯而集合在诺拉(Nola)的部队,并率领他们第一次以一支罗马军队的身份进军罗马。他占领京城,废除苏珥皮奇乌斯的立法,将其处死,并放逐自己的主要对手,包括马略(参 Plut. *Sull.* 7.1-10.2;App. *B Civ.* 1.57-60)。

以[与撒姆尼乌姆人达成的]何种条约

26　26M,24Mc,20D,22K

[Ra 本说明]可能指否认秦纳和马略受制于先前的协议,即当罗马于前 87 年底向他们投降时,他们会克制而不随意而为。克里茨及后来的茂伦布莱舍尔不太合理地把这些词与否认前 87 年执政官秦纳受制于其要遵循苏拉前 88 年立法的誓言联系在一起(Plut. *Sull.* 10.6-7)。

既没有关于共和国,也没有关于罗马人民的自由的协议

27　29M,26Mc,115D,114K

[Ra 本说明]可能描述前 87 年那些响应自由的号召而加入马略和秦纳一边的奴隶(App. *B Civ.* 1.69)。尤其可能描述那些被称为"巴尔笛埃伊"(Bardyaei)的奴隶,这些人组成马略的私人卫队,并在罗马于前 87 年底陷于马略和秦纳之手后胡作非为(Plut. *Mar.* 43.4-5)。也可能指色尔托瑞乌斯(在毛里塔尼亚)或者奇利奇阿(Cilicia)或马其顿的总督们在国外遭遇的人。

不习惯于自由①

---

① [Mc 本注]1.23—26:即使在美忒路斯·皮乌斯于前 88 年击败珀姆派迪乌斯·西罗(Pompaedius Silo)领导的撒姆尼乌姆人之后,同盟战争的余烬仍在撒姆尼乌姆和卢卡尼亚(Lucania)燃烧。

秦纳当选前 78 年执政官,他发誓要遵循苏拉的措施(Plut. *Sull.* 10.3-4;Dio 30-35, fr. 102.1;*Schol. Gronov.* p. 286St.)。他就任执政官后,试图提出一项法案,在所有部落登记新公民和自由民(Cic. *Phil.* 8.7;Vell. 2.20.2;App. *B Civ.* 1.64;Exsuper. 4.23);并以另一项法案召回马略和其他放逐者。被他的执政官同僚格奈乌斯·欧克塔维乌斯(Cn. Octavius)逐出罗马后,秦纳获得阿皮乌斯·克劳迪乌斯的部队的支持,后者是苏拉在诺拉的一个将领,马略及其党羽不久也加入进来。秦纳轻易战胜欧克塔维乌斯并占领罗马。在随后的冲突中——有时被称为欧克塔维乌斯战争(Bellum Octavium)——执政官欧克塔维乌斯被杀,随之而来的是一段恐怖统治,秦纳和马略的许多元老级对手在其中被谋杀。

28 42M,34Mc,27D,33K

[Ra本说明]罗马于前87年底陷于秦纳和马略之手之后,许多属于对立党派的人逃到东方加入苏拉,以逃避报复(Liv. Per. 84; Plut. Sull. 22.1)。茂伦布莱舍尔和麦古欣更倾向于可能性更小的柯林门(Colline Gate)之战(前82年11月),在此战中,苏拉的左翼遭到压倒性失败,导致一直持续到夜里的绝望情绪(App. B Civ. 1.93; Plut. Sull. 29.9)。

于是苏拉的人在夜里安排逃亡

29 32M,27Mc,18D,20K

[Ra本说明]可能部分构成对以下事件的描述:苏拉决定迅速回到罗马面对他的敌人,以及此事如何影响他于前85年与米特瑞达忒斯达成注定不会长久的和约。

苏拉不相信这些事[秦纳政权作出和解的承诺],尤其米特瑞达忒斯王的好战,后者将会相机挑起战争(bellaturi)①

30 33M,28Mc,85D,K

[Ra本说明]前83年春,苏拉把自己的军队集中于亚得里亚海岸的笛剌奇乌姆(Dyrrachium),准备入侵意大利(Plut. Sull. 27.1)。

他们快速将军队集中于笛剌奇乌姆。

31* 34M,29Mc,23D,27K

[Ra本说明]描述前83年谈判期间导致执政官斯奇皮欧(Scipio)的军队向苏拉倒戈的诸事件(Cic. Phil. 12.27; Liv. Per.

---

① [Ra本注]或"叛乱",如果原文接受⟨re⟩bellaturi的读法。

85；App. *B Civ.* 1. 85）。参残篇 79。①

于是[对立阵营的士兵们之间]开始交谈，双方互相提问：过得可好，对各自的领袖有多满意，获得多大家产。②

32^{*}　35M，30Mc，24D，29K

［Ra 本说明］前 83 年，已故马略（前 86 年第 7 次任执政官）的儿子当选前 82 年的执政官，尽管他才 26 岁（Vell. 2. 26. 1）或 27 岁（App. *B Civ.* 1. 87）。《论人杰》（[Aur. Vic.]*De vir. ill.*）68. 1 是证实马略的母亲、未来的独裁官凯撒的姨母尤利娅（Iulia）的悲伤的

---

① ［译注］《反腓力辞》12. 27："苏拉与斯奇皮欧，一个代表贵族的精华，一个代表战争中的诸同盟，他们在卡勒斯（Cales）与忒阿努姆（Teanum）之间，依据元老院的权威、罗马人民的赞成和公民权利解决他们之间的纷争。那次会面没有完全保持诚信，然而也并非以暴力和危险为标志。"

② ［Mc 本注］1. 27—29：（前 86—前 83 年）在前 87 年马略的反政变（counter-coup）期间，苏拉作为资深执政官在希腊指挥对米特瑞达忒斯的战争，忙于包围雅典。随后的三年——西塞罗在《布鲁图斯》308 中称之为"没有战争的三年"（triennium sine armis），见证了秦纳每年连任执政官及一段相对和平的时期。但这也是"等待苏拉"的时期，因此，缺乏明显的敌对活动并不意味着默许反政变强加的结果。

　　马略死于前 86 年 1 月 13 日（Liv. *Per.* 80），路奇乌斯·瓦勒瑞乌斯·伏拉库斯（L. Valerius Flaccus）被任命为替任（suffectus）执政官。在这一年，苏拉占领了雅典和佩莱坞（Piraeus），战胜了两支米特瑞达忒斯军，先在凯若内阿（Chaeronea），然后在欧尔科美诺斯（Orchomenos, Liv. *Per.* 81－82；Plut. *Sull.* 14. 1－21. 4；App. *Mith.* 33－51）。前 85 年，秦纳与格奈乌斯·帕皮瑞乌斯·卡尔波（Cn. Papirius Carbo）共任执政官，他们开始准备反对苏拉从东方如期返回（Liv. *Per.* 83；App. *B Civ.* 1. 76－77）。与此同时，基于战前的形势，苏拉在东方与米特瑞达忒斯达成《达尔达努斯和约》（Peace of Dardanus, Liv. *Per.* 83；Plut. *Sull.* 22. 2－24. 4；App. *Mith.* 54－58；Gran. Lic. p. 35. 78C）。秦纳和卡尔波续任前 84 年的执政官，但秦纳年初就在阿恩科纳（Ancona）被暴动的军队杀死，当时他正准备率自己的军队去厄皮茹斯（Epirus, Liv. *Per.* 83；Vell. 2. 34. 5；Plut. *Sull.* 6. 1；*Pomp.* 5. 1－2；App. *B Civ.* 1. 78）。卡尔波继续秦纳的准备，反对苏拉归来。苏拉从亚细亚回到希腊，一边与元老院在罗马谈判一边养病，准备带自己的军队回意大利。

　　前 83 年的执政官是路奇乌斯·科尔内利乌斯·斯奇皮欧·阿西阿提库斯（阿西阿革努斯）和盖乌斯·诺尔巴努斯。那一年，苏拉入侵意大利。诺尔巴努斯在提法塔山（Mt. Tifata）附近被击败，并撤到卡普阿（Capua），在那里坚持了一段时间。苏拉在忒阿努姆附近把斯奇皮欧的军队争取到自己这边，并俘虏了斯奇皮欧，但将其毫发无损地释放了。

唯一其他资料。

【这就是撒路斯提乌斯提到的那位马略，他违背母亲尤利娅，获得执政官一职。】

33* 36M，31Mc，26D，31K

［Ra 本说明］小马略于前 82 年春在撒克瑞珀尔图斯（Sacriportus）之战中被苏拉击败之后，与自己的败军在璞莱内斯忒（Praeneste）城避难（App. *B Civ.* 1. 87），苏拉对该城的围攻使苏拉的敌人派来一系列援军，徒劳地试图解救小马略。

且马略的战败使战争升级

34 37M，32Mc，25D，30K

［Ra 本说明］与残篇 33 相同的语境；苏拉让昆图斯·路克热提乌斯·欧斐拉（Q. Lucretius Afella）①负责围攻璞莱内斯忒（Liv. *Per.* 88；Plut. *Sull.* 29. 15）。

驻于璞莱内斯忒

35* 38M，33Mc，28D，32K

［Ra 本说明］格奈乌斯·卡尔波（Cn. Carbo，前 82 年第 3 次任执政官）抛弃了一支大约 5 万人的军队，逃离意大利（App. *B Civ.* 1. 92；cf. Plut. *Sull.* 28. 17）。

---

① ［译注］据普鲁塔克，Afella 当作 Ofella。

出于可耻的害怕,卡尔波抛弃意大利和军队。①

苏拉的僭政(前82—前80年)(残篇36—47)

36　44M,36Mc,30D,35K

[Ra 本说明]苏拉于前 82 年 11 月取得内战最终胜利之后不久,马略的侄子、秦纳政权中的领袖之一玛尔库斯·马略·格剌提迪阿努斯(M. Marius Gratidianus,前 84 年第 2 次任裁判官?)被处死。在昆图斯·卡图路斯(前 78 年执政官)的煽动下,格剌提迪阿努斯被残忍地处决于卡图路斯的父亲(前 102 年执政官)位于台伯河对岸的墓旁,以报复他促使老卡图路斯(于前 87 年马略和秦纳占据罗马后不久)自杀。

至于玛尔库斯·马略,他先被打断双手双脚,然后被挖出双眼,确保他会一截一截地咽气

37　45M,37Mc,94D,96K

[Ra 本说明]格剌提迪阿努斯的妹夫卡提利纳(*Comm. Bern. ad Luc.* 2.173),执行残篇 36 描述的死刑(参 Plut. *Sull.* 32.4; As-

---

① [Mc 本注]撒路斯提乌斯在这儿和 1.44 的记述中的谴责语调表明他对内战双方的公平态度,尽管他渴望纠正西色恩纳的偏见。卡尔波的这幅画面,与 1.35 和 1.36 暗含的对苏拉派(Sullani)的感情相平衡。

1.30—34:前 82 年的战斗季始于双方力量的增加和狂暴的加剧。苏拉已确保阿普利亚(Apulia)和皮刻努姆,正希望通过保证各意大利群体从他的对手那里赢得的公民权来扩大自己的权力。两个极端的马略派担任执政官,即第三次任执政官的格奈乌斯·帕皮瑞乌斯·卡尔波,以及大量马略老兵心系的小马略。大量部队在埃特鲁利亚和山内高卢(Cisalpine Gaul)集结。三个战场发生大战——山内高卢、埃特鲁利亚和乌姆卜瑞阿、拉丁姆。美忒路斯·皮乌斯和庞培率领的苏拉军在山内高卢取得的进展,加速了马略势力在埃特鲁利亚和乌姆卜瑞阿的崩塌。这些成功使苏拉得以维持对璞莱内斯忒的封锁,挡住卢卡尼亚人和撒姆尼乌姆人的骚动。

con. pp. 84, 87C)。

而他是他的孩子们的舅舅①

38 47M,38Mc,22D,26K

[Ra 本说明]在苏拉褫夺(proscription)期间(前 82 年 11 月—前 81 年 6 月 1 日),受害者们被无情地抓捕。

当祭坛和其他因诸神而神圣之地被乞援人的血玷污

39* 48M,39Mc,D、K 未收

[Ra 本说明]撒路斯提乌斯提到记名者(nomenclators,一种奴隶,他们的功能就是当他们的主人想要问候某些人时,熟练地把那些人的名字告诉自己的主人),可能与抓捕那些并非公共人物、只因财富而被列入苏拉的褫夺名单的人有关(Val. Max. 9.2.1)。

记名者,【如埃米利乌斯(Aemilius)在其对撒路斯提乌斯《罗马共和纪事》的注疏中所述,是那些叫出公民们的名字并认出他们的人。】

40 49M,40Mc,31D,36K

[Ra 本说明]苏拉及其支持者从被褫夺者充公的财产中牟利。

---

① [Mc 本注]1.35—37:柯林门之战的胜利决定了璞莱内斯忒的命运。当卡瑞纳斯和其他首领的脑袋被扔进城里之后,守军向欧斐拉投降。小马略未能成功逃脱。大多数幸存者被集中处死,城市遭到肆意劫掠。然而,这只是罗马前所未见的大规模屠杀的前奏。处死被俘的马略派领袖、屠杀萨姆尼乌姆俘虏,以及随后罗马的持续杀戮,这些显然得到了苏拉许可。暴行不限于罗马。屠杀及随后允许合法杀戮和没收的褫夺,也发生在意大利的乡镇。那些在柯林门抵抗过的群体,尤其遭到残忍对待。埃特鲁里亚和撒姆尼乌姆被摧毁。这一血腥报复持续实施至前 81—前 79 年。这是一段罗马永志不忘的恐怖统治。西塞罗的演说和书信中经常提及这段统治。撒路斯提乌斯在一部更早的作品中也提到过它,《卡提利纳阴谋》37.6—9、51.32—34。非常可能,在他的最后一部作品中,他以更长的篇幅和更深的感情谈到这段统治。

因此，被褫夺者的财产被卖掉或送人之后

41 50M, 41Mc, 32D, 37K

[Ra 本说明] 苏拉把土地分配给他的老兵，作为他们服役的奖赏，以确保他们对他的忠诚。需要在意大利为 23 个复员的军团（App. *B Civ.* 1. 100）、大概 12 万人（同上，1. 100）找到土地——确切的数字可能接近 8 万（Brunt, *Italian Manpower*, 305）。

〈苏拉自信?〉**由于如此大的奖赏，他们不会拒绝他要求的任何事情**

42 51M, 42Mc, 35D, 39K

[Ra 本说明] 苏拉胜利之后的恐怖统治，揭穿打内战是为了拯救共和国于僭政的伪装（Exsuper. 5[32Z]）。

由此暴露出，夺回共和国是为了战利品而不是为了自由

43* 31M, 35Mc, D、K 未收

[Ra 本说明] 与残篇 42 相同的语境。注释者引撒路斯提乌斯以阐明路卡努斯（Lucan）把苏拉描述为"复仇者"（ultor），此残篇的这一用词与爱舒彼郎的一个说法——"于是人们寻求马略和秦纳的统治，而非这一统治已然变成的复仇"——十分接近，而后者极可能利用过撒路斯提乌斯。这一事实似乎表明撒路斯提乌斯可能在评论苏拉攫取罗马之后的无度。

于是人们渴望[苏拉的]统治，而非这一统治已然变成的复仇（ultum）

44　57M,49Mc,不定 82D,不定 48—49K

[Ra 本说明]描述的可能是庞培(德布罗塞、克里茨均主此说)或未来的独裁官凯撒(茂伦布莱舍尔主此说),后者是苏拉眼里的一个怀疑对象,因为凯撒娶了秦纳的女儿并且通过他的姨母、马略的寡妇尤利娅而与马略有关系。撒路斯提乌斯可能指凯撒于前 81 年决定出国,在自己与苏拉之间制造距离(Plut. *Caes.* 1.7)。

因为他不敢抱怨苏拉的统治……该统治受到冒犯

45*　52M,44Mc,38D,42K

[Ra 本说明]前 82 年,苏拉派庞培去西西里(Plut. *Pomp.* 10.2),带着元老院授予的权力(imperium,Liv. *Per.* 89),去粉碎"马略"军。在利吕拜乌姆(Lilybaeum),庞培把格奈乌斯·卡尔波处决,后者在处决之前请求暂缓以去排便(Plut. *Pomp.* 10.6;Val. Max. 9.13.2)。11 月任命路奇乌斯·伏拉库斯(L. Flaccus)为摄政(*MRR* 2.68),此事表明那时两位执政官都已死亡。①

假装自己要去排便

46　53M,45Mc,39D,44K

[Ra 本说明]前 81 年,庞培在阿非利加粉碎格奈乌斯·多米提乌斯(Cn. Domitius,秦纳的女婿,前 87—前 84 年执政官)麾下的"马略"军之后,侵入努米底亚,抓获与多米提乌斯同盟的国王雅尔巴斯(Iarbas),并任命希厄姆璞撒珥(Hiempsal)为君主(Plut. *Pomp.* 12.6-7;App. *B Civ.* 1.80)。

对胜利者庞培的畏惧激起[与努米底亚人的]这场战争,他恢

---

① [译注]前 82 年的两位执政官是小马略和卡尔波。

复希厄姆璞撒珥的王位。

47　46M,46Mc,84D,K

[Ra 本说明]未来的阴谋者卡提利纳,作为苏拉的一名副官(?),监督了一场可能发生于前82—前80年的围城(*MRR* 3.192)。

完成这些巨大的工事之后,他开始用副官卡提利纳围城。①

---

① [Mc 本注]前79年的两件事对接下来两年的历史有重要影响:苏拉的退位,以及选举玛尔库斯·埃米利乌斯·勒皮都斯和昆图斯·路塔提乌斯·卡图路斯为前78年执政官。

提及苏拉退位的资料(Plut. *Sull*. 34.3; Suet. *Iul*. 77; App. *B Civ*. 1.3, 103-104; Oros. 5.22.1),都没有给出确切日期。假设此事发生于前79年选出前78年执政官之后(*MRR* 2.82),则与那些提到时间的资料矛盾。这些资料暗示时间在前79年的执政官选举之前。塞姆(*Sallust*, p.180)同意伽巴(Gabba)的假设(《阿庇安〈内战史〉注》[*Comm. App. BC*] 1.480),认为与美忒路斯·皮乌斯共任执政官的苏拉,当他于那一年12月的最后一天卸任执政官时,也不再是独裁官。勒皮都斯的演说的语调和内容支持这一时间。关于他的退位,另参 A. Keaveney, *Klio* 65(1983), 191-198。

1.44—46:(前82—前79年)在罗马,苏拉到此时才完全掌权。然而,意大利各地区尚有同情马略的部队在活动。而且,阿非利加和西西里为大量逃出苏拉复仇的人提供避难所。除这一因素外,这些行省是罗马的西部粮仓,收复刻不容缓。前82年底(*MRR* 2.72 n.1),庞培被授予裁判官之权力(imperium),受命把敌人赶出西西里。西西里总督玛尔库斯·佩尔佩尔纳(M. Perperna)手头有一支军队;他最近得到卡尔波从阿非利加带到西西里的一支舰队的增援。西西里未经认真抵抗就易手。佩尔佩尔纳失踪,下次听说已是苏拉死后,是玛尔库斯·埃米利乌斯·勒皮都斯的随从之一。佩尔佩尔纳的副官,玛尔库斯·布鲁图斯,被庞培的舰队包围,拔剑自刎;卡尔波则在科苏剌(Cossula)岛上被捕,后被处决。

庞培在阿非利加也火速扑灭格奈乌斯·多米提乌斯·阿赫诺巴尔布斯(Cn. Domitius Ahenobarbus)指挥的马略派,后者是秦纳的一个女婿(Oros. 5.24.16),在迦太基湾以东手握重兵,且得到努米底亚地区的一定支持。庞培6个军团的兵力得到7000名来自敌方的逃兵的加强,但多米提乌斯仍能召集2万兵力。然而,多米提乌斯兵败被杀。庞培确立对整个行省的统治权威后,向东进军努米底亚。

意大利内部也有对苏拉政权的零星抵抗。李维(Liv. *Per*. 89)告诉我们苏拉重占诺拉并接受沃拉忒莱(Volaterrae)的投降,这些事件都发生在前80—前79年。

1.16—46:"引论"的第二部分,处理撒路斯提乌斯的特定主题开始前的一段时期。正如第一部分可以说起到修昔底德的"稽古"(1.2-19)的作用,这第二部分类似修昔底德的"五十年纪"(Pentecontaetia, 1.89-119),确立先于并影响当前叙述之事件的政治思想氛围及内政和军事活动。塔西佗的《历史》遵循一种相当类似的模式:一个绪论(第1章),总体反思伦理-政治问题的引论(第2—3章),由军队和行省的总体图景组成的第二个引论(第4—11章)。

国内事务和勒皮都斯的反叛
（前 78—前 77 年）
（残篇 48—72）

48　54M,47Mc,40D,90K

［Ra 本说明］前 78 年，执政官玛尔库斯·勒皮都斯与昆图斯·卡图路斯就京城长官的选举发生争执。这是一种荣誉资格，执政官们春天去阿尔巴山（距罗马东南约 13 英里）庆祝拉丁节（Feriae Latinae）时，委任京城长官代行执政官的职能。

双方就京城长官一职（praefecto urbis）大力争夺，就像争夺共和国的归属。

49　55M,48Mc,41D,45K

执政官勒皮都斯致罗马人民的演说

［Mc 本说明］我们看到的是撒路斯提乌斯对勒皮都斯任执政官初实际发表的一篇演说的构想（formulation）。勒皮都斯的主题是攻击苏拉政权；撒路斯提乌斯将此扩展为对那 10 年的问题的纲领性介绍，一些事件还弄错了年代。他的材料由一以贯之的主题统领：基本罗马德性在道德和政治上的堕落，将罗马共和的未来带入危机时刻。

苏拉的统治被呈现为一种僭政(tyrannis),把国家的所有权力和权利都集于一身;一种霸权(dominatio),使罗马人民沦为奴隶(servitium)。表述这一攻击的术语,我们从撒路斯提乌斯在两部专论中对贵族权力的描述中已熟知。勒皮都斯的抗议所倚赖的概念,在他这里是用高调的口号为攫取权力的欲望找借口;或者,在代表争论另一边的菲利普斯的演说(1.67)那里,则是抓住曾经有过的权力。

[R本说明]这一对苏拉统治的攻击发表于前78年,当年任执政官的是卡图路斯和勒皮都斯。

[Ra本说明]勒皮都斯(那位将来的三执政之一的父亲)在结束自己于前78年的执政官任期前,作为发动革命的序曲,他批评独裁官苏拉的僭政权力和激进的立法改革。这篇演说中描写的苏拉尚在人世(第1、5、16节),因此发表于前78年年初的几个月,早于那一年上半年苏拉的去世和公共葬礼(残篇50—53)。时代错置的是,苏拉被描述为还在以铁拳进行统治(第7—8、24节),尽管上一年他就已退入私人生活。

[1] 你们的仁慈和正直,公民们,使你们在其他氏族(gentis)间至高而显赫,但面对苏拉的僭政,这些却成了我最大的恐惧,怕你们会陷入圈套,不相信其他人会做那些你们认为渎神的事情,[①]特别是因为,那个人的希望完全在于罪行和无信。而且,他认为除非他比你们的畏惧更坏、更可憎,否则自己就不安全,由此让悲惨解除你们对已获得的自由的关切;或者,如果你们预先考虑,我怕你们会更加致力于防御危险而非复仇。

[2] 确实,他的党羽们(satellites),那些拥有至高名字的人,他们的祖先堪称最佳楷模;但我惊讶不已的是,他们竟以自身受

---

① [Ra本注]勒皮都斯的公开评论使人想起修昔底德笔下(1.68.1)科林多人(Corinthians)对斯巴达人的演说的开头。

奴役为代价换取对你们的统治,宁愿作双重的恶①也不愿按最高的正义做自由人:[3]尤尼乌斯家族(Brutorum)、埃米利乌斯家族(Aemiliorum)和路塔提乌斯家族(Lutatiorum)的那些十分显赫的后代们,②生来就是为了推翻祖先们凭德性获得的东西。[4]因为除了自由、每个人自己的居所以及除法律外我们无须服从任何事物[的特权]之外,从皮洛士(Pyrrho)、汉尼拔(Hannibale)以及腓力(Philippo)和安提欧库斯(Antiocho)③那里守卫下来的还有什么呢?[5]那个乖戾的(scaevos)④罗慕路斯(Romulus)⑤抓住这一切,就像是从国外抢来的;那么多被战争的机运吞噬的军队、执政官⑥和其他首领的死,都不能使他满足,反而在顺境使大部分人从愤怒转向怜悯时,变得更加残忍。[6]实际上,所有人中只有他一个人,在人类的记忆中,把惩罚加诸后人,确保他们在出生之前就遭到不义;⑦最可怪的是,由于罪大恶极,他至今安然无恙,只要你们出于对更重的奴役的恐惧而不敢要回自由。

[7]要行动并反抗,公民们,不要让你们的战利品落入那些人

---

① [Ra 本注]即他们对罗马人民的僭政和他们自己受苏拉奴役。
② [R 本注]他指前 77 年执政官得奇穆斯·尤尼乌斯·布鲁图斯(D. Junius Brutus),他的同僚玛美尔库斯·埃米利乌斯·勒皮都斯(Mam. Aemilius Lepidus),以及前 78 年执政官昆图斯·路塔提乌斯·卡图路斯。
③ [Ra 本注]皮洛士,伊庇鲁斯王;腓力五世,马其顿王;安提欧库斯三世,中东的塞琉古帝国的王。他们分别是前 280—前 275 年、前 200—前 197 年、前 192—前 190 年罗马主要的战争对手。迦太基统帅汉尼拔,在第二次布匿战争期间(前 218—前 203)蹂躏意大利。
④ [Ra 本注]字面义为"左撇子的",是对苏拉的贬称,他对罗马国家的彻底重组使他类似罗慕路斯,成为国家的第二位奠基者。
⑤ [译注]罗马的奠基者。
⑥ [Ra 本注]盖乌斯·诺尔巴努斯(C. Norbanus,前 83 年执政官)和马略(C. Marius,前 82 年执政官)为避免被俘而自杀;卡尔波(前 82 年第二次任执政官)被庞培处决(残篇 47);还有路乌斯·斯奇皮欧(L. Scipio,前 83 年执政官)为脱逃在褫夺时被杀,逃到马西利亚(Massilia)。
⑦ [Ra 本注]通过剥夺那些被褫夺者的子辈和孙辈担任公职的权利(Plut. Sull. 31.8),参《卡提利纳阴谋》37.9。

手中;①既不要拖延,也不要靠祷告寻求帮助。② 除非,也许你们希望苏拉已对僭政感到厌烦或羞耻,他会冒更大的危险③把罪恶地攫取到手的东西交出来。④ [8]相反,他已走到这个地步:没有什么是荣耀的,除非是安全的;把有助于保持自己统治的一切视为荣誉。[9]因此,那一宁静以及伴随自由的闲暇(otium cum libertate),⑤许多好人带着荣誉、历尽艰辛获得的这些东西,⑥不会再有了;[10]在这个时代,只能为奴或者统治;只能畏惧或者使人畏惧,公民们![11]此外还有什么呢?⑦ 或者,什么人法尚存,或什么神法未遭玷污?罗马人民,不久之前还是各氏族的管辖者,被剥夺统治、荣耀、正义;缺乏生计、受到蔑视,连奴隶的口粮都无法维持。⑧ [12]大量各同盟和拉丁族⑨的人,由于许多出色的作为而

---

① [Ra 本注]即苏拉及其随从们——在第 2 和 12 节中被称为"党羽们"的那些人。
② [Mc 本注]参《卡提利纳阴谋》52.29,在彼处,卡图在责备罗马元老院面对卡提利纳的威胁却懦弱无为时,警告道:"但用祷告和妇人般恳求的办法,人们绝不可能得到诸神的帮助。人们永远要通过高度的警惕、有力的行动和明智的意见才能取得成功。"
③ [R 本注]即冒比他篡夺权力更大的危险。
④ [Ra 本注]自愿放弃僭政固有的危险,参 Thuc. 2. 63. 2。
⑤ [Mc 本注]维尔祖布斯基(Wirszubski, *JRS*, 44, 1954, pp. 1–13)已彻底分析过西塞罗的"伴随尊严的闲暇"(cum dignitate otium)这一习语,该习语最后变成贵族党的一个口号。该习语的暧昧使之可用于不同的政治目的;其具体含义需要从使用的语境中推断出来。一般而言,"闲暇"(otium)等同于共和政府规定模式的保存;"尊严"(dignitas)相当于现定秩序保存者的政治特权和影响。

在这一部分,通过将"伴随自由的闲暇"(otium cum libertate)这一变体放入勒皮都斯之口,撒路斯提乌斯意在传达自己对贵族立场的判断。替代性的"自由"(libertate)意在唤起人们可以选择退出公共生活并致力于其他有益于国家的追求的那些时代。如是,老卡图为写作《史源》而拥护"闲暇"的这一用法(Cic. *Planc.* 66)。
⑥ [Ra 本注]选择诚实地生活、不参与任何公共事务不再可能,因为一个人必须要么维护自己作为公民的权利,要么甘愿成为苏拉及其党羽们的奴隶。
⑦ [Mc 本注]积累起权力和财富的一小撮大权在握之人(pauci potentes,指那些统治的寡头)与一无所有的阶层,对把两者分开的鸿沟的深刻强调,参《卡提利纳阴谋》20.7–9,《尤古尔塔战争》31.20。
⑧ [Ra 本注]苏拉取消以固定价格按月分配给罗马公民的口粮,这一特权始于前 123 年盖乌斯·格拉古的保民官任期。
⑨ [Ra 本注]参残篇 20 注。

被你们授予的公民权,①因为一个人而被废止;无辜平民祖传的居所,被[苏拉的]一小撮党羽占据,作为他们罪行的报偿。[13]法律、审判、国库、各行省、诸国王,都在一个人手中,简言之,对公民们杀生予夺。②[14]与此同时,你们已看到人祭(humanas hostias)③和被公民的血玷污的诸坟墓。[15]既然自然给每个人,甚至那些以铁防身之人(ferro saeptis)④定下界限,且任何人都不会无动于衷地坐等最终的必然,除非他有女人的天性,那么对男人们来说,除了解除不义或勇敢地死去,还剩下什么[可做]呢?

[16]确实,根据苏拉的说法,我抱怨骚乱的报偿就是煽动人心,⑤索回和平的权利就是热衷战争。[17]显然,因为除非皮刻努姆的威提乌斯(Vettius Picens)⑥和书记官科尔内利乌斯(Cornelius)⑦挥霍他人以正当手段获致的财产,除非你们全都赞成

---

① [Ra本注]在内战中支持过苏拉的对手的意大利各地区被剥夺罗马公民权(Cic. Dom. 79),他们的土地被充公,用于安置苏拉解散的老兵(参残篇43)。
② [Ra本注]"为了恢复国家"(rei publicae constituendae),苏拉于前82年末被任命为独裁官,至少直到前80年(或者可能是前79年)他才放弃这一职务,这使他得以全权推行彻底的改革,其首要目标是加强元老院的权力,为此他将陪审职务(jury duty)从骑士阶层转调给元老院。
③ [R本注]格剌提迪阿努斯被献祭于路塔提乌斯家族墓地,参 Val. Max. 9.2.1。
④ [Ra本注]类似德摩斯梯尼的看法(Dem. 18.97),把自己关在一个房间里无法逃脱死亡。
⑤ [Mc本注]在第16—18节插入一段个人观点,无疑是在回应勒皮都斯的这一感觉:作为一位从苏拉褫夺中获益的贵族执政官,他必须为自己作为普通公民的权利的辩护者这一立场正名,必须解除苏拉的攻击对他的含沙射影。他坚定不移地这么做,但他的辩护却被斥为一次构想革命计划的浮夸、可笑的企图(Syme, Sallust, p. 186;参1.67.7注)。
　　第一项指控(煽动人心)在第17节得到接受和辩护;第二项(热衷战争)被斥为空洞的指责:勒皮都斯的活动旨在恢复适用于和平时期的权利。
⑥ [Ra本注]路奇乌斯·威提乌斯是一位骑士(eques),前89年在庞培的父亲麾下服役(ILS 8888),后于前62年在卡提利纳阴谋期间以及前59年凯撒任执政官期间扮演告密者的角色。他把曾属于卡图路斯的一幢别墅卖给西塞罗(Cic. Att. 4.5.2)。
⑦ [Ra本注]无疑,这是成千上万个科尔内利乌斯之一,他们曾是被褫夺者的奴隶,被苏拉赋予自由和罗马公民权(App. B Civ. 1.100, 104)。这位苏拉独裁官任期内的书记官,后来成为凯撒手下的城市财务官(Cic. Off. 2.29),那可能是在前45年或前44年(MRR 3.62)。

无辜之人由于财富而遭到褫夺,①杰出之士受到折磨,京城由于放逐和暗杀而荒芜,那些可怜的公民的财产像辛布里人(Cimbricam)的战利品②那样被出卖或被当成礼物赠予,否则你们在帝国内就无法安生和足够安全。[18]但他[苏拉]却责备我侵占那些遭褫夺之人的财产;这正是他最大的罪行,如果我们正确地行事,无论我还是任何其他人都无法足够安全。③ 而且,我当时出于害怕而买的东西,虽然付了钱,但我现在将其物归原主;且容忍任何[剥夺]自公民们的战利品绝非上策。[19]由疯狂招致的那些东西,我们已忍受得够多:罗马军队自相残杀、白刃加身,还把武器从国外转向我们自己。让一切罪行和凌辱到此为止;苏拉绝不会为这些事感到后悔,反而将其算作荣耀的行为,如果任其如此,他将变本加厉。

[20]但我已不担心你们怎么评价那个人,而担心你们会有多勇敢,④别在你们被抓之前还正在一个等着另一个来当首领,[你们被抓]不是因为他[苏拉]的脆弱和已然败坏的财力,而是因为你们的迟钝。由于这种迟钝,抢劫得到允许。且你有多勇敢⑤看上去就有多幸运,[21]因为除了同流合污的党羽们(satellites commaculatos),谁愿意一成不变;或者除了胜利,谁不愿意改变一切?⑥ 难道是用自己的血给塔茹拉(Tarulae)和斯奇尔图斯

---

① [译注]意为公开宣布其为非法,并没收其财产、剥夺其公权。
② [Mc 本注]指前 104—前 101 年对入侵的条顿人和辛布里人的战争。勒皮都斯再次攻击苏拉像对待外敌那样对待公民(参第 5 和第 7 节)。
③ [Ra 本注]由于拒绝通过从褫夺中获益而分享苏拉的罪恶。甚至一次,对苏拉的某个受害者可怕的死亡表现出恐惧这样的无辜行为也遭到惩罚,同情者被立马处决(Val. Max. 9.2.1)。
④ [Ra 本注]参 Thuc. 1.69.2,需要考虑的并非遭受不义的程度而是如何抵抗不义。
⑤ [Ra 本注]这个不明确的单数的"你"(audeas),与上文表示复数的 audeatis 相比("你们会有多勇敢"),使此处的评论指向更一般化的"某人的勇敢"。或者,如果接受校勘中的 audeat,则意为"他[苏拉]有多勇敢"。
⑥ [R 本注]意为,甚至苏拉自己党派的成员(satellites commaculatos)也对一切不满,除了(内战中)他们的胜利,会乐于看到其他一切发生变化。

(Scirto)①这些最坏的奴隶们制造财富的士兵们？[22]还是那些在攫取官职时以福菲迪乌斯(Fufidius)②——一个卑贱的女奴、一切荣誉中的不荣誉——为榜样的人？因此，我最大的信心来自胜利的军队，这支军队以如此巨大的损失和辛劳求得的，除了这位僭主之外别无他物。[23]除非，也许他们着手颠覆自己的祖先们通过武力建立的保民官的权力，夺走自己的权利和审判，③只不过是为了额外的薪饷。④ 当他们被驱入沼泽和丛林，⑤才会明白凌辱和嫉妒是自己的，报偿却在一小撮人手中。

[24]因此，为什么他[苏拉]在行进时要带那么大一群人和护卫？因为顺境是罪过的绝佳掩饰，⑥一旦失势，人们现在多么害怕他，到时就会多么鄙视他；除非碰巧以同心与和平为幌子，而这两者正是他给自己的罪行和叛国行为取的名字。他说，除非平民仍被逐离土地，公民受到最严苛的剥削，原本属于罗马人民的对一切事务的权利和审判都掌握在他自己手上，否则就没有共和国，战争也不会结束。[25]如果这就是你们理解的和平与秩序，那你们就要赞同共和国最大的混乱和破坏，你们要向强加的法律点头，你们

---

① [Ra 本注]两人均无考。
② [Ra 本注]前 80 年远西班牙(Further Spain)的总督(在担任过前 81 年的裁判官之后？)，他在那里被色尔托瑞乌斯打败(残篇 95—96)。也许他与那位前百人队长——被不同地叫作奥菲迪乌斯(Aufidius, Plut. Sull. 31. 4)、弗尔西迪乌斯(Fursidius, Oros. 5. 21. 3)或福尔菲迪乌斯(Furfidius, Flor. 5. 21. 3)——是同一个人，他说服苏拉列一张褫夺受害者的官方名单，而非格杀勿论。
③ [Ra 本注]通过允许将审判单独置于由元老审判员组成的各小陪审团的掌控之下(参第 13 节注)。
④ [Mc 本注]勒皮都斯重拾第 1 节提到的欺骗这一想法。那儿的观点是，人民使自己陷入对更好时代的希望这一骗局。这儿，为了使老兵们疏远苏拉，他强调他们被自己的将军愚弄的方式。
⑤ [Ra 本注]西塞罗(Cic. Agr. 2. 71)以否定的方式类似地描述过前 63 年的《茹路斯土地法》(Rullus' agrarian bill)下用于定居的土地。
⑥ [Ra 本注]塞涅卡告诉我们(Controv. 9. 1. 13)，修辞家奥热利乌斯·福斯库斯(Aurellius Fuscus)曾评论道，撒路斯提乌斯的这句格言如何在简洁上超越修昔底德以希腊语得出的类似结论(原文如此，但实际上，这句引文出自托名德摩斯梯尼[Ep. Phil. 13，仿自 Dem. 2. 20])。

要接受伴随奴役的闲暇,你们还要把这一榜样传给后人,让他们以自己的血为代价让共和国陷入圈套!

[26]对我而言,尽管凭借这一最高权力,①已足以为祖先的名字添彩,但出于高尚甚至保护[的目的],谋取私人势力绝非良策,而且看起来危险的自由胜过宁静的奴役。[27]如果你们赞同这些,公民们,你们就近前来,在诸神的善意帮助下,②跟随执政官玛尔库斯·埃米利乌斯,以他为领路人和发起者,为了重获自由!

苏拉的公共葬礼(残篇 50—53)

50 * 58M,50Mc,29D,34K

[Ra 本说明]保存此残篇的注释家认为这里说的是苏拉。这里的语境可能是撒路斯提乌斯对前 78 年春苏拉的公共葬礼的描述(Plut. *Sull.* 38),与此相关,撒路斯提乌斯对苏拉的性格和道德腐化作了评定。③

不久,我耻于谈及一个如此[地位]的人身上,竟有这些如此巨大的耻行。

---

① [Ra 本注]执政官职务。
② [Mc 本注]用于强调一项请求、一次警告或一个愿望的严肃性的一种惯用表达。在类似的情境下,勒皮都斯(撒路斯提乌斯)的用法比西塞罗更加节制(例如 Cic. *Cat.* 2. 15, 19, 29; 3. 4. 18, 21–23)。
③ [译注]普鲁塔克,《苏拉传》38:"许多人得到信息以后赶了过来,大家吵闹不休之余,要与勒皮都斯联手剥夺死者依据传统应有的庄严礼仪。庞培虽然不为苏拉所喜(在他所有的朋友当中,只有庞培的名字没有出现在遗嘱里面),还是运用他的关系和求情,对某些人使用威胁手段,总算将苏拉的遗体运到罗马,能够举行安全而尊荣的葬礼。据说罗马妇女捐献了大量香料,总数有 210 升之多。她们就用最贵重的乳香和肉桂,制成尺寸如同实物的两尊塑像,分别是苏拉和一位扈从校尉。这一天从早晨开始就乌云密布,他们的行程受到耽误,直到下午第三个时辰才抵达。随时可能降下大雨。一阵狂风使火葬堆升起明亮的烈焰,遗骸立马烧得干干净净。等到积薪开始闷烧,火焰熄灭以后,暴雨倾盆而下,一直延续到夜晚。可见他的一生好运不断,连最后的葬礼都受到上天的保佑。他的纪念碑建在战神广场,上面有他自己撰写的墓志铭:有仇报仇,有恩报恩;连本带利,加倍还清。"

51　59M,51Mc,90D,92K

[Ra 本说明]可能与上条残篇语境相同,评论苏拉暴露于公共审查之下的毫不掩饰的无耻。

而他在众目睽睽之下行事

52　60M,52Mc,37D,40K

[Ra 本说明]可能与残篇 50—51 语境相同,评论苏拉与已婚妇女的不正当关系(参残篇 53)。

他自己承认,由于其他方面的疯狂和对他人妻子的⟨欲望⟩[①]

53＊　61M,53Mc,D、K 未收

[Ra 本说明]可能与残篇 50—52 语境相同,评论苏拉的伪善,他违背自己旨在遏制非道德行为的法律。

【苏拉无论在年轻穷困之时,还是在暮年,从来不抑遏那些不堪听闻的嗜好,而如撒路斯提乌斯所言,】他迫使公民遵守婚姻和节制的法律,自己却过着猥亵和通奸的生活。[②]

---

① [Ra 本注]原文不确定。
② [Mc 本注]前 78 年 3 月的苏拉之死,这件事深化罗马不同派系之间的冲突,这一不和在政治结盟中引发重要变化,这一变化又对勒皮都斯的改革计划有重大影响。

卡图路斯和苏拉派(Sullani)计划以空前的排场和肃穆使葬礼荣耀(App. *B Civ.* 1. 105),旨在将政权及其奠基者奉为神圣,同时展示作为其基础的军事和政治力量。这一场面旨在警告那些持不同政见者和潜在的颠覆者(App. *B Civ.* 1. 106; cf. Plut. *Sull.* 38)。勒皮都斯和平民派(populares)强烈反对这些计划。

如果撒路斯提乌斯确实详述过葬礼的细节,他可能以嘲笑和愤慨的言辞描述(Syme, *Sallust*, p. 181),但没有保存下来。不过他确实通过详述苏拉性格和行为的一些方面而下了自己的评论,在早期的刻画中(《尤古尔塔战争》95)他小心地避免这么做。在看似对苏拉的纵欲的相当详细的处理中——普鲁塔克关于同一话题的章节(*Sull.* 36)可能基于此——撒路斯提乌斯给出自己对此的描述:由这位独裁官的国葬引起的谄媚与迷信式恐惧的混合。

54　62M,54Mc,53D,89K

[Ra 本说明]撒路斯提乌斯提到玛尔库斯·欧克塔维乌斯（M. Octavius,前 99—前 87 年任平民保民官）——他放弃盖乌斯·格拉古的粮食法而代之以一项更适度的法令（Cic. Brut. 222; Off. 2.72）；并提到前 100 年的财务官凯皮欧（Caepio）——他反对通过平民派保民官路奇乌斯·撒图尔尼努斯（L. Saturninus）提议的粮食法（Rhet. Her. 1.21）。提到这两人可能是作为玛尔库斯·勒皮都斯提议的粮食法（Gran. Lic. p. 34F；参菲利普斯的演说，残篇 67.7）的历史背景。①

玛尔库斯·欧克塔维乌斯与昆图斯·凯皮欧做了同样的事情[试图抑制分配给平民的大量粮食]，既没有任何人的大力期待，当然也不是受到公众的请求。

55　63M,55Mc,43D,46K

[Ra 本说明]勒皮都斯通过馈赠争取到京城下层的支持者。

确实,皮条客、卖酒者、肉贩子以及其他那些给公众提供日常用品的人,为了奖赏而聚在一起②

---

① ［译注］西塞罗,《布鲁图斯》222:"格奈乌斯之子玛尔库斯·欧克塔维乌斯,他的权威和话语激励参加公民大会的人们投票废除盖乌斯·格拉古的粮食法。"《论义务》2.72:"由于上面谈的是针对个人的施惠,接着应该谈一谈针对所有人和针对国家的恩惠。施惠本身有的与全体公民有关,有的与单个的公民有关,而且后者甚至更能令人感激。一般说来,应该尽可能注意到两个方面,并且对个人的关心不应被视为无足轻重,但是要使之或者有利于国家,或者起码无损于国家。盖乌斯·格拉古由于大量施舍粮食而耗尽国库,玛尔库斯·欧克塔维乌斯的富有节制的措施既使国家能够忍受,对平民也非常必要,因而对公民、对国家都有好处。"
② ［Ra 本注］Exsuper. 6［37Z］证明,勒皮都斯受平民欢迎是由于"大量公开或私下的慷慨贿赂"（multis muneribus publice privatimque largitis）。

56* 64M,56Mc,42D,不定 52K

［Ra 本说明］勒皮都斯的政敌控告他复辟秦纳的僭政（参菲利普斯的演说，残篇 67.19）。

大声称他为一个秦纳式的僭主（tyrannumque et Cinnam）①

57* 65M,57Mc,46D,49K

［Ra 本说明］被剥夺财产的地主们在蜚苏来（Faesulae）附近袭击苏拉的老兵，后者被给予埃特鲁里亚那一地区充公的土地（Gran. Lic. p. 34F）。

集合起一大群人，他们或被赶出田地，或被逐出共同体。

58 66M,58Mc,44D,47K

［Ra 本说明］与残篇 57 相同的语境：执政官们被派往埃特鲁里亚去平定暴动（Gran. Lic. p. 35F）。

〈元老院投票?〉让勒皮都斯和卡图路斯迅速率其所属军队出发②

---

① ［Ra 本注］字面义为"一个僭主和一个秦纳"。
② ［Mc 本注］利奇尼阿努斯较为具体地论述过元老院对蜚苏来事件的反应：两位执政官各率归于自己的军队，按照命令向埃特鲁里亚行军。勒皮都斯将自己的军队撤入山中，卡图路斯则直抵海岸和湖泊地区（Gran. Lic. 36.38-41C）。从实际证据看，可以假设，要么这是两位执政官达成的战略计划的一部分，要么更有可能的是（Gran. Lic. 36.42C），在这一地域分工中，其中一位想实现与镇压叛乱无关的目标。

决定派出两位执政官并强使他们在埃特鲁里亚分道扬镳之后发重誓保证不会试图以武力解决双方的争执（同上），表明元老中存在严重的不确定状态。寡头集团不敢将勒皮都斯单独派往埃特鲁里亚，也不敢将他一人留在罗马。这一妥协是为了掩饰他们的恐惧和无能。他们通过这一权宜之计得到的，不过是将一场立马变得不可避免的内战推迟几个月而已。

埃特鲁里亚的暴动力量似乎被迅速削弱，且轻而易举就被牵制住，如果说不是被粉碎的话。迅速崩溃的原因可能是缺乏有力的领导，如 1.59 所暗示。卡图路斯回到了罗马，勒皮都斯则留在埃特鲁里亚。

59 67M,59Mc,16D,18K

［Ra 本说明］勒皮都斯与他被派去镇压的埃特鲁里亚叛乱者联起手来(Gran. Lic. p. 35F)。

但当时,埃特鲁里亚人及其他有相同动机的人,认为他们得到一个首领,就极其欢欣地鼓起战争。

60* 69M,64Mc,45D,48K

［Ra 本说明］与残篇 59 相同的语境。

整个埃特鲁里亚被怀疑与勒皮都斯一起暴动。

61 71M,60Mc,91D,93K

［Ra 本说明］勒皮都斯意识到,元老院为了举行前 77 年的选举而把他从埃特鲁里亚召回罗马的真实动机是剥夺他的军队(App. *B Civ.* 1. 107)。

得知元老院决定的一切事情

62* 72M,61Mc,不定 93D,不定 62K

［Ra 本说明］与残篇 61 相同的语境。勒皮都斯在考虑他的选择。

因此他必须屈从元老院的法令吗?

63 73M,62Mc,D、K 未收

［Ra 本说明］勒皮都斯担任执政官的早期,曾拒绝恢复保民官权力的要求(Gran. Lic. p. 34F),但后来他又提出那一要求(参残篇 67. 14)。

平民的保民官权力

64　68M,63Mc,49D,53K

［Ra本说明］不可能确定勒皮都斯后悔的那个"决定",是在前78年为了和平解决而与元老院谈判(茂伦布莱舍尔),还是采取袭击罗马的战略并将其山内高卢的行省留在其副官布鲁图斯之手(克里茨)。

对此决定感到后悔的勒皮都斯

65＊　74M,65Mc,89D,57K

［Ra本说明］对勒皮都斯的革命企图的批评,与菲利普斯的表达类似(残篇67.1及彼注)。

因为[他主张的]这种企图,除非落到策划者自身头上,否则将会成为共和国的浩劫①

66＊　75M,66Mc,47D,50K

［Ra本说明］撒路斯提乌斯对资深执政官(senior consular)路奇乌斯·玛尔奇乌斯·菲利普斯(L. Marcius Philippus,前91年执政官,前86年监察官)的描述。

他在年龄和智谋上超过他人②

---

① ［Mc本注］菲利普斯演说的第一句话,也简洁地表达这一思想(1.67.1)。这反映出勒皮都斯的最后动作在贵族圈引发的思考和争论的趋势。这类思考产生的结果是,在年龄和智谋上超过他人的菲利普斯(1.66),试图为元老院注入足够的决心,以发布针对勒皮都斯的最高决议(senatus consultum ultimum;1.67.22)。

② ［Mc本注］注家补有名字,所以此人的身份确定。菲利普斯是约前104年的平民保民官,前96年的裁判官,前91年的执政官,前86年的监察官,如今是首席元老(princeps senatus)。撒路斯提乌斯的评价可能令人惊讶,如果我们考虑到如下事实:菲利普斯在他的时代是玛尔库斯·李维·德茹苏斯的激烈反对者(Cic. De Or. 1.24, 2.220, 2.255, 3.2; Prov. Cons. 21; Val. Max. 6.2.2, 9.5.2; Flor. 2.5.8-9),后者是一名保民官,因支持意大利人的权利而于前91年被杀。菲利普斯是苏拉的铁杆支持者,于前82年作为后者的副官收复撒丁岛(Liv. Per. 86),且可能是"当时在世的罗马人中最雄辩的一位"(App. B Civ. 1.105),苏拉葬礼上的演说即由他发表。

67 77M,67Mc,48D,51K

菲利普斯在元老院的演说

[Mc 本说明]在《卡提利纳阴谋》第 51 和第 52 节中,撒路斯提乌斯遵循修昔底德的做法,用一对反映不同动机和决定的演说,总结某种形势的本质特征——那一例子涉及惩罚被捕的阴谋者的问题。勒皮都斯与菲利普斯的两篇演说之间的关系,性质不太相同:大致背景相同,但菲利普斯主要聚焦于勒皮都斯承诺要主导纠正苏拉体制的错误之后的行为。他的演说的主要目标,是确保元老院支持他的提议,即发布针对勒皮都斯的最高决议。为此目的,他把勒皮都斯的性格、生涯和最近的活动展示一番,以此强调——从统治寡头的观点看——那位执政官的承诺和行动极其危险。

撒路斯提乌斯不同情苏拉政权,但也不会赞成勒皮都斯寻求改变的手段,他用这篇演说给出一般寡头派对威胁的反应,这一威胁既揭示出统治党的固有弱点(第 3,12,17 节),也揭示出统治党紧握权力不放的决心。

[R 本说明]当勒皮都斯提出再任执政官并恢复保民官权力的要求时,贵族的领袖菲利普斯反对他的要求,并且使元老院相信勒皮都斯应当受到惩罚。

[Ra 本说明]前 77 年始于一段政权空白期,没有执政官就职(第 22 节),当时勒皮都斯(前 78 年执政官)正带着一支军队威胁罗马(第 10,22 节),提出再任执政官并撤销苏拉改革的要求,包括恢复保民官的权力(第 14 节),这时资深执政官菲利普斯(前 91 年执政官,前 86 年在秦纳政权下任监察官)提出议案,呼吁以一项元老院最高决议(第 22 节)粉碎勒皮都斯的反叛。尽管这篇演说给人的印象是,这是与勒皮都斯的演说(残篇 49)配套的一个对位,遵循《卡提利纳阴谋》中归给凯撒和卡图的两篇演说的方

式,但《罗马共和纪事》卷一中这两篇演说的发表相隔近一年,在《罗马共和纪事》的完整文本中两者之间可能也隔着同样的距离。

[1]我曾极力希望(Maxume vellem),在册的元老们(patres conscripti),①共和国得享安宁或被某个非常进取之人从危险中拯救出来,最后使卑劣企图的策划者们自食其果。② 但相反,一切都被各种叛乱搅得混乱不堪,而且是被那些本应阻止这一切的人;③最终,好人和智慧之人不得不做最坏和最蠢的人规定的事情。[2]因为战争和武器,尽管为你们所厌恶,但由于勒皮都斯喜好之,你们不得不勉力从事,除非碰巧有人打算给他和平并忍受战争。④

[3]善意的诸神在上,你们至今仍护佑着这座疏于照料的城,玛尔库斯·埃米利乌斯,所有无耻之徒中最低贱的一个,无法衡量他是更坏还是更软弱,有一支旨在压制自由的军队,⑤使自己从一个被鄙视的人变成一个该令人畏惧的人。你们⑥喃喃自语、缩手缩

---

① [Ra本注]菲利普斯最先说出的几个词使人想起德摩斯梯尼的那个开场白(Dem. 33.1):Μάλιστα μέν, ὦ ἄνδρες Ἀθηναῖοι, βουλοίμην ἄν("我曾极力希望,雅典人民")。
② [Ra本注]一次邪恶的图谋对其始作俑者伤害最大,这一观点可追溯至赫西俄德(Hes. OP. 266)并成为谚语。这里的这些话使人想起残篇65。
③ [Mc本注]即资深执政官勒皮都斯和那些积极或消极地故意选择加剧动荡的人(1.63—64)。
④ [R本注]参Liv. 42.13.5:我曾见命运不公,那个人向你们开战,你们却给他安全的和平(Videbam quam impar esset sors, cum ille vobis bellum pararet, vos ei securam pacem praestaretis)。
⑤ [Mc本注]撒路斯提乌斯熟知双方运用的政治演说的口号。勒皮都斯数次使用"自由"(libertas)这一口号,与"平民"(populares)的渴望合拍。菲利普斯在这儿以及第6和第11节提到的libertas,是元老级贵族不受妨碍地控制罗马共和国的政治和经济生活的自由,他们将其视为自己与生俱来的权利。
⑥ [R本注]对元老们说。

脚,凭借言辞和预言家们的预言,[1]你们想要和平而非保卫和平,且你们没有意识到,你们的地位、那个人[勒皮都斯]的畏惧,都由于诸法令的疲软而丧失殆尽。[4]而且这也正当,既然他获取执政官职务是通过抢劫,[2]获取一个行省连同一支军队是通过一场叛乱。[3] 你们授予那个人的各种罪行如此巨大的报偿,他从行善中将会得到什么呢?

[5]但显然,那些到最后投票赞成使节、和平、同心及其他诸如此类事务的人,[4]却从他那里得到好处! 相反,那些遭蔑视且对共和国无足轻重的人,被视同战利品,因为这些出于畏惧重索和平的人,正因畏惧而失去曾有的和平。[6]实际上,从一开始,当我看到埃特鲁里亚谋反,被褫夺者们被召集一处,[5]共和国被各项施

---

① [R 本注]西比拉预言书(Sibylline Oracles)于前 83 年与卡皮托利乌姆朱庇特神庙(Capitoline Temple of Jupiter)一起被焚毁,但还有许多其他预言书在流通,参 Suet. *Aug.* 31. 1.
[Ra 本注]元老院依赖言辞以替代行动,参第 17 节。如果"预言家们的预言"与西比拉预言书有关,那么这里指的肯定是流入私人手中的那些,因为官方的预言集毁于前 83 年 7 月摧毁庇特神庙的火灾,最早直到前 76 年才得以重建(Fenestella, *FRHist* 70F19=fr. 18P)。
[译注]苏厄托尼乌斯,《神圣的奥古斯都传》31. 1:"勒皮都斯死后,他终于僭取大祭司长(pontificatum maximum)的职位(因为勒皮都斯在世时,他未能下决心剥夺他这一荣誉称号),于是开始搜集一切源于希腊文和拉丁文著作的占卜书籍,哪怕这些传播中的书籍是无名氏之作或没有名气的作者所作。他烧掉了其中 2000 多种,只保留西比拉预言书,并且也作了挑选。他将其存放在巴拉丁山阿波罗神像的基座下的两个金漆柜里。"
② [Ra 本注]影射勒皮都斯用前 80 年统治西西里时搜刮的钱贿买前 79 年执政官选举的选票。
③ [Ra 本注]勒皮都斯与他的执政官同僚卡图路斯分到埃特鲁里亚作为他们的行省(统治区域),他们奉派带一支军队去处理菎苏来(参残篇 57—60)附近的一场叛乱,勒皮都斯选择支持而非镇压这场叛乱(Gran. Lic. p. 34F)。
④ [Mc 本注]这是唯一的资料,表明在勒皮都斯决定否认自己前 78 年定下的协议后(1.63),元老院曾为是否派使节去维持和平与同心(pax et concordia)而投票。动机无可非议,乃试图避免内战。菲利普斯强调,除非元老院坚定而迅速地执行由宪法实践——最高决议——提供的预防措施,不然内战就会发生。
⑤ [Mc 本注]夸大其词。勒皮都斯确实许下与被褫夺者有关的承诺,其中一些人也可能在埃特鲁里亚加入勒皮都斯,但并没有对此事正式立法。

舍（largitionibus）①支解，②我就认为必须赶紧［行动］，并与一些人听从卡图路斯的建议。但是，那些抬高埃米利乌斯家族善行的人，那些说罗马人民的伟大由于宽恕而得到提升、还说勒皮都斯绝没有取得进展的人（甚至在他以私人武装压制自由之时），他们每个人都为自己寻求势力或庇护，以此败坏公共决议（consilium publicum）。

［7］但那时勒皮都斯只是一个带着些卫兵和几个刺客的强盗，那些人中没有一个人的命值一天工钱；③现在他是一个大权在握的资深执政官（pro consule），这一权力不是买的而是你们给的，④而且至今还⑤正当地得到军团司令官们⑥的服从；所有阶层最败坏的人都麇集到他那儿，因贫穷和欲望而臭味相投，受罪恶感驱使，对他们而言，叛乱中有宁静，和平中有骚乱。这些人引发一次又一次混乱，一场又一场战争，这些人作为党羽，曾经属于撒图尔尼努斯，⑦后来属于苏珥皮奇乌斯，⑧再后来属于马略和达玛西普

---

① ［Ra 本注］无疑是指勒皮都斯把粮食分给罗马人民的法律（Gran. Lic. p. 34F）。
② ［R 本注］即分裂成对立的党派。
③ ［R 本注］价格的颠倒和买卖的对象，参 Hor. Serm. 2.7.109，以及勒热（Lejay）、帕尔默（Palmer）等人的注。
④ ［Ra 本注］尽管在菲利普斯看来，勒皮都斯的权力是在前一年"买的"（参第 4 节注）。
⑤ ［R 本注］因为勒皮都斯尚未被元老院宣布为非法。
⑥ ［Ra 本注］其中有玛尔库斯·佩尔佩尔纳（前 82 年裁判官?），他于前 77 年带着勒皮都斯军队的残部逃到西班牙加入色尔托瑞乌斯；以及玛尔库斯·布鲁图斯（M. Brutus，后来的凯撒刺杀者的父亲），他被庞培违反投降规定处死于山内高卢的穆提纳（Mutina）。
⑦ ［R 本注］前 100 年，路奇乌斯·撒图尔尼努斯作为当时的平民保民官，涉足一场叛乱并被马略处死。
⑧ ［R 本注］苏珥皮奇乌斯，前 88 保民官，提出并通过一项法令，根据这项法令，米特瑞达忒斯战争的指挥权从苏拉转移到马略。他在劳热恩图姆（Laurentum）被处死。

斯(Damasippi),①现在属于勒皮都斯。[8]此外,埃特鲁里亚和其他所有地方燃起战火,西班牙兵荒马乱;②米特瑞达忒斯在我们的贡赋区(vectigalium)——我们至今受其供养③——边上,正寻求[发动]战争的日子;④实际上,要颠覆帝国,除一个合适的首领之外什么也不缺。

[9]因此,我请求并乞求你们,在册的元老们,你们要留心,不要容忍对罪行的放任,使罪行像狂犬病那样继续感染未患病的人。因为,在报偿跟随坏人的地方,任何人自愿做好人都绝非易事。[10]难道你们在等军队再一次逼近,⑤以铁与火入侵京城?因为,从他现在行动的位置,比从和平与同心,到内战[的距离]要近得多,那个人违背一切神法和人法而攫取的东西,不是因为他本人或与他类似的那些人[遭受]的不义,而是要颠覆法律和自由。[11]事实上,灵魂的欲望和对惩罚的畏惧,驱使和折磨着他,他无计可施,

---

① [Ra本注]这4个人都在推进革命活动时遭遇暴死:路奇乌斯·撒图尔尼努斯和普卜利乌斯·苏珥皮奇乌斯作为保民官分别死于前100年和前88年,作为执政官的小马略和作为裁判官的达玛西普斯(参《卡提利纳阴谋》51.32注)死于前82年。撒路斯提乌斯不太可能指老马略。
   [译注]《卡提利纳阴谋》51.32:"我们自己都记得,当征服者苏拉下令处死达玛西普斯和依靠共和国的灾难而飞黄腾达的其他这类人的时候,有谁不曾称赞他的行为呢?所有的人都宣称,那些通过内战而危害祖国的罪恶的阴谋家罪有应得。"
② [Ra本注]反苏拉的政府曾在前83年或前82年任命昆图斯·色尔托瑞乌斯总督西班牙,他的叛乱掀起十分成功的游击战,直到他死于前73年。
③ [Ra本注]米特瑞达忒斯,黑海边上的本都(Pontus)国王,对亚细亚行省形成威胁之势,而亚细亚行省的税收超过所有其他罗马领土(参 Cic. De imp. Cn. Pomp. 14)。
④ [Mc本注]本都国王米特瑞达忒斯六世厄乌帕托尔(Eupator),奉行征服邻国的扩张政策,因而在该地区与罗马的利益产生冲突,在超过20年的时间里,构成罗马政府对外政策的严重问题。前88年的第一次米特瑞达忒斯战争,已于前84年根据主要由苏拉拟定的达尔达努斯和约而告结束。前81年的第二次米特瑞达忒斯战争,见证路奇乌斯·穆热纳(L. Murena)麾下的罗马军队的失败,敌对行动再次按苏拉的条件勉强结束,但这些条件并非决定性的,给了米特瑞达忒斯足够机会再启战端。第三次米特瑞达忒斯战争果然于前74年爆发,撒路斯提乌斯在《罗马共和纪事》卷三至卷五将会述及。
⑤ [Ra本注]去年即前78年末,勒皮都斯曾带着他的军队靠近罗马,经谈判后撤到北方(Gran. Lic. p. 34F)。

惊惶不安,试这试那,畏惧闲暇,讨厌战争;①他看到必须戒除奢侈和放任,②而同时利用着你们的迟钝。[12]我还无法充分地决定要将其称为畏惧、软弱还是疯狂,你们每个人看来都不愿触碰这类恶,就像[不愿触碰]闪电一样,但你们看来也没有试图对其加以制止。

[13]并且,我恳求你们想一想,事物的本性多么颠倒。先前,公共的恶是秘密筹备的,而援助是公开筹备的,由此好人轻易地制止坏人。如今,妨害和平与同心是公开的,保护则是秘密的;那些意欲如此的人全副武装,你们则处于畏惧之中。除非兴讼正确地行事令人羞耻或反感,不然你们在等什么?[14]难道勒皮都斯的各项指令感动了[你们的]灵魂?他说他意欲物归原主,却占着他人之物;③意欲废除战争的权利,④在他本人集结武装之时;意欲巩固那些人的公民权,尽管他否认他们的公民权已被剥夺;⑤意欲出于对同心的喜爱而恢复保民官权力,由此却激起所有的离心。⑥

[15]所有人中最坏、最无耻的人啊,家里除了用武器或通过不义得来的东西之外一无所有的人,难道公民们的贫穷和悲痛是你的关切?你要求第二次执政官任期,好像你已交还第一次任期;你通过战争寻求同心,却由此妨害已有的同心;我们⑦中间的叛徒,

---

① [Mc本注]这一刻画更可能出自撒路斯提乌斯对柏拉图(Pl. *Resp.* 579d-e)的阅读而非菲利普斯,且无疑影响到后来的史书对勒皮都斯的描述,例如,利奇尼阿努斯的"天性狂暴不安"(Gran. Lic. 36.45C)。负面品质集于其一身,这与下节对勒皮都斯的党羽的描述相符。在《卡提利纳阴谋》5.1—5(参15.4)中,撒路斯提乌斯给卡提利纳画了一幅非常相似的画,两副肖像都传达出史家眼中企图摧毁共和国的结构和制度的暴烈情绪。卡提利纳的肖像在西塞罗手中得到重大改进。即便考虑到这一刻画构成诡辩法的一部分(*Cael.* 12-14)。
② [Ra本注]如下一个分句所揭示,意思是勒皮都斯并没有收敛这些邪恶。
③ [Ra本注]参残篇49.18。
④ [Ra本注]即推翻随苏拉的胜利而来的结果(参"和平的权利",残篇49.6)。
⑤ [Ra本注]参残篇49.12:苏拉旨在剥夺一些意大利地区的罗马公民权的各项法律,在发表这篇演说的时候实际上已被弃置一旁(Cic. *Dom.* 79)。
⑥ [Ra本注]参撒路斯提乌斯对平民保民官滥用权力的批评(《卡提利纳阴谋》38.1)。
⑦ [Ra本注]元老院。

对你的人①无信的人,所有好人的敌人!你在人们和诸神面前多么不知羞耻,你通过诺言或伪誓已亵渎他们![16]既然你是这样的人,我劝你保持主张,握紧武器,不要推迟叛乱,搞得你自己惊惶不安,也使我们处于焦虑之中。无论行省、法律还是家神(di penates),②都无法容忍你为公民;继续你已经开始的事情吧,以便尽快遭到应得的惩罚。

[17]但你们,在册的元老们,你们要因为犹豫而忍受共和国不设防到什么时候,你们要以言辞试探武器吗?反对你们的军队已征募,公共和私人的金钱被勒索,防卫或撤回或布置;③你们准备使节和法令的时候,法律正被随意支配。赫拉克勒斯在上(mehercule),你们越热切地要求和平,战争就会越激烈,当他意识到凭借[你们的]畏惧比凭借[他的]公平和好更能维持自己时。[18]因为,一个声称厌恶公民们的骚乱和杀戮的人,以此为理由使你们手无寸铁而勒皮都斯却全副武装,实则打算让你们忍受被征服者必须承受的事情,尽管你们能够行动;他敦促你们给那个人和平,敦促那个人给你们战争。[19]如果你们意欲这些,如果此种衰颓已压倒[你们的]灵魂,使你们忘记秦纳的各项罪行——他一回京城,这一阶层就精华零落④——那么,你们以及[你们的]妻子和孩子还是会相信勒皮都斯,那么,法令有什么用呢?卡图路斯的援助有什么用呢?[20]确实,他和其他好人徒劳地关切着共和国。

---

① [Ra 本注]那些勒皮都斯宣称要通过拿起武器为其伤害复仇的人(参第 14 节)。
② [Ra 本注]从字面上看,penates 据推测是指罗马人民的灶神(penates populi Romani),被供奉于维斯塔神庙(temple of Vesta)附近的一个神殿内,位于罗马广场的东端(Tac. *Ann.* 15.41.1),被认为是由特洛伊英雄埃涅阿斯带到意大利的保护神(Serv. ad *Aen.* 3.148)。参残篇 2.86.1。
③ [Mc 本注]取决于勒皮都斯与之打交道的那些城市是否支持勒皮都斯的企图。
④ [Ra 本注]秦纳在马略的帮助下凭借武力再次获取执政官职务后,于前 87 年末实施杀戮。

你们想怎么做就怎么做吧！你们准备好[接受]刻忒古斯（Cethegi）①和其他叛徒们的庇护吧，他们正热切地重操抢劫和纵火，再一次武装双手反对家神。② 但如果你们更喜爱自由和正直，请你们颁布配得上你们名字的法令，并提升有力之人的能力。[21]我们手头有一支新军，此外还有驻扎着老兵的殖民地，③所有的贵族、最好的首领；机运追随更好的人；④因我们的迟钝而聚集起来的东西，将迅速瓦解。

[22]因此，我如是主张：既然勒皮都斯反对本阶层的权威，正率一支以私人决议（privato consilio）筹备的军队以及那些最坏的人和共和国的敌人向京城进发，那么，就让摄政（interrex）阿皮乌斯·克劳迪乌斯（Ap. Claudius）、⑤资深执政官卡图路斯及其他有权之人保护京城，设法不让共和国受到伤害。⑥

---

① [Ra本注]普卜利乌斯·科尔内利乌斯·刻忒古斯（P. Cornelius Cethegus，前87年后的裁判官？），先前是马略的支持者，在苏拉的新政权下，改变立场并在幕后获得巨大的政治权力（Cic. Parad. 5.40）。意思是，刻忒古斯，以及像他那样的人，会再一次改变立场（因此被称为"叛徒们"）并在勒皮都斯的僭政下扮演政治掮客（powerbroker）的角色。

② [Ra本注]与上文第16节中的di penates相对，这里的deos penates可能通过转喻表示他们守护的房子和财产（会被胜利者从其正当的主人那里夺走的财产）。

③ [Ra本注]参残篇41。

④ [Ra本注]据谚语所说，机运青睐勇敢之人。

⑤ [Mc本注]前89年裁判官；在80年代回避一段时间政治后（Liv. Per. 79；Vell. 2. 20.4），他回到苏拉阵营，并在这位独裁官的帮助下成为前79年执政官（App. B Civ. 1.103）。前78年，他被分到马其顿行省，但他没能到达自己的行省，被疾病困在塔热恩图姆（见残篇1.115）。苏拉死后，他回到罗马并被任命为摄政（interrex）。前77年初，他终于到达马其顿，在那里成功地阻止了忒腊克人对行省的攻击；前76年，他死于马其顿。
[Ra本注]由于没有选出前77年的执政官，按程序要指定一位元老（在这一情形中是前79年的执政官）行使最高权力。这一职务每5天就轮换交给下一个人，直到最终选出新的执政官。

⑥ [Mc本注]元老院最高决议的用词，我们可以看到三种不同的形式，这些差异可能源于引用时的漫不经心（三种形式可见于《卡提利纳阴谋》29.2以及Cic. Cat. 1.4, Phil. 8.14）。由此可见，完整形式可能是这样的：让执政官们保卫共和国，设法不让共和国受到伤害（ut consules rem publicam defendant operamque dent ne quid res publica detrimenti capiat）。菲利普斯的表述接近完整形式。"元老院最高决议"（Senatus consultum ultimu）这一名称，最早见于凯撒（Caes. B Civ. 1.5.3）。（转下页）

68 78M,69Mc,100D,103K

[Ra 本说明]前 77 年初,勒皮都斯率大军进军罗马,要求再次担任执政官(Plut. *Pomp.* 16.4; cf. Gran. Lic. p. 35F)。

在数量上占优,但他本人缺乏(privos)军事经验

69 79M,70Mc,50D,52K

[Ra 本说明]通过使勒皮都斯的副官玛尔库斯·布鲁图斯(未来的弑君者、前 44 年裁判官玛尔库斯·布鲁图斯之父)在穆提纳投降(Plut. *Pomp.* 16.4-6),庞培剥夺勒皮都斯的山内高卢行省。

在穆提纳

70 80M,68Mc,107D,115K

[Ra 本说明]从山内高卢回来之后(参残篇 69),庞培与卡图路斯(前 78 年执政官)一起,在米珥维乌斯桥(Mulvian Bridge)附近的一次战斗中击败勒皮都斯,迫使后者逃亡(Flor. 2.11.6; cf. Exsuper. 6 [39Z]; App. *B Civ.* 1.107)。

他迅速逃亡

(接上页) [Ra 本注]参《卡提利纳阴谋》29.2—3。

[译注]《卡提利纳阴谋》29.2—3:"于是正像在危险迫临时常做的那样,元老院投票决定'执政官应注意不使共和国遭受任何损害'。按照罗马惯例,元老院授予高级官吏的这种权力至高无上。这种权力允许他征募军队,发动战争,可以用任何办法迫使同盟和公民负起他们的义务,允许他在国内和战场上行使无限的行政权和军事指挥权;在其他情况下,除非有人民的命令,执政官不能有这些特权之中的任何一种。"

71[*]　82M,71Mc,51D,54K

[Ra 本说明]在罗马城外被击败之后(残篇 70),勒皮都斯退到北方,令其军队从埃特鲁里亚出发,取道沿海城镇科撒(Rut. Namat. 1. 297),逃往撒丁岛(Liv. *Per.* 90)。

【科撒(Cosas):①托斯卡纳的一座城,根据撒路斯提乌斯[的写法],其名字是单数[Cosa]。】

72　81M,72Mc,109D,117K

[Ra 本说明]可能与残篇 71 语境相同。

他们迅速分离②

---

① [译注]Cosas 是 Cosa 的复数形式。
② [Mc 本注]1.68—72:从记述发布元老院最高决议之后的事件的那一部分中保留下来的这 5 条残篇,可以解释成——与我们拥有的其他证据一致——表明最初有两个战场,罗马和山内高卢。勒皮都斯指挥的军队在罗马城墙外被击败;山内高卢由勒皮都斯的副官布鲁图斯指挥的部队,则因布鲁图斯降于庞培即穆提纳的陷落而屈服;勒皮都斯军的残部在埃特鲁里亚海岸的科撒集合。

1.47—72:(前 78—前 77 年)《罗马共和纪事》的正式叙述始于勒皮都斯的叛乱。撒路斯提乌斯不太可能强调这一运动的卡提利纳式的方面——以对国家而言不可接受且危险的手段,追求本身必要且值得赞赏的改革。勒皮都斯的演说(1.48)和菲利普斯的演说(1.67)给出涉及反叛前情的证据。在其他残篇中,撒路斯提乌斯处理了执政官之间的冲突(1.47),展示出一幅描述苏拉的性格和习惯的相当详细的画面(1.49-53),记述了勒皮都斯为继续反对苏拉政权的邪恶所采取的措施(1.54-56),描述了埃特鲁里亚的农民反叛和处理措施(1.57-58)、勒皮都斯在执政官任期末尾和资深执政官任期开始的前几周在埃特鲁里亚的活动,以及元老院对此的反应(1.59-66),还讲述了前 77 年的武装斗争的某些方面,直至勒皮都斯动身前往撒丁岛(1.68-72)。

国内事务(前77年)

(残篇73—75)

73* 84M,73Mc,54D,56K

[Ra本说明]前77年,罗马的关切转向西班牙的战争。

勒皮都斯及其全部军队被逐出意大利之后,元老们将关切转向不那么紧急但严重和复杂程度不减的事务。①

74* 85M,74Mc,不定D,68K

[Ra本说明]色尔托瑞乌斯使西班牙大面积反叛。

---

① [Mc本注]指色尔托瑞乌斯战争的关键阶段,这一阶段将在卷二得到详细论述,以庞培于前77年作为罗马指挥官进入西班牙为标志。"不那么紧急"是在这种意义上说的:这场冲突在意大利边境之外,且庞培对勒皮都斯的胜利给人以色尔托瑞乌斯造成的威胁也得到控制的希望。仍旧"严重和复杂",是因为授予庞培的超常指挥权实际上由威胁行为所迫。前75/74年冬庞培给元老院的信(2.82)的内容和语气,完全说明了这一统治机构的处境的脆弱。

撒路斯提乌斯在卷一对勒皮都斯叛乱的论述止于这位被击败的资深执政官逃亡撒丁岛,对该事件最后阶段的叙述位于卷二开头。茂伦布莱舍尔对卷一剩余材料的排序,遵循保存在李维《摘要》(Liv. Per.)90中的序列,这看来极可能就是撒路斯提乌斯采用的顺序。先介绍色尔托瑞乌斯战争,顺便述及色尔托瑞乌斯从前105年至前80年的生涯。当时卢西塔尼亚人(Lusitanians)把色尔托瑞乌斯召回西班牙来指挥他们的军队,以对抗罗马的寡头政府(1.73—92)。然后描述色尔托瑞乌斯战争的早期阶段,本阶段的特点是色尔托瑞乌斯在庞培于前77年率一支新军到达西班牙之前,不断战胜罗马将军美忒路斯·皮乌斯(1.92—114)。最后论述色尔托瑞乌斯在奇利奇阿和马其顿的行动(1.115—121)。

整个近西班牙如火如荼(ardebat)。

75 86M,75Mc,52D,55K

［Ra 本说明］先前曾落选执政官的玛美尔库斯·勒皮都斯(Cic. Off. 2.58)成功当选前 77 年执政官(由于勒皮都斯的反叛,选举从前 78 年推迟到前 77 年),部分是因为未来的前 76 年执政官盖乌斯·库瑞欧(C. Curio)退到一边。

他[卡图路斯、菲利普斯或另外某个元老院资深成员?]恳求(quaesit)库瑞欧向玛美尔库斯的年纪让步,既然他[库瑞欧]更年轻且在人民的投票中未曾失败。①

---

① ［Mc 本注］前 77 年的两位执政官特别不出名,拉斯特(CAH 9.317)把他们描述为无足轻重之人,他们唯一的名气就是,以他们的名字命名的那一年,是政制发展变坏的转折点。玛尔库斯·菲利普斯的妙语(Plut. Pomp. 17.4)说庞培被派往指挥西班牙战争不是以资深执政官的权力(proconsul imperium),而是代替两位执政官(pro consulibus),这句妙语顺带揭示出在军事事务上,传统的罗马政制实践——以防止出现超常的指挥权为特征——开始失灵(参 Cic. De imp. Cn. Pomp. 62; Phil. 11.18)。

色尔托瑞乌斯和西班牙战争
（残篇 76—113）

色尔托瑞乌斯的早期生涯和作为（残篇 76—81）

76[*]　88M,77Mc,55D,57K

[Ra 本说明]撒路斯提乌斯始于概述色尔托瑞乌斯的早期生涯：在提图斯·迪迪乌斯（T. Didius，前 97—前 93 年近西班牙的资深执政官）麾下服役时以及前 91—前 87 年在同盟（马尔西）战争中（参 Plut. *Sert.* 4.1—2）赢得的荣耀。

[1]他在提图斯·迪迪乌斯治下的西班牙担任军政官（tribunus militum）期间[赢得过]巨大荣耀，在马尔西战争中（bello Marsico），他在供应兵员和武器方面[发挥过]巨大作用。当时他领导或亲手（？）达成的许多成就，首先由于其卑微的出身，其次由于作家们的嫉妒，没有被记录下来。他凭借自己的脸、一些直面敌人的伤疤以及一只被挖去的眼睛，展示那些新鲜的成就。[2]实际上，他极其欣然于身体的残缺，毫不以此为虑，因为他更荣耀地保留着剩余部分。①

---

① [Mc 本注]刻画色尔托瑞乌斯的残篇中，残篇 1.77 最长，此残篇的总结性质，可能也是撒路斯提乌斯论色尔托瑞乌斯战争的介绍材料（1.73—92）的第一段的一个特征。在许多情况下，这一部分现存的简短残篇，可以相当可靠地由普（转下页）

77* 89M,78Mc,56D,58K

［Ra 本说明］大概在前 89 年或前 88 年失去保民官候选资格的时候，色尔托瑞乌斯在进入剧院时受到掌声和高声赞美的欢迎（Plut. *Sert*. 4.5）。

并以极大的声音热烈地恭喜他

78* 90M,79Mc,不定 76D,不定 42K

［Ra 本说明］在前 87/86 年秦纳和马略的胜利之后的动乱中，色尔托瑞乌斯没有参与施暴（Plut. *Sert*. 5.6）。

在内战中，他寻求一个公平且好之人的名声。

79* 91M,81Mc,57D,28K

［Ra 本说明］前 83 年，色尔托瑞乌斯反对执政官斯奇皮欧的士兵与苏拉军中的士兵互相亲善（Vetante Sertorio colloquia［色尔托瑞乌斯阻止交谈］, Exsuper. 7［45Z］; Plut. *Sert*. 6.3－4）；参残篇 31。

与其意愿相反，士兵们被允许交谈，于是少数人被败坏，军队被交给苏拉。

80* 92M,80Mc,57D,28K

［Ra 本说明］前 83 年，当执政官斯奇皮欧的军队逃到苏拉那

（接上页）鲁塔克《色尔托瑞乌斯传》（Plut. *Sert*.）中的类似材料得以扩充，普鲁塔克在这篇传记中大概利用过不同于撒路斯提乌斯或撒路斯提乌斯之外的材料。革利乌斯（Gellius）这样引入此残篇：“撒路斯提乌斯在《罗马共和纪事》中就色尔托瑞乌斯将军所写如下。”多纳图斯《忒热恩提乌斯〈阉奴〉注》（Donatus, Ter. *Eun*.）482 有这么一句：“他极其欣然于身体的残缺。”

［Ra 本注］普鲁塔克（Plut. *Sert*. 4.4）同样认为色尔托瑞乌斯有这种感情。

里(参上一条残篇),且格奈乌斯·卡尔波和小马略(参残篇32)当选前82年执政官之后,色尔托瑞乌斯表达过如下观点:"除非坚决抵抗苏拉,否则将一切皆失且彻底战败。"(cui nisi obviam iretur, actum iam ac debellatum foret, Exsuper. 8 [50Z])

除非以类似的方式[与苏拉坚定的英勇相当]抵抗他

81* 93M,82Mc,59D,K

[Ra本说明]可能是色尔托瑞乌斯以间接引语的方式说出的话,通过暗示自己与该地区的长期联系(参残篇76)来赢得西班牙人的支持。我们从色尔维乌斯那里获得此残篇,他声称这些话的用法是比喻性的(ad laudem... non ad veritatem[为了赞美……而非为了真实])。

西班牙是他的古老祖国(antiquam patriam)

前81年:色尔托瑞乌斯被逐出西班牙(残篇82—90)

82 97M,86Mc,108D,116K

[Ra本说明]前81年春,当苏拉派遣盖乌斯·安尼乌斯(C. Annius)携驱逐色尔托瑞乌斯之命,作为资深执政官去统治一个(或可能全部两个)西班牙时(MRR 3.15),色尔托瑞乌斯派其副官李维(普鲁塔克称其为尤利乌斯)·撒利纳托尔(Livius Salinator)率6000人去阻断比利牛斯山的通道,阻止安尼乌斯跨入西班牙(Plut. Sert. 7.1)。

一些人[撒利纳托尔的一队士兵?]占据隘口

83* 95M,85Mc,D、K 未收

[Ra 本说明]与残篇 82 相同的语境。前 81 年,普卜利乌斯·卡珥普尼乌斯·拉纳瑞乌斯(P. Calpurnius Lanarius)是安尼乌斯的一位幕僚(*MRR* 3.46),他找到一条路,可以绕过色尔托瑞乌斯的部队占据的通道。普鲁塔克(Plut. *Sert.* 7.3)错误地认为拉纳瑞乌斯是色尔托瑞乌斯的封锁部队中的一名叛徒。

【出于对撒路斯提乌斯的《罗马共和纪事》的喜爱,他也许是某个家族名(cognomento)为】拉纳瑞乌斯【的】卡珥普尔尼乌斯

84* 96M,84Mc,D、K 未收

[Ra 本说明]与残篇 82—83 相同的语境。根据普鲁塔克的说法(Plut. *Sert.* 7.3),撒利纳托尔死于拉纳瑞乌斯之手。

撒利纳托尔在行军中被杀。①

85 98M,87Mc,60D,K

[Ra 本说明]前 81 年,色尔托瑞乌斯被安尼乌斯逐出西班牙并逃到毛里塔尼亚之后,于同年稍后返回,与奇利奇阿海盗联盟,迅速占领皮缇乌撒群岛(Pityussae islands,位于巴利阿里群岛[Balearics]西南,离西班牙东海岸不远)中的一座。安尼乌斯率大军前来驱逐他,色尔托瑞乌斯打了一场海战,尽管他只有并非用于战斗的轻型船只(Plut. *Sert.* 7.5-7)。

它们[轻船]中的一些,前进一点之后,由于负重不稳马上大

---

① [Mc 本注]1.84—86;(前 81 年春)随着前 82 年 11 月 1 日在柯林门获胜,苏拉实际上成为罗马的主人,这一消息可能于前 81 年 2 月初传到色尔托瑞乌斯耳中。色尔托瑞乌斯怀疑罗马将派一支军队来处理西班牙的事务,便预先防范,不过未起到作用。

幅下沉,于是惊恐控制住船员们

86* 99M,88Mc,不定 35D,不定 1K

[Ra 本说明]与残篇 85 相同的语境:在海战中,恶劣的天气阻止色尔托瑞乌斯的轻型船只逃入外海,而敌人的军队阻止其登陆(Plut. *Sert.* 7.5-7)。

当时色尔托瑞乌斯既不〈能?〉从船队中突围而出,因其只有轻武装的士兵(levi copia),①〈由于风暴也不能逃入外海?〉

87††† 103M,89Mc,不定 94D,不定 63K

[Ra 本说明]逃离残篇 85—86 描述的战斗之后,色尔托瑞乌斯航行到西班牙的西南海岸,就在直布罗陀海峡上方,他在那里遇到一些水手,他们带回遥远的、被称为福人岛(Isles of the Blessed)的大西洋群岛的故事(Plut. *Sert.* 8.2)。

人向来渴望探寻未知之地

88† 100M,90Mc,61D,K

[Ra 本说明]与残篇 87 相同的语境。福人岛的位置。对气候的描写表明,可以将其鉴定为马德拉群岛(Madeira Archipelago)的两座最大的岛屿(圣港岛[Porto Santo]和马德拉岛),前者距加的斯(Gades,即今 Cádiz)约 750 英里(大概 6500 斯塔德[stades])。

这两座互相靠近的岛屿,位于远离加的斯 1 万斯塔德的地方,被认为按自己的天性为凡人生出食物。

---

① [Ra 本注]原文不确定。这是塔西佗《编年史》(Tac. *Ann.*)2.52.4 处的 levi copia 的意思,那里也是该表述在古典拉丁语中唯一的他例。可以理解为,撒路斯提乌斯以跟普鲁塔克相反的顺序叙述色尔托瑞乌斯经历的两种困难。

89* 101M,91Mc,62D,K

[Ra 本说明]与残篇 87 相同的语境。福人岛被认为等同于荷马笔下的埃琉西昂(Plut. *Sert.* 8.5)。

【据哲人们的说法,埃琉西昂(Elysium)就是】福人岛,【撒路斯提乌斯说其】在荷马的诗句中[Hom. *Od.* 4.563-568]闻名遐迩。

90 102M,92Mc,61D,K

[Ra 本说明]蒂奇认同克里茨,认为残篇 88 与此残篇相接,他们保留残篇 88 中传世的 cuius,将这里的 Oceani 作为其先行词。然而,普鲁塔克首先以与残篇 88 非常类似的语言单独描写这两座岛屿(*Sert.* 8.2-3),稍后(9.1)才提到色尔托瑞乌斯打算撤到那里。

据传他打算逃到大洋(Oceani)深处。①

---

① [Mc 本注]参 Plut. *Sert.* 8.2-9.1;Flor. 2.10.2。考虑到色尔托瑞乌斯此时正处低潮,如果他真的想"一走了之",也不会令人着实惊讶。共和国的最后几十年中,有几位显贵想过或实施过基于此类感觉的行为(例如苏拉、路库路斯、西塞罗、玛尔库斯·安东尼乌斯)。参 Schulten, *Sertorius*, Leipzig, 1926, pp. 51-52。撒路斯提乌斯本人也有基于此类感觉的行为,因而把类似的想法归于色尔托瑞乌斯对他而言完全合情合理,尽管贺拉斯第 16 首《长短句》(*Epod.* 16)的注家称,撒路斯提乌斯把色尔托瑞乌斯打算"离开"的决定放在后者对自己的失败感到沮丧那一语境中。

不管怎样,色尔托瑞乌斯没有把想法付诸行动。这可以解释为奇利奇阿海盗拒绝与他一起作此航行的结果(Plut. *Sert.* 9.2)。但作为一个萨宾人,色尔托瑞乌斯的未来以罗马为中心,他意识到离开将导致自己的政治和军事期待落空,并导致自己的武装连队瓦解,而他必须以此为核心创建一支能达成自己目标的部队。他随后的活动似乎印证了这种思路。他率自己的剩余部队前往摩尔人之地毛里塔尼亚,并协助击败毛里塔尼亚的废王阿斯卡利斯(Ascalis);他还战胜了苏拉派来帮助阿斯卡利斯的帕奇埃库斯(Pacciaecus)。他将帕奇埃库斯的士兵争取到自己这边,并迫使阿斯卡利斯藏身的提恩吉斯(Tingis)镇投降(同上,9.3—5)。正是在此时机,他受卢西塔尼亚人之邀,接过他们的军队指挥权,与罗马抗争。

1.87—92:(前 81 年)苏拉胜利之后,定有大量部队用于海外任务。安尼乌斯的军队可能有三四个军团之众,而一旦他跨过比利牛斯山,色尔托瑞乌斯便没有力量与之在战场相见。撒纳托尔军溃败时,色尔托瑞乌斯的行踪不明。由于其他资料中缺少信息,我们只能推测,他在离新迦太基(Carthago Nova,今卡塔赫纳)足够近的地方,得以安排自己剩余的 3000 兵力启程前往毛里塔尼亚(Plut. *Sert.* 7.4)。

(转下页)

前80年:色尔托瑞乌斯战争的开始(残篇91—98)

91* 94M,83Mc,不定79D,不定45K

[Ra本说明]前80年,色尔托瑞乌斯身为一名公正、能干的统帅的名声,致使卢西塔尼亚人召请他从毛里塔尼亚——他于前81年撤到这里——回到西班牙,请他领导一场对罗马人的反叛(Plut. *Sert.* 10.1-5, 11.1)。与之相对,茂伦布莱舍尔和麦古欣把这条残篇归于前82年,当时色尔托瑞乌斯首次到达西班牙并以其适度的治理赢得西班牙人的忠诚(Exsuper. 8 [51Z]: modeste tuendo atque blandiendo... ut et carus esset[适度地照看和奉承……以便受到爱戴])。

他还因适度且温良(eleganti)的统治极受爱戴。

92 104M,93Mc,65D,64K

[Ra本说明]与残篇91相同的语境:描写色尔托瑞乌斯穿越直布罗陀海峡。

因此,色尔托瑞乌斯把一支轻武装的卫队留在毛里塔尼亚,①趁着黑夜,顺着洋流,悄然或迅速[渡海],试图在穿越过程中

(接上页)摩洛哥人攻击罗马人,造成严重损失并迫使色尔托瑞乌斯驶回西班牙。他在那里登陆受阻,然后与一些奇利奇阿的海盗船一起攻击皮缇乌撒群岛中较大的一座——厄贝苏斯(伊维萨岛)(Plut. *Sert.* 7.4-5; cf. Schulten, *Sertorius*, p.47, n.237; Strabo 3.5.1),他组织了一次登陆并战胜安尼乌斯设在那里的守军。

1.82—92:处理前82—前81年色尔托瑞乌斯对西班牙的治理。这是对色尔托瑞乌斯一段多面生涯的极其简略的论述。一些重要事件不是一笔带过就是完全省略。

① [Mc本注]这一小支卫队可能包括罗马士兵和定居在西班牙的罗马人或意大利人(Hispanienses)士兵共700名。为了弥补这一数量,色尔托瑞乌斯给自己带去西班牙的部队另招募了700名摩尔人。

避免战斗。

93　105M,94Mc,66D,65K

[Ra 本说明]革利乌斯和诺尼乌斯(Non.)称,此残篇见于他们从中摘录残篇 92 的同一段落的稍后。根据普鲁塔克(Plut. *Sert.* 12.2),色尔托瑞乌斯带着 2600 名罗马人和 700 名利比亚人到达卢西塔尼亚。

卢西塔尼亚人提前占据的＊＊＊山,①[作为避难所]接收所有穿越过来的人。

94　106M,97Mc,87D,K

[Ra 本说明]可能指色尔托瑞乌斯的 700 名利比亚追随者(Plut. *Sert.* 12.2)。

该氏族极少走出自己的边界

95　108M,95Mc,68D,K

[Ra 本说明]前 80 年,如残篇 92—93 所述,色尔托瑞乌斯从毛里塔尼亚渡海过来之后不久,远西班牙总督福菲迪乌斯(参残篇 49.21 注)在拜提斯河(river Baetis)为色尔托瑞乌斯所击败(Plut. *Sert.* 12.4)。

---

①　[Mc 本注]可能指普鲁塔克提到的(Plut. *Sert.* 12.2)色尔托瑞乌斯一到就马上投奔他的 4000 名轻装步兵和 700 名骑兵。
　　[Ra 本注]革利乌斯和诺尼乌斯的摘录中都未见山名。色尔托瑞乌斯的登陆地点可能是贝隆(B[a]elo,即今 Belon),直布罗陀海峡西边的一座西班牙城镇(Strabo 3.1.8;Plin. *HN* 5.2)。可能受 2 世纪的撒路斯提乌斯注家埃米利乌斯·阿斯佩尔(Aemilius Asper)的影响,色尔维乌斯版的残篇出现讹误[彼处山名作 Balleia]。

且不久,①福菲迪乌斯率各军团到达,当他看到如此陡峭的河岸、一块不易战斗的浅滩、一切看来对敌方比对己方更有利之后,

96　111M,96Mc,69D,71K

[Ra 本说明]福菲迪乌斯被击败之后,向毗邻的近西班牙行省的总督玛尔库斯·多米提乌斯·卡珥维努斯(M. Domitius Calvinus,前 81 年裁判官,*MRR* 3.84)求助(Plut. *Sert.* 12.4)。

他召请资深执政官多米提乌斯率其所有装备好的军队从近西班牙出来。

97　107M,98Mc,67D,66K

[Ra 本说明]此残篇保存在维也纳抄本页的正面,其中对多米提乌斯(近西班牙总督,参上一条残篇)的提及使我们得以将此文置于上一条残篇所属的语境。可怕的敌人可能指利比亚人,他们随色尔托瑞乌斯从毛里塔尼亚渡海过来(参残篇 92—94;Plut. *Sert.* 12.2)。

并且,夸张而可怖的传闻遍布整个行省,②因为每个人出于自己的恐怖,[认为存在]5 万或更大数量的敌人,他们外形奇异、庞大,被洋流带来,③争相以人肉为食。＊＊＊被多米提乌斯＊＊＊

98　136M(Non. et Donat.),100Mc,88D(Non.)和不定 34D (Donat.),88K(Non. et Donat.)

---

① [Mc 本注]表明这次战斗发生于色尔托瑞乌斯在美拉瑞阿(Mellaria)附近战胜科塔之后不久。
② [Mc 本注]远西班牙,总督是福菲迪乌斯。
③ [Mc 本注]证实 1.97 传达的印象:这是有史以来摩尔人第一次出现在伊比利亚的土地上。

[Ra 本说明] 此残篇的文本保存在维也纳抄本页的反面，在一段两栏多的脱漏（大概相当于 OCT 文本的 30±5 行）之后，继续残篇 97 的叙述，记述了近西班牙总督多米提乌斯之死。他于前 80 年在跟色尔托瑞乌斯的财务官路奇乌斯·希尔图来乌斯（L. Hirtuleius）指挥的色尔托瑞乌斯军战斗时被杀（Liv. *Per.* 90；Plut. *Sert.* 12.4；Flor. 2.10.6）。文段中提及的色璞提米乌斯（Septimius），多纳图斯（Donat.）在他保存的部分文本中也提到此人，他可能是多米提乌斯的副官。

[1]……实际上，更多地是由于畏惧而非[敌人的]马匹和武器，他们就要投降，若不是多米提乌斯站在近处请求他认识的那些人〈不要把武器〉和他本人——他们的首领——交给敌人……他们杀死……副官色璞提米乌斯……〈接替指挥？〉……[他]刺穿（percu〈ss〉it）。

[2]但他[色璞提米乌斯]由于害怕，好像遭了雷击，既不能控制灵魂，也不能控制双耳或舌头……他一心想着〈如何使自己及其军队脱离危险？〉……他苍白（exsanguis）①……他称自己为〈可怜虫？〉……四天之后……〈死了？〉……

前 79—前 78 年：美忒路斯·皮乌斯在远西班牙的军事行动
（残篇 99—113）

99　110M，101Mc，70D，K

[Ra 本说明] 前 80 年末，福菲迪乌斯和多米提乌斯被击败之后（残篇 95—98），色尔托瑞乌斯在卢西塔尼亚（远西班牙）兵力增

---

① [Ra 本注]或"他大量失血"，如果上一段最后一行采纳的 percu〈ss〉it 描述的是色璞提米乌斯的受伤。

长的消息肯定传至罗马。

且美忒路斯①通过书信②〈得以?〉知道他们的数量

100 112M,102Mc,86D,K

[Ra本说明]被鉴定为出自卷一的此残篇,可能描述了美忒路斯任资深执政官早期的战术,因为弗龙蒂努斯(Frontinus)对轻武装的西班牙人擅长设伏的描写(*Str*. 2.5.31: aptissimos ad furta bellorum[最擅长在战争中设伏]),其用词与撒路斯提乌斯惊人地相似。

从那里出发之后,他点燃村庄和堡垒,放火烧毁因居民逃亡而荒废的地区,不远或＊＊＊,③由于畏惧这一极适于在战争中设伏的氏族。

101 113M,106Mc,75D,74K

[Ra本说明]迪珀(Dipo),阿纳斯河(Anas River)边的一座城

---

① [Mc本注]美忒路斯:昆图斯·凯奇利乌斯·美忒路斯·皮乌斯(Q. Caecilius Metellus Pius),昆图斯·美忒路斯·努米底库斯(Q. Metellus Numidicus,前109年执政官)之子。他是前89年裁判官,前88年领阿普利亚的资深执政官,他在那里击败昆图斯·珀姆派迪乌斯·西罗,同盟战争中北方叛军的统帅。他在内战中被召回罗马,支持元老院,反对马略和秦纳。谈判破裂后,他弃意大利而走阿非利加,并在那里待到前84年。苏拉于前83年回到意大利后,他加入苏拉派,在苏拉的胜利中起到主要作用,并成为苏拉前80年的执政官同僚。作为前79—前71年的资深执政官,他一开始对付不了色尔托瑞乌斯的游击战术(Plut. *Sert*. 12.6-7);但是,前75年,他在卢西塔尼亚歼灭希尔图来乌斯的军队,有效终止色尔托瑞乌斯在远西班牙的力量,并促成他自己的军队与庞培在近西班牙的军队的联合。同年末,他在色戈恩提阿的三场战斗中战胜了佩尔佩尔纳和色尔托瑞乌斯,有效摧毁色尔托瑞乌斯在会战中与敌交战的能力。前74年,美忒路斯与庞培一起在凯尔特伊比利亚(Celtiberia)的高地作战,前者在那儿占领了几座城镇;那一年底,美忒路斯和庞培都被迫撤出卡拉古瑞斯(Calagurris),损失了3000人。美忒路斯没有参与前73年对色尔托瑞乌斯的战役。
② [Mc本注]美忒路斯可能于前80年底离开罗马,前79年初到达西班牙。
③ [译注]Mc本接受加尔布基诺(Garbugino)的校勘(neque late aut festinus nimis),译作"但搞破坏的距离不远,速度也不快"。

镇,位于美忒利努姆(Metellinum,即今 Medellín)以西约 35 英里,美忒路斯将其用作行动基地,这可能是他的战略的一个早期目标,旨在减少卢西塔尼亚的堡垒(参上一条残篇)。

且他经过战斗攻克迪珀——一座坚固的城池,已坚守颇多时日

102 * 119M,108Mc,不定 70D,不定 36K

[Ra 本说明]科尼斯图尔吉斯的确切位置不明,但位于库内依人(Conii)的领土之内。那是一个卢西塔尼亚民族,住在远西班牙的塔古斯河(Tagus River)南面,该地区位于现在的葡萄牙西南(App. *Hisp.* 57)。因此,提到此地可能与美忒路斯的某次战役有关。

他来到军团所在的科尼斯图尔吉斯(Conisturgim apud legiones)。①

103 * 115M,103Mc,71D,37K

[Ra 本说明]此残篇提到塔古斯(今塔霍河),美忒路斯的远西班牙行省中的一条河流,在欧利西珀(Olisipo,今里斯本)流入大西洋,由此表明,原文是对色尔托瑞乌斯战争中的一次军事行动的描述的一部分,该行动因河流流量的突变而受到影响。

那时,塔古斯似乎突然平息

---

① [Ra 本注]阿斯佩尔如此注释原文(原文可能在 2 世纪已经残缺)。另一种推测[apud legiones 可能读作]caput regionis 则形成一个同位语:"[他来到]科尼斯图尔吉斯,该地区的首府。"

104* 114M,107Mc,不定68D,不定34K

[Ra本说明]可能与残篇103语境相同,描述欧利西珀附近的战斗。

卢西塔尼亚的一个重镇

105* 120M,104Mc,不定42D,不定8K

[Ra本说明]在美忒路斯围攻伊比利亚半岛西北(即今葡萄牙)的拉恩戈卜瑞盖(Langobrigae)之时(Plut. *Sert.* 13.7-12),色尔托瑞乌斯把3000人藏在树丛密布的河床里,给美忒路斯的副官、被派去搜集草料的阿奎努斯(Aquinus)设下埋伏。

他在一个枝繁叶茂的山谷中设[伏]。

106 121M,105Mc,95D,97K

[Ra本说明]可能与残篇105语境相同:阿奎努斯的部队陷入混乱。

他们既不能撤退也不能投入战斗

107 135M,109Mc,71D,69K

[Ra本说明]此残篇提到美忒路斯且被归于卷一,据此可推测描述的是色尔托瑞乌斯战争中的某次战斗。一位后来的注释者把这里的美忒路斯等同于"美忒路斯·刻勒尔"(Metellus Celer),不可据信。

根据美忒路斯的命令,号兵们吹起号子。

108 116M,110Mc,92和不定113D,94和不定80K

[Ra本说明]该描述可用于美忒路斯(如茂伦布莱舍尔所猜

测)或色尔托瑞乌斯(比希讷[Büchner];参残篇 78)。"alias"暗示,在这些话的前面或后面,撒路斯提乌斯在批评某个缺点。

他在其他方面(alias)无懈可击且天性优异

109 118M,111Mc,99D,101K

[Ra 本说明]可能描述色尔托瑞乌斯的韧性,屡遭挫败但仍坚持游击战。

他未因屡遭驱退而被吓倒

110* 125M,2.70Mc,1.73D,2.20K

[Ra 本说明]普鲁塔克在描述色尔托瑞乌斯被他的侍卫们英勇地从一座陷落的城镇中救出——这非常类似被归入卷一的下一条残篇的情景——之前,提到(Sert. 14.5; cf. Val. Max. 2.6.11)凯尔特伊比利亚人(Celtiberians)要与他们的将领在战斗中共存亡的许诺。

【他[维吉尔]取自凯尔特伊比利亚人的风尚,我们在撒路斯提乌斯那里读到,他们……将自己献身于国王们且拒绝在他们死后苟活。】

111 126M,112Mc,74D,73K

[Ra 本说明]伊比利亚侍卫们将色尔托瑞乌斯从一座陷落的城镇中救出(Plut. Sert. 14.6)。色尔维乌斯(ad Aen. 9.555)没有给出语境,仅重述撒路斯提乌斯的描述:"色尔托瑞乌斯的人把他举到他们的肩膀上并登上城墙。"

当城门阻住人群,像在恐怖中通常会发生的那样,等级或权力的差别荡然无存,色尔托瑞乌斯被侍卫们用身体举到大概城墙的中部,站在附近的人用手从上面把他拉上城墙。①

112　122M,113Mc,72D,K

[Ra 本说明]前78年,山外高卢的总督路奇乌斯·曼利乌斯(Lucius Manlius,前79年裁判官?)及其3个军团和1500名骑兵,在近西班牙败于色尔托瑞乌斯的资深财务官希尔图来乌斯之手,带着少量幸存者逃到伊勒尔达(Ilerda,今莱里达[Lérida])镇(Oros. 5.23.4; Plut. *Sert.* 12.5)。此残篇描述的要么是曼利乌斯的败军在逃往伊勒尔达之前占据的临时避难所(参《尤古尔塔战争》38.7),要么是希尔图来乌斯面对曼利乌斯的优势兵力设置的前哨或营地。

并占据伊勒尔达附近的一座高山,还围之以大量工事(multa opera circumdata)②

113　124M,114Mc,77D,76K

[Ra 本说明]前78/77年,色尔托瑞乌斯在西班牙东海岸、迪阿尼乌姆海岬(promontory Dianium)附近建了一个海军基地(Strabo 3.4.6; cf. Cic. 2 *Verr.* 1.87, 5.146)。

色尔托瑞乌斯以劫掠的方式把那个市场变成海军基地。③

---

①　[Ra 本注]原文不确定且可能残缺。
②　[Ra 本注]或读作 multo opere circumdat:"他以大量工夫包围之。"
③　[Mc 本注]1.93—114:(前80—前77年)这一部分讨论色尔托瑞乌斯于前80年返回西班牙,以及色尔托瑞乌斯战争的最初几年,主要跟美忒路斯·皮乌斯打,直到前77年。

这22条残篇所属的时期,包含大量军事、外交、政治事件,占据普鲁塔克《色尔托瑞乌斯传》27章中的8章。撒路斯提乌斯对这同一时期的论述,看来只留下了对一小部分事件少量、偶尔的提及。然而,有迹象表明这一论述比普鲁塔克的版本要详细得多。

评论奇利奇阿的海盗战争
（前 78—前 77 年）
（残篇 114—118）

114* 127M,115Mc,78D,77K

[Ra 本说明]前 78 年,普卜利乌斯·色尔维利乌斯·瓦提阿(P. Servilius Vatia,前 79 年执政官)和他的执政官同僚阿皮乌斯·克劳迪乌斯·普珥刻尔(Ap. Claudius Pulcher)前往他们的东方行省。可能动词 reliquit(留)构成谓语(如茂伦布莱舍尔所猜测)。

因此色尔维利乌斯先过,把他生病的同僚〈留?〉在塔热恩图姆(Tarentum)

115* 130M,116Mc,2.32D,K

[Ra 本说明]斯特拉波(Strabo 14.5.7)也这样描述位于吕奇阿(Lycia)东部的海盗首领策尼刻忒斯(Zenicetes)的城镇和山寨,仿佛俯瞰自奥林波斯(Olympus)。

俯瞰吕奇阿和皮西迪(Pisidiae)的土地

116 129M,117Mc,79D,K

[Ra 本说明]色尔维利乌斯经过与海盗首领策尼刻忒斯的战

役,征服吕奇阿的沿海城镇奥林波斯和法色利斯(Cic 2 *Verr.* 4.21;Strabo 14.5.7)。

到奥林波斯和法色利斯(Phaselida)

117　131M,118Mc,D、K 未收

[Ra 本说明]奥林波斯附近的一个沿海城镇(Strabo 14.3.8),被色尔维利乌斯征服(Strabo 14.5.7; Ps.-Ascon. p. 237St. 24-25)。

到科律库斯(Corycum)

118　132M,119Mc,D、K 未收

[Ra 本说明]参上一条残篇。

在科律库斯

在马其顿和忒腊克的战争(前 77 年)
(残篇 119—120)

119 133M,120Mc,81D,81K

[Ra 本说明]勒忒(Lete)是阿皮乌斯·克劳迪乌斯·普珥刻尔(前 79 年执政官)的马其顿行省的一个镇。

在勒忒镇

120 134M,121Mc,32D,32K

[Ra 本说明]参残篇 119。可能描述某支忒腊克(Thrace,又译"色雷斯")军队的败走。

被从勒忒镇赶走[①]

---

① [Mc 本注]1.115—121:(前 78—前 77 年)卷一最后的叙述部分,述及普卜利乌斯·色尔维利乌斯·瓦提阿对奇利奇阿海盗的远征(1.115—119),以及阿皮乌斯·克劳迪乌斯发动的忒腊克战争(1.120—121)。这一部分可能相当短,因为直到前 77 年的战斗季,这两位将军才积极投入战斗。阿皮乌斯·克劳迪乌斯的战时服役不长;色尔维利乌斯进行的战争持续了 3 年,因此对他的作战的叙述在卷二中继续(2.63—69)。

第一卷中上下文不明的残篇
（残篇 121—139）

121　137M,122Mc,111D,102K

［Ra 本说明］可能出自前言。

少量有识之士和天性正直之人拒绝这些［观点、陈述、实践？］

诸战斗（残篇 122—124）

122　139M,99Mc,96D,98K

［Ra 本说明］语境可能是导致玛尔库斯·多米提乌斯（参残篇98）死亡的那次战斗。

失去骑士的受惊或受伤的马惶惶不安

123　41M,124Mc,103D,107K

［Ra 本说明］可能指在前82年11月的柯林门战役中苏拉的左翼被击败（App. *B Civ.* 1.93）（茂伦布莱舍尔即主此说）。

部分战线动摇

124　138M,125Mc,89D,91K

迎上去与敌人同归于尽

战争中的诸行动(残篇 125—128)

125　140M,126Mc,98D,100K

[Ra 本说明]残篇 71—72 描述昆图斯·卡图路斯在科撒战胜勒皮都斯,此残篇可能描述此后卡图路斯的营地位置(德布罗塞即主此说)。

他占据比胜利者理当占据的更高位置。

126　141M,127Mc,83D,K

[Ra 本说明]围城期间的一次机动。

且他将各警戒哨移到掩体下面

127　142M,128Mc,97D,99K

但他从那里进发至镇上,没有为了固防或休息而耽搁。

128　143M,129Mc,102D,105K

当他登上敌人的城墙,他遭到惩罚。

战争(残篇 129—133)

129　145M,130Mc,93D,95K

[Ra 本说明]可能描述前 77 年支持勒皮都斯崛起的民意的

崩塌。

若非其因战争的狂暴而消退

130　40M,123Mc,101D,104K

［Ra本说明］如果对原文的修复正确,此城可能指前82年11月遭撒姆尼乌姆人攻击前不久的罗马(App. *B Civ.* 1.92):茂伦布莱舍尔即主此说;或指前77年1/2月遭玛尔库斯·勒皮都斯攻击前不久的罗马(格拉赫即主此说[①])。

那座没有适龄兵员的城

131　146M,131Mc,104D,110K

［Ra本说明］可能是对前78/77年勒皮都斯叛乱之时苏拉的老兵的描述。

久经沙场

132　147M,132Mc,105D,111K

熟稔军务

133　148M,113Mc,106D,112K

军中翘楚

---

① ［译注］F. D. Gerlach ed., C. Sallusti Crispi *Catilina, Jugurtha, Historiarum reliquae*, ed. maior, 3 vols., Basel, 1823-1831.

其他（残篇 134—139）

134 149M, 134Mc, 2.77D, 2.102K

在日中

135 117M, 135Mc, 110D, 118K

[Ra 本说明]茂伦布莱舍尔推测，撒路斯提乌斯在卷一中提到的小径，即色尔托瑞乌斯用于逃跑或设伏的小径（参 Plut. Sert. 13.2）。其他的选项有：前 88 年马略逃跑时采取的路线（参残篇 22—23），或前 87 年末罗马落入马略和秦纳之手时苏拉的支持者的逃跑路线（参残篇 28）。

经由废弃的道路

136 150M, 136Mc, 114D, 113K

在灵魂方面无度

137 151M, 137Mc, 116D, 119K

[Ra 本说明]卡瑞西乌斯引老普林尼的《疑作》(*Sermo dubius*)卷二证明，当形容词 agrestis[野蛮的]用于描述一个与无生命物相对的动物时，要用词尾为 e 的夺格单数形式。撒路斯提乌斯可能用这个词来描述与色尔托瑞乌斯战争有关的毛里塔尼亚或西班牙某地区的某个动物群(fauna)或部落。

野蛮的[或者未开化的?]

138　152M,138Mc,113D,108K

尤其在他们中间

139　153M,139Mc,D、K 未收

去恳求(quaesere)①

---

① ［Ra 本注］或作"他们寻求、要求",如果语法学家们误将 quaeso［恳求］的不定式［quaesere］当作 quaero［寻求］的完成时第三人称复数(参残篇 75 的 quaesit)。

第二卷

提　纲

勒皮都斯在撒丁岛的失败和死亡（前 77 年）（残篇 1—15）
　　描述撒丁岛和科西嘉（残篇 1—13）
　　勒皮都斯的失败（残篇 14—15）
派庞培去西班牙（前 77 年）（残篇 16—21）
　　概述庞培性格（残篇 17—21）
国内事务（前 76 年）（残篇 22—24）
色尔托瑞乌斯战争（前 76 年）（残篇 25—33）
　　劳若之战（前 76 年春）（残篇 27—30）
　　美忒路斯在远西班牙的行动（前 76 年）（残篇 31—33）
东方的战争（前 76 年）（残篇 34—37）
国内事务（前 75 年）（残篇 38—44）
　　执政官科塔致罗马人民的演说（残篇 43）
色尔托瑞乌斯战争（前 75 年夏）（残篇 45—56）
第三次米特瑞达忒斯战争的背景（残篇 57—65）
东方的战争（前 75 年）（残篇 66—74）
　　马其顿的战役（残篇 66—67）
　　对伊苏里亚海盗的战役（残篇 68—74）
色尔托瑞乌斯战争（前 75 年秋）（残篇 75—86）
　　庞培致元老院的信（残篇 86）
第二卷中上下文不明的残篇（残篇 87—110）
　　茂伦布莱舍尔归于不同语境的残篇（残篇 87—92）
　　某条河附近的一次战斗（残篇 93—97）
　　其他（残篇 98—110）

勒皮都斯在撒丁岛的失败和死亡
（前77年）
（残篇1—15）

描述撒丁岛和科西嘉（残篇1—13）

1* 1M, Mc, D, K

[Ra本说明]可能引入撒路斯提乌斯对撒丁岛的评论。勒皮都斯（前78年执政官）及其叛军被赶出意大利之后，在撒丁岛被勒皮都斯的执政官同僚卡图路斯击败。然而，以下说法也令人信服：此残篇可能引入撒路斯提乌斯对克里特岛的补论（3.46-51）——凯泽（Keyser）即主此说，因为多纳图斯文本中复原的"卷二"在一份晚期抄本中作"卷三"。

当我先前提及该岛的布局

2 2M, Mc, D, K

[Ra本说明]与残篇1相同的语境。

撒丁岛，在阿非利加海中，形状似人的足印，往东比往西伸出更宽。

3* 3M,3Mc,2D,3K

[Ra 本说明]与残篇 1 相同的语境。

【至于撒丁岛,我们在提迈欧斯(Timaeum)那里读到作 Sandaliotin,在[撒路斯提乌斯·]克瑞西普斯那里读到作 **Ichnusa**,①该岛因其所在的海、居民的祖先而相当出名。】

4 13M,5Mc,82D,80K

[Ra 本说明]可能与残篇 1 语境相同,描述撒丁岛的移民来自哪些地方。茂伦布莱舍尔则将此残篇归于撒路斯提乌斯对许多亡命之徒和驱逐犯的描述,这些人在勒皮都斯的暴动于前 77 年瓦解之后(参残篇 15),麇集到西班牙的色尔托瑞乌斯那里。

因为从那些遥远和分隔的地区

5* 6M,8Mc,4-5D,7-8K

[Ra 本说明]与残篇 1 相同的语境:阿瑞斯泰欧斯(Aristaeus)据说是第二批到达撒丁岛的殖民者;第一批移民由撒都斯(Sardus)从利比亚领来,该岛的名字即由此而来(Paus. 10.17.3 出于年代学的理由,拒绝代达罗斯[Daedalus]与阿瑞斯泰欧斯一起这一传统看法)。

【阿瑞斯泰欧斯……阿波罗和库瑞涅(Cyrenes)之子……,如撒路斯提乌斯也指出,当他儿子阿克泰翁(Actaeonem)被群狗撕碎之后,他在母亲的驱使下离开忒拜并第一个占据刻阿(Ceam)岛,该岛直到那时仍空无一人;之后,他离开那里,与代达罗斯一起跨海②来到撒丁岛。】

---

① [Ra 本注]来自希腊语ἴχνος,意为"足印"。
② [Ra 本注]即"从西西里",参残篇 8。

6* 4M,6Mc,不定 122D,2.9K

[Ra 本说明]可能与残篇 1 语境相同:诺剌(Nora)城的建立者和命名者诺剌克斯(Norax)把殖民者从西班牙带到撒丁岛;他是墨丘利(Mercury)和厄律忒亚(Erytheia)的儿子,后者是革律翁(Geryon)的女儿(Paus. 10. 17. 4; cf. Solinus 4. 1)。

革律翁的

7 5M,7Mc,26D,32K

[Ra 本说明]诺剌克斯(参残篇 6)据说来自塔尔忒苏斯(Tartessus, Solinus 4. 1),西班牙西南部的一个地区,这一地名有时被赋予腓尼基人的贸易中心加迪尔(Gaddir = Gades;即今加的斯)。

根据另一些人的传说,西班牙人的城市塔尔忒苏斯,如今由推罗人(Tyrii)据有,名字改为加迪尔

8 7M(Prisc.),9Mc,3D(Prisc.),5K(Prisc.)

[Ra 本说明]与残篇 1 相同的语境:赫拉克勒斯的侄子伊俄拉俄斯(Iolaus)把赫拉克勒斯的后代领到撒丁岛,并在那里定居(Strabo 5. 2. 7; cf. Paus. 10. 17. 4)。有一段时期,当时撒丁岛大部分——但并非完全——处于迦太基人的控制之下,迦太基军中的利比亚或伊比利亚逃兵,与来自海外(科西嘉?)的殖民者在撒丁岛的山中沆瀣一气;这些逃兵被称为"巴拉瑞"(Balari),在科西嘉语中意为"逃亡者"(Paus. 10. 17. 5)。①

……或者对于伊俄拉俄斯……不确定……或者异族的迹象。科西嘉人认为巴拉瑞是来自＊＊＊的逃亡者,另一些人认为他们

---

① [译注]斯特拉波,《地理学》5. 2. 7:"据说伊俄拉俄斯到这里来的时候,带来赫拉克勒斯的一些子女,他与占据该岛的蛮族(后者就是第勒尼人)居住在一起。"

是从布匿军队中逃出的努米底亚人或西班牙人：这一族人不讲信义，或因天性多变，或因畏惧联盟；他们的衣服、装饰、胡须全黑。在凯尔特伊比利亚战争［前151—前133年］中＊＊＊

［在莎草纸上，上下两条残篇间隔约15±10行。］

＊＊＊代达罗斯已从西西里出发，逃离米诺斯的（Minoris）愤怒和势力……

9＊　　9M，4Mc，6D 注，10K

［Ra 本说明］与残篇1相同的语境，若此残篇部分构成撒路斯提乌斯对经海路来到撒丁岛的特洛伊人的描述（参下一条残篇）。或者，此残篇可能是撒路斯提乌斯对殖民克里特（残篇3.46—51）和海盗壮大（凯泽即主此说，参 Thuc. 1.2.1-2，Diod. Sic. 5.80.1）的部分补述。

【彼时［特洛伊陷落之后，传统上认为在前1184年］，航海已成为侵入土地的原因，如撒路斯提乌斯所忆，改变居所在当时轻而易举。】

10＊　　8M，10Mc，6D，11K

［Ra 本说明］与残篇1相同的语境：根据保萨尼阿斯的说法（Paus. 10.17.4），来自特洛伊的流亡者与伊俄拉俄斯领来的希腊殖民者（参残篇8）混居于撒丁岛。

【当许多人逃出特洛伊之难，卡丕斯（Capys）占据坎帕尼亚（Campaniam）……根据撒路斯提乌斯的说法，另一些人占据撒丁岛】

11 83M,11Mc,91D,92K

[Ra本说明]可能与残篇1语境相同:描述撒丁岛之肥沃。拉潘那即主此说,见 La Penna, "Sallustio, *Hist.* II, 83M", *Riv. di Filol. e Istr. Class.*, 99, 1971, pp.61-62,他引证克劳迪阿努斯《吉尔多之战》(Claud. *De bell. Gild.*) 509 中的类似描述:作物繁盛之地(dives ager frugum)。茂伦布莱舍尔则将此残篇与托罗斯山脉(Taurus Mountains)附近的某个地区联系起来。

作物和草料繁盛之地

12^{*} 10M,12Mc,2D,2注K①

[Ra本说明]与残篇1相同的语境:撒丁岛原生的某种有毒植物——可能是藏红花色水芹(hemlock water dropwort),形似芹菜,根部含一种强效的神经毒素,会造成"撒丁式的"(sardonic)死亡微笑。

【因为,撒丁岛上长着某种药草,如撒路斯提乌斯所言,形似香芹。食之使人脸因痛苦而咧嘴,使人好像在微笑中死去。】

13 11M,13Mc,2D,2注K

[Ra本说明]科西嘉岛得名自科尔撒(Corsa),一个利古里亚(Ligurian)女人,她注意到自己牛群中的一头公牛游到那岛上,回来时吃得饱饱的,便冒险前往探查,之后她把殖民者领到那岛上(Isid. *Etym.* 14.6.41)。

但他们自己[科西嘉人?]说到一头离群的公牛,一个名叫科尔撒的利古里亚女人正在岸边牧那群牛

---

① [译注]"2注K"指克里茨把这条放在残篇2的注释里。

勒皮都斯的失败(残篇 14—15)

14[*]　12M,14Mc,7D,12K

[Ra 本说明]前 77 年,叛徒勒皮都斯及其数量减少的追随者可能企图在塔尔若斯(Tharros,撒路斯提乌斯显然拼作 Tharrhos)——撒丁岛西岸的一座城镇——附近登陆,但在那儿被资深裁判官副官盖乌斯·瓦勒瑞乌斯·特瑞阿瑞乌斯(C. Valerius Triarius)击败(Ascon. 19C. 1;Exsuper. 6 [39-41Z])。

塔尔若斯

15　14M,15Mc,94D,97K

[Ra 本说明]可能描述勒皮都斯的追随者在前 77 年的失败暴动,他们在佩尔佩尔纳的领导下从撒丁岛去往西班牙,在那儿为色尔托瑞乌斯效力(Plut. *Sert*. 15. 2-3;App. *B Civ*. 1. 107-108;Exsuper. 7 [42Z])。

那些被从全世界(orbe terrarum)[即从全部罗马领地]逐出的人

派庞培去西班牙(前77年)
(残篇16—21)

16 15M,16Mc,30D,36K

[Ra本说明]可能描述前77年庞培的支持者如何通过诋毁美忒路斯·皮乌斯对色尔托瑞乌斯战争的指挥,设法使庞培主持那场战争(茂伦布莱舍尔即主此说)。与之相反,德布罗塞认为这一批评针对色尔托瑞乌斯。

此外,他们以流言相诋,将失利贬为失误,将顺利贬为偶然,将幸运贬为冒失

概述庞培性格(残篇17—21)

17* 16M,17Mc,不定75D,不定41K

[Ra本说明]这是勾勒庞培的性格以及他在前77年被派往西班牙之前的过往军功的第一批残篇:概括庞培的外在形象和内在本质。塞姆(Syme, *Tacitus*, 2 vol., Oxford, 1963 corr. repr., p. 150)译为"面善心黑"。

面上诚实,灵魂无耻

18 17M,18Mc,86D,85K

[Ra 本说明]可能与残篇 17 语境相同:描写庞培。

对一切节制,除了权力①

19 21M,21Mc,12D,62K

[Ra 本说明]可能与残篇 17 语境相同,如果描述的是前 80 年苏拉企图从阿非利加军中召回庞培未果(Plut. *Pomp.* 13. 1-4)。这里提到苏拉是执政官,因而这一事件发生于前 80 年(或者前 88 年,如果革利乌斯提到的格奈乌斯·庞培是庞培的父亲格奈乌斯·庞培·斯特拉波[前 89 年执政官]:参 MRR 3. 101, 161)。

因为,经由安排,②平民保民官盖乌斯·赫热恩尼乌斯(C. Herennius)否决执政官苏拉提出的一项将他[庞培]召回的法律。

20* 19M,20Mc,11D,17K

[Ra 本说明]与残篇 17 相同的语境:庞培在与色尔托瑞乌斯开战前不久锻炼身体(如韦格蒂乌斯[Veg.]所证明)。

他与敏捷之人比试跳跃,与灵活之人比试奔跑,与强壮之人比

---

① [Mc 本注]用词小心:并非完全负面的描述,但这种历史客观性已达成撒路斯提乌斯的目的,即强调他认为是对国家最危险的因素——庞培不道德的野心。
② [Ra 本注]不清楚[召回庞培的]协议是在苏拉与保民官之间达成的,还是在庞培与保民官之间达成的。若是前者,那么,苏拉可能将赫热恩尼乌斯当作稻草人用,以便当自己遭遇公众的不悦时,为收回召回庞培这一决定提供正当性。

试杠杆(vecte)①

21* 22M,22Mc,不定 11D,2.16K

[Ra 本说明]可能与庞培在山外高卢的活动有关,前 77/76 年冬,他在前往西班牙接过与色尔托瑞乌斯作战的指挥权的路上,平定山外高卢(参残篇 86.5;Cic. *De imp. Cn. Pomp.* 28,30)。

在纳尔波(Narbone),经由高卢人的决议

---

① [Ra 本注]vecte 的意思对各种解释开放。撒路斯提乌斯可能在描述(a)一种工具,比如用于在军事行动中举起沉重的巨石(例参 Caes. *B Civ.* 2.11.1),或者(b)一种练习用的剑(例参 Veg. *Mil.* 3.4.4),在此情况下意为"击剑"(或者可能意为以罗宾汉[Robin Hood]那帮人的方式"舞枪")。蒂奇校勘作棒束(fasce),则撒路斯提乌斯指的是搬重包(例参 Verg. *G.* 3.347)。
[Mc 本注]2.1—20:(前 77 年)撒路斯提乌斯始于接续卷一未完成的对前 77 年的事件的叙述。处理勒皮都斯在撒丁岛的失败和死亡之前,撒路斯提乌斯附记了罗马的撒丁-科西嘉行省的地理、人种志和神秘的历史(2.1—13)。只留下一条残篇可能涉及勒皮都斯暴动的最后阶段(2.14);剩余残篇(2.15—20)关乎庞培的任命,他从美忒路斯·皮乌斯那里接过在近西班牙的罗马军队的最高指挥权。

国内事务(前76年)
(残篇22—24)

22　25M,23Mc,35D,45K

[Ra本说明]盖乌斯·斯克瑞波尼乌斯·库瑞欧(C. Scribonius Curio,前76年执政官)被叫作"布尔布勒依乌斯"(Burbuleius),一个演员的名字(Val. Max. 9. 14. 5; cf. Plin. *HN* 7. 55)。这么叫库瑞欧的,可能是保民官西奇尼乌斯(Sicinius),他据信会当众开库瑞欧的玩笑(Cic. *Brut*. 217)。

由于在身体和语言上激烈且不安,他被叫作布尔布勒依乌斯,这是一个不太正常的演员的名字①

23†　26M,24Mc,36D,3.83K

[Ra本说明]格奈乌斯·欧克塔维乌斯(前76年执政官)身患跛足(Cic. *Brut*. 217; Quint. 11. 3. 129)。

而他的同僚,温和且跛足的欧克塔维乌斯

---

① [Ra本注]对库瑞欧举止的这一描述,与西塞罗的描述相符(Cic. *Brut*. 216-217; cf. Quint. 11. 3. 129)。

24　27M,25Mc,34D,44K

［Ra 本说明］可能描述前 76 年执政官库瑞欧向保民官西奇尼乌斯施加压力,阻止后者鼓吹恢复保民官权力(Ps.-Ascon. p. 189St. 7-9;参残篇 3.15.10)。

以便阻止行动①

---

① ［Mc 本注］论述前 76 年的京城政治事件。当年的执政官是格奈乌斯·欧克塔维乌斯和库瑞欧。本年的标志性事件是:保民官格奈乌斯·西奇尼乌斯试图恢复保民官的各项权力,这一运动遭到执政官库瑞欧的反对(Cic. *Brut.* 216；Ps.-Ascon. p. 189St.)。

色尔托瑞乌斯战争（前 76 年）
（残篇 25—33）

25* 64M,26Mc,21D,27K

[Ra 本说明]撒古恩图姆(Saguntum)镇，位于西班牙东海岸中部，在劳若可能的所在地以北几英里处。描述庞培于前 76 年春往南行军时可能提及该镇，当时庞培试图解救遭色尔托瑞乌斯围攻的劳若镇(Plut. *Sert.* 18.5)。

撒古恩图姆人，因忠诚和劳苦而在凡人中享有盛名，热情大于实力——因为在他们那里，当时还有半毁的城墙、无顶的房子，以及烧焦的庙墙，展示着布匿人的手笔(manus)①

26* 65M,27Mc,22D,28K

[Ra 本说明]与残篇 25 相同的语境。

撒古恩图姆人的

---

① [Ra 本注]始于前 219 年,经过 8 个月的围攻,罗马的盟友撒古恩图姆于前 218 年陷于汉尼拔之手,引发第二次布匿战争(前 218—前 201 年)。

劳若之战(前76年春)(残篇27—30)

27* 29M,28Mc,15D,22K

[Ra 本说明]前76年初,庞培试图解劳若镇于色尔托瑞乌斯之围,但被对手以计谋挫败(Plut. *Sert.* 18.5-10)。庞培的征粮分队被色尔托瑞乌斯设计的三重埋伏切断(Frontin. *Str.* 2.5.31)。

色尔托瑞乌斯为他们在林子里的适当之处设下三重埋伏;第一重用于拦截碰巧(forte)①**到来之人**

28* 30M,29Mc,64D,30K

[Ra 本说明]与残篇27相同的语境。庞培派副官多米提乌斯·来利乌斯(D. Laelius)率一个军团去解救征粮分队,该军团在后方遭到色尔托瑞乌斯骑兵的袭击(Frontin. *Str.* 2.5.31; cf. App. *B Civ.* 1.109)。

而且他们从后方攻击他们

29* 31M,30Mc,16D,23K

[Ra 本说明]与残篇28相同的语境。参欧卜色克威恩斯(Obseq. 58)将来利乌斯之死置于前77年的征粮任务。

【来利乌斯死于希尔图来乌斯之手,如撒路斯提乌斯所言:在夺回大部分军旗以及来利乌斯的尸体之后】

---

① [Ra 本注]麦古欣译作"前来之敌",想必接受 fronte[往前]这一校勘;弗拉西内蒂和萨尔沃的译本亦如是,尽管该译本印作 forte。

30* 32M,31Mc,95D,99K

[Ra 本说明]可能与残篇 27—29 语境相同:美忒路斯·皮乌斯无法援助庞培的军队,因为他正忙于自己的远西班牙行省。

且由于美忒路斯远在他方,援助的希望遥不可及

美忒路斯在远西班牙的行动(前 76 年)(残篇 31—33)

31* 1.123M,2.32Mc,不定 6D,1.43K

[Ra 本说明]可能是远西班牙的一个镇,如果该镇等同于乌库比(Ucubi, [Caes.] *B Hisp.* 7)。提及该镇可能与色尔托瑞乌斯的指挥官希尔图来乌斯在意大利卡(Italica)外围被美忒路斯击败(Oros. 5. 23. 10; cf. Frontin. *Str.* 2. 1. 2)有关。意大利卡镇位于乌库比以西约 85 英里处。

乌库尔比斯(Ucurbis)的

32 33M,33Mc,95D,99K

[Ra 本说明]可能描述高卢的情形(前 76/75 年美忒路斯的冬季营地,残篇 86.9),或者描述西班牙某地区(?)的情形,当时色尔托瑞乌斯战争导致其他地方一片荒芜。

军力完整

33* 35M,34Mc,不定 36D,不定 2K

[Ra 本说明]可能指美忒路斯去高卢过冬的时候(参上一条残篇)。

但色尔托瑞乌斯在冬天从容地(vacuos)①增强军力②

---

① [Ra本注]或者,"在冬天心无旁骛地增强军力"。
② [Mc本注] 2.26—34:至前77年底,色尔托瑞乌斯已是从谢拉莫雷纳(Sierra Morena)到比利牛斯山的西班牙的主人。在东海岸,在新迦太基(卡塔赫纳)与埃布罗(Ebro)之间,仅有的两座反对他的城市是劳若和撒古恩图姆。迪阿尼乌姆是他的海军要塞,供他的盟友即奇利奇阿海盗停泊。战争的第二阶段始于争夺瓦勒恩提阿平原。在这场竞赛中,庞培的最初几步没有成功,他本人不得不从北方撤下;他的财务官盖乌斯·美米乌斯(C. Memmius)不得不在新迦太基登陆,并从南方进军。色尔托瑞乌斯预计东海岸将成为决定性战场,就把希尔图来乌斯留在南方监视美忒路斯,用佩尔佩尔纳(赫热恩尼乌斯备用)阻止庞培跨越埃布罗。他本人驻扎于上埃布罗河谷,在那里他既可以袭扰庞培也可以袭扰美忒路斯。庞培强渡埃布罗并进军至撒古恩图姆。佩尔佩尔纳落在瓦勒恩提阿。色尔托瑞乌斯报之以包围劳若,占领劳若可保瓦勒恩提阿的佩尔佩尔纳和赫热恩尼乌斯无虞。

两场战斗——劳若之战和意大利卡之战——标志出前76年的色尔托瑞乌斯战争的进程。撒路斯提乌斯的大部分残篇指向劳若之战的一段。劳若之战的其他资料有:Frontin. *Str.* 2.5.31; Plut. *Pomp.* 18.4; *Sert.* 18.5-11; App. *B Civ.* 1.109; Flor. 2.10.7; Obseq. 58; Oros. 5.23.6-9。

东方的战争(前76年)
(残篇34—37)

34 37M,36Mc,87D,86K

[Ra本说明]茂伦布莱舍尔推测,此残篇可能部分构成对克劳迪乌斯(前79年执政官)的性格概述,他于前76年在马其顿总督任上(*MRR* 2.94)染病,这一概述用于他因病去世之时。他两年前身体不佳,参残篇1.114。

一位严肃之人,且在任何技艺上都不亚于人

35 39M,37Mc,81D,79K

[Ra本说明]"凶猛"是撒路斯提乌斯对达尔玛提亚人(Dalmatae)的描述(Tert. *De anim.* 20.3),这族人生活在伊利里库姆行省,前78—前76年的总督盖乌斯·科斯科尼乌斯(C. Cosconius,前79年裁判官?)曾对他们作战(Eutr. 6.4)。

这族人作战凶猛(ferox)且不习惯于受奴役

36[*] 40M,38Mc,不定12D,2.42K

[Ra本说明]发生在伊利里库姆某地区的活动,该地区位于亚得里亚海(Adriatic)东岸顶端附近,达尔玛提亚以北。与残篇35

相同的语境。

刚进入雅丕迪阿(Iapydiam)最近的部分

37　41M,39Mc,69D,84K

[Ra 本说明]前76年,格奈乌斯·奥菲迪乌斯·欧热斯忒斯(Cn. Aufidius Orestes,前77年裁判官)在总督亚细亚行省(或者山外或山内高卢?)时赢得一场胜利(参 *MRR* 2.96 n.4, 3.29-30)。

元老院从欧热斯忒斯的信使们那里得知那一投降并同意

国内事务(前75年)
(残篇38—44)

38 42M,40Mc,38D,K 未收

[Ra 本说明]新执政官们的名字及对其性格的简要概述,标志着向前75年的过渡。它先提到某次军事行动,其细节已无法复原。

[1]……已有一支【某人指挥下的】军队,他【由于蔑视(despecta)】①其不可靠(vanitate)而解散一个军团,这对他而言乃明智之举。

[2]然后,路奇乌斯·欧克塔维乌斯(L. Octavius)和盖乌斯·科塔②就任执政官,其中,欧克塔维乌斯优柔寡断且疏忽大意,科塔

---

① [Ra 本注]或读作 dispecta[考虑到],"由于考虑到其不可靠"。
② [Mc 本注]盖乌斯·科塔:约前124年出生在一个著名的平民氏族(gens)。作为前91年的改革派保民官玛尔库斯·李维·德茹苏斯的朋友,科塔参选过前90年的保民官(Cic. De Or. 1.25)。布劳顿(Broughton, MRR 2.26)没有把科塔的名字放在前90年的保民官中,尽管西塞罗(De Or. 3.11)记述道,由于个人的敌意,他被撤销保民官一职。德茹苏斯遭谋杀之后,政治风向改变,科塔在一个根据《瓦瑞乌斯法》(lex Varia)的规定设立的特别委员会(quaestio)前受到指控,这项法律由前90年保民官昆图斯·瓦瑞乌斯·色威茹斯·绪卜瑞达(Q. Varius Severus Hybrida)通过。该法律规定,要对那些鼓励诸同盟反叛的人展开调查(Val. Max. 8.6.4)。判决宣布之前,科塔与许多在这项法律下受到指控的"极其显赫的元老"一起流亡海外(Cic. De Or. 3.11, Brut. 305; App. B Civ. 1.37)。

(转下页)

更加进取,但【野心勃勃,天性好施】,渴望民众的好感……①

39　43M,41Mc,39D,47K

[Ra 本说明]前 75 年,一位裁判官奉派(可能带着 imperium pro praetore[裁判官权力])去管理库瑞涅(Cyrene)这一新的行省——已故的托勒密·阿皮翁(Ptolemy Apion)于前 96 年把该地区遗赠给罗马人民(Liv. *Per.* 70)。据说策划这一安排的重要政治人物——这里提到的"同一个人"——可能是执政官科塔,上条残篇已提及此人。上条残篇与此条残篇的间隙不超过 4—5 行打印文本(相当于抄本中丢失的 10 行)。

且普卜利乌斯·勒恩图路斯·玛尔刻利努斯(Publius Lentulus Marcellinus)根据同一个人的权威,作为裁判官被派往新的行省库瑞涅——已故的阿皮翁国王通过遗嘱把该地区赠予我们;当时,【管理】那一地区需要一种比【年轻人的统治】更审慎的统治和一个不像那个人[玛尔刻利努斯]一般贪心的人。② 此外,不同阶层

(接上页)　前 82 年,从流亡回来后(Cic. *Brut.* 311),科塔通过参与有政治重要性的法庭案件,使自己处于公众视野之内;前 79 年,在一个涉及自由和公民权问题的案件中,他起而反对西塞罗(Cic. *Caecin.* 97);前 77 年,他与图斯·霍尔忒恩西乌斯(Q. Hortensius)一起被选中为格奈乌斯·科尔内利乌斯·多拉贝拉(Cn. Cornelius Dolabella)辩护,这项指控由凯撒提起(Cic. *Brut.* 317; Suet. *Iul.* 3)。他的政治影响可能因他是声名显赫的大祭司团的成员而增长(Cic. *Nat. D.* 2. 168; Vell. 2. 43. 1);他当选(至迟)前 78 年的裁判官,也就不足为奇。

① [Mc 本注]对科塔的这一性格概述,以及对他的野心和达成目的之手段的强调,在解释撒路斯提乌斯对他的其他活动和科塔的演说(2.44)的叙述时,至关重要。
② [Mc 本注]贪心的人:撒路斯提乌斯对选择毫无经验且自私的勒恩图路斯的反对,可能反映出他对科塔支持这一任命的怀疑。然而,这无疑基于因元老院长期拖延而未将国王的领地组织成架构合理的行省而在库瑞涅造成的问题。普鲁塔克记述的前 86 年路库路斯对库瑞涅的造访(*Luc.* 2.4),说明了这一疏忽的后果。路库路斯发现人民被连续的僭政和战争掏空。元老院的态度——基于先前与尤古尔塔在阿非利加打交道的经验,以及元老院由于对骑士阶层的敌意而拒绝阿皮翁的世袭领地委托给税务员(publicani)的做法,对撒路斯提乌斯而言是统治寡头不愿面对帝国统治的责任的一个例子;这也预示着元老院作为罗马政制的一个有效机构的衰落。

[元老院、骑士和平民]间的【对立在这一年爆发】。

40 44M,62Mc,79D,76K

[Ra 本说明]可能描述前 76 年粮食短缺时敌对的民众(参残篇 41)。

爆发多么极端的情绪

41 45M,42Mc,40D,49K

[Ra 本说明]如果文本复原正确,那么前 75 年一群暴民对执政官们的袭击是针对食物短缺。这一事故必然发生于六月左右,因为在仲夏选举之前。此残篇与残篇 39 的间隙不超过 4—5 行打印文本(相当于抄本中丢失的 10 行)。

……【粮价】之猛【难以容忍】。苦于此事,当两位执政官碰巧陪同昆图斯·美试路斯(Q. Metellus)——一名裁判官候选人,后来外号克里特征服者(Creticus)——沿圣道去往广场时,平民在一片混乱中袭击他们,并追着逃跑之人去往欧克塔维乌斯就在附近的家,【到达那座房子】……

42* 46M,43Mc,不定 28D,4.25K

[Ra 本说明]语境可能是残篇 41 似乎已提到的食物短缺。

在极度匮乏中,元老们行动迅速[①]

[①] [Mc 本注]我们无法确切地知道攻击执政官一事引起的动荡的规模,但政府似乎反应迅速。减轻粮食短缺的尝试包括财务官西塞罗从西西里发来的"此时价格奇高的大量粮食"(Cic. *Planc.* 64; Plut. *Cic.* 6. 1)。其他超常措施包括以个人财力补贴高粮价,如营造官昆图斯·霍尔试恩西乌斯本年所为(Cic. *Brut.* 318, *2 Verr.* 3. 215)和营造官玛尔库斯·色尤斯(M. Seius)于前 74 年所为(Cic. *Off.* 2. 58; Plin. *HN* 15. 2, 18. 16)。还决定让执政官科塔试图安抚民众并唤起他们的义务感。

43　47M,44Mc,41D,50K

执政官科塔致罗马人民的演说

[Mc 本说明]由于缺乏可以评估演说中的说法的相关叙述，仔细地分析和解释科塔所说的内容就势在必行。需要对演说者的态度和演说的思路作文本细读。

[R 本说明]前 75 年，罗马陷入内乱，平民攻击贵族。执政官之一的科塔对危险的前景感到担忧，穿上丧服作了一次旨在安民的演讲。

[Ra 本说明]残篇 41 描述的暴乱位于此残篇最初几个词之前不超过 4—5 行印刷文本(对应抄本中遗失的 10 行)。因此这篇演说的时间一定在前 75 年 6 月左右，残篇 41 提到的仲夏选举暗示这一点。

[1a]几天之后，科塔①换上丧服(mutata veste)，②因为与[他的]意愿相反……，③他以这种方式在人民的集会上言说：

[1]公民们，我在国内和军中经历过许多危险、许多对手，我承受其中的一些，④剩下那些，凭借诸神的帮助和我的德性而被击退；在所有这些情况下，[我]从未缺乏完成任务的灵魂和下定决心的努力；逆境和顺境，改变的是我的势力而非天性。[2]但事与

---

① [Ra 本注]科塔(前75年执政官)是他那一代人中著名的演说家，西塞罗认为他有一种克制、严肃的演说风格(*De Or.* 3.31; *Brut.* 202)。他是西塞罗的两部专论(*De Or.*, *Nat. D.*)中的对话者之一。西塞罗在前 46 年写作(*Orat.* 132)时称，科塔的演说一篇也没有保存下来；因此，撒路斯提乌斯写作这篇演说时没有基于任何范本。
② [Mc 本注]mutata veste 这一表达是一个专门的术语，用于表示换上丧服(toga pulla)，作为公共或私人悲伤的一种标记(Cic. *Sest.* 26, 27; *Planc.* 29; Liv. 6.20.1-2)。但由于科塔因人民在对他的大量指责中表达的不友好态度而非常痛苦(permaestus)，这里的托伽可能是一件被告人穿的污损的托伽，即 toga sordida(Plut. *Cic.* 30, 31; Dio 38.16; Liv. 26.29.3，45.20.10)。
③ [Ra 本注]原文不确定。
④ [Ra 本注]例如，前 90 年，为了给罗马的意大利同盟的叛乱归责，由瓦瑞乌斯法设立特殊法庭，科塔因预见到定罪的投票结果而流亡(App. *B Civ.* 1.37)。

愿违,在这些不幸之中,一切连同机运都弃我而去;此外,老年——本身就沉重——又使麻烦加倍,因为不幸不允许[我]在人生边上①希望一场光荣的死亡。[3]因为,如果我是你们中间的叛徒,即使出生两次,②如果我在这里轻视家神以及我的祖国和最高权力,什么才足以成为我生前的折磨或死后的惩罚?无疑,我的罪行已超过冥界中人(inferos)[遭受的]所有骇人听闻的刑罚。③

[4]从最初的青年时代开始,无论作为私人还是身居官位,我都在你们的面前行事;那些愿意的人,都获益于我的辩护(lingua)、④建议和金钱。我既没有将聪明的口才也没有将天赋用于作恶;极其热衷个人声望的我,⑤为了共和国而受到极大的仇视,我和她[共和国]同时被击败。⑥当我亟须他人帮助、坐等更多的恶的时候,你们,公民们,再一次把祖国、家神以及崇高的地位赠予我。[5]为了[报答]这些恩惠,除非我为每一个人放弃生命,否则在我看来怎么感激都不够,但我不能;因为生与死是自然的法则:但若你在与公民们相处时毫无耻辱,无损名声和机运,这[可以]被当作礼物赠予和接受。⑦

---

① [Ra本注]为了修辞效果而明显夸大。科塔(出生于前124年左右)当时大概50岁。
② [R本注]他从放逐中被召回,这被视为第二次出生;因此西塞罗在《致阿提库斯书》6.6.4中把自己的召回称为一次"重生"(παλιγγενεσία)。
③ [Mc本注]参《卡提利纳阴谋》52.13;Verg. Aen. 6.539-627。
④ [Ra本注]字面义为"舌头"。科塔是一名出色的辩护者,模仿著名的演说家玛尔库斯·安东尼乌斯(M. Antonius,前99年执政官)。
⑤ [Ra本注]这些词呼应撒路斯提乌斯在残篇38中对科塔性格的评价(cupiens gratiam singulorum)。
⑥ [Ra本注]科塔于前90年被放逐之时,国家正陷入内战(前91—前87年)。
⑦ [Ra本注]亦即,在人的能力范围之内,可以给出或献出自己的生命去致力于无咎的生活;作为交换,他可以得到好的名声和晋升(好运)。
[Mc本注]1—5:演说这一部分的语调和内容证实撒路斯提乌斯在开头的评论中传达给我们的印象。大半篇演说都致力于哀伤地爆发对未能赢得自己渴望的民意的不满、痛苦地否认对他在危机中缺乏领导力的指责、奴颜婢膝地篡改真相以便引起同情和支持,并提供他明知毫无效果的自我牺牲。没有一个词用于保证或安慰受苦的民众,没有任何具体的措施用于减轻他们的痛苦。

[6]你们选出执政官,公民们,在共和国陷入内外交迫之时;事实上,西班牙的统帅们①正要求军饷、士兵、武器、粮食,此为形势所迫,因为,由于各同盟的叛变②和色尔托瑞乌斯翻山逃跑,③他们既不能放手战斗也无法获得必需品;[7]亚细亚和奇利奇阿④的各军队受到米特瑞达忒斯的庞大势力的牵制,⑤马其顿到处是敌人,⑥意大利沿岸和各行省[的敌人]也不更少,⑦而与此同时,微薄并且因战争而变得不确定的税收,几乎不足以支持花费的一小部分;如是,我们现在用来航行的船,比以前用来护航的船还要小。

[8]如果招致这些事情是因为我们的欺骗或迟钝,你们就在愤怒的驱使下行动吧,⑧你们就动用刑罚吧;但如果[我们的]共同机运更加险峻,你们为何要着手进行那些对你们、我们以及共和国来说不值当的事情?⑨[9]而我,时日不多离死更近,⑩绝不求免[于死],如果我的死能解除你们的灾难;由于身体[必朽]的天性,绝没有什么比为了你们的得救而立马结束生命更加光荣。[10]看,我就在这里,执政官盖乌斯·科塔!我做的是祖先们在严酷的

---

① [Ra本注]美忒路斯·皮乌斯(前80年执政官)和庞培。
② [Ra本注]叛变到魅力型(charismatic)反叛领袖色尔托瑞乌斯那里的西班牙人。
③ [Ra本注]标准的游击战术(例如,Plut. Pomp. 19.6–7)。
④ [Mc本注]位于小亚细亚的东南海岸,在帕姆费利阿(Pamphylia)与叙利亚之间。
⑤ [Ra本注]亚细亚行省的关键重要性和米特瑞达忒斯造成的威胁,参残篇1.67.8注。
⑥ [Ra本注]忒腊克人压迫马其顿的北方边界,马其顿总督盖乌斯·库瑞欧于前75年即这篇演说发表的年份(参残篇66)对忒腊克人打了胜仗。
⑦ [Ra本注]海盗行为变得如此猖獗,为此,前74年,裁判官玛尔库斯·安东尼乌斯受特别委任去处理这一恶行。
⑧ [Ra本注]指向残篇41中描述的民众暴动。
⑨ [Mc本注]6—8:科塔现在试图撇清自己的责任。这基于以下自明的真理:他和他的同僚无法为已酝酿数年的危机负责。但民众抱怨的不只是一场酝酿许久的危机,更是主要的执行官员没有采取步骤处理这一危机。科塔并未企图把罪责归给主管粮食供应的维持和分配的官员——营造官和欧斯提阿财务官(quaestor Ostiensis),这一事实似乎表明科塔意识到自己的责任。他没有缓解危机的计划;他的第一反应就是放手不干,而责难民众在攻击他们自己选出的执政官时的暴力。
⑩ [Ra本注]参第2节注。

战争中经常做的事,为了共和国我宣誓献出我自己(voveo dedoque me)！① ［11］你们斟酌一下(circumspicite),② 接下来你们要把共和国托付给谁呢？因为没有好人想要这种荣誉,当他必须对机运、海洋和由他人挑起的战争负责,或者必须不光彩地死掉。［12］你们只需铭记于心,我不是死于罪行或贪婪,而是为了最高利益而自愿把灵魂当礼物献出。③ ［13］为了你们自己,④ 公民们,以及祖先们的荣耀,你们要忍受逆境并为共和国出谋划策！⑤ ［14］至高统治

---

① ［Ra 本注］通过献身(devotio)这一行为,科塔愿意放弃自己的生命用来献祭,以此换得整个共同体的保存(参第 12 节以下),以战争英雄普卜利乌斯·得奇乌斯·穆斯(P. Decius Mus)于前 340 年以及他的儿子于前 295 年的方式(参 Cic. Tusc. 1.89)。
　　［译注］西塞罗,《图斯库卢姆论辩集》1.89:"我们可以看到,问题无需花大力气求助于哲学便已清楚,难道还需要就这个问题继续哲理一番吗？有多少次,不仅我们的领导人,甚至我们所有的军队,毫不犹豫地冲向死亡！如果害怕死亡,那么路奇乌斯·布鲁图斯便不会为阻止被他赶走的暴君卷土重来而在战斗中倒下,父亲得奇乌斯在与拉丁人的战斗中、儿子得奇乌斯在与埃特鲁里亚人的战斗中、孙儿在与皮洛士的战斗中不会扑向敌人的枪矛,西班牙便不会看到斯奇皮欧兄弟为了祖国在一次战斗中双双倒下,保路斯和革米努斯倒在康453,玛尔刻路斯倒在维努栖亚,阿尔比努斯倒在利塔那,格拉古倒在卢卡尼亚。他们中有哪个人今天是不幸的？甚至在他们吐出最后一口气后也不是。要知道,一个人失去感觉后,便不可能是不幸的。"
② ［译注］该词亦有"环顾"之意。
③ ［Ra 本注］亦即,为了整个共同体的利益而当替罪羊。
　　［Mc 本注］9—12:科塔个人观点的这第二个部分,是在重复已经说过的概念。自我献祭(第 10 节)这一庄严、时代错乱的提议,作为解决危机的一个办法,如第 11 和 12 节的警告所表明,只是一个空洞的姿态。这是一种策略,以转移对证明他个人无辜的真实证据的需求,并将自己呈现为机运(fortuna)和民众的愤怒的受害者。
④ ［R 本注］参《尤古尔塔战争》14.25。
　　［译注］《尤古尔塔战争》14.25:"在册的元老们,为了你们自己,为了你们的孩子和双亲,为了罗马人民的尊严,我请求你们在我身遭不幸的时候帮助我,正视不公道的行为,别让属于你们的努米底亚王国由于邪恶的行径和我的家族被杀害而遭到毁灭。"
⑤ ［Mc 本注］"为共和国出谋划策",这一使命召唤更应当适用于国家的主要行政官员。诉诸"祖先们的荣耀"这一典型的贵族感受,反映出科塔和寡头派在统治技艺的看法上的迟钝。

(summo imperio)①本就包含许多麻烦、许多巨大的辛劳,你们徒劳地拒绝这些而寻求和平中的富裕,在所有行省、王国、海洋和陆地因战争而动荡或衰竭之时。②

44[*]　49M,45Mc,42D,51K

[Ra 本说明]前 75 年的奥热利乌斯执政官法(consular lex Aurelia),是对前 82 年苏拉剥夺保民官特权的部分颠转(参残篇 3.15.8)。

【因为,撒路斯提乌斯没有……提到任何其他由他[科塔]通过的法律,除了他在执政官任上通过的那一项,违背贵族的意愿,大受人民欢迎,即允许平民保民官们担任其他官职,③而独裁官苏拉几年前通过的一项法律禁止这一点。】

---

① [Mc 本注]summum imperium 理论上指元老院和人民对帝国的统治(参 Tac. *Ann.* 1.2)。科塔用这一在实践中被忽视良久的政制特征,指责人民在他们的帝国臣民遭受战争之时不愿以自己的和平与繁荣冒险。
② [Mc 本注]13—14:这篇夸夸其谈的演说结束于自身的表里不一,突出没有号召共同努力以挽救局势。科塔以责备民众没有做他们当做之事结束,正如他以此开始演说。这一最终陈述的语调和内容清楚地表明撒路斯提乌斯的观点,即共和国统治的问题在统治寡头内部无法找到真正的解决办法。无力应对的可能后果在庞培的信中得到生动体现,那封信涉及政府在这同一次危机中的不作为(2.82)。
③ [Mc 本注]结束执政官任期后,科塔作为资深执政官总督山内高卢。尽管他没有打过一场可以真正称得上战役的仗——如西塞罗所言,"他没有遇到正规的敌人"(Cic. *Pis.* 62)——他还是赢得了一场凯旋式。然而,他在演说第 2 节中抱怨的、尾随他的野心的 fortuna[机运]一直伴着他,在前 74 年底或前 73 年初他本该庆祝自己的凯旋式的前一天,他死于旧伤复发(Cic. *Pis.* 62; Ascon. 14.17—24)。

色尔托瑞乌斯战争(前75年夏)
(残篇45—56)

45　54M,46Mc,93D,96K

[Ra本说明]前75年初,在瓦勒恩提阿——近西班牙东海岸的一座对色尔托瑞乌斯友好的镇,位于图里亚(Turia)河口以南——庞培赢得一场对赫热恩尼乌斯和佩尔佩尔纳指挥下的色尔托瑞乌斯军的胜利(Plut. *Pomp.* 18.5)。瓦勒恩提阿被毁,赫热恩尼乌斯阵亡(残篇86.6)。

图里亚河在不远处流经瓦勒恩提阿,在河左右两边的工事之间

46　56M,48Mc,83D,81K

[Ra本说明]新迦太基位于一个海湾内,在陆地突出的舌尖上,东南环海(Polyb. 10.10.5; Liv. 26.42.7),色尔托瑞乌斯包围此地(Cic. *Balb.* 5)可能是在前75年,当时庞培正在瓦勒恩提阿与色尔托瑞乌斯的两员副将作战(参上一条残篇)。

疑似一座岛,因为东风和南风激起的洋流在四周冲刷着它

47 * 58M,49Mc,53D,19K

[Ra 本说明]前 75 年春,在远西班牙的塞哥维亚(Segovia),昆图斯·美忒路斯凭借从两翼作钳形包抄,击败色尔托瑞乌斯的将军希尔图来乌斯(Frontin. *Str.* 2.3.5)。希尔图来乌斯及其兄弟双双阵亡(Oros. 5.23.12)。

他在两翼布置可靠之人

48 59M,50Mc,17D,21K

[Ra 本说明]与残篇 47 相同的语境,描述两边都渴望战斗。

他们冲向对方的首领,点燃战斗,以致武器刺破美忒路斯的战袍和希尔图来乌斯的手臂

49 60M,51Mc,76D,21K

[Ra 本说明]语境可能是前 75 年庞培与色尔托瑞乌斯在苏克若河(瓦勒恩提阿以南)的战斗,那场战斗始于白天较晚之时,一直延续到晚上(Plut. *Sert.* 19.4; *Pomp.* 19.2)。

[在?]晚上

50 61M,52Mc,64D,73K

[Ra 本说明]语境可能是前 75 年在苏克若河的战斗,在那场战斗中,色尔托瑞乌斯重整被庞培击败的军队左翼(Plut. *Sert.* 19.7)。

任何丢盔弃甲逃离战斗的人都不会被视为男子汉

51* 62M,53Mc,不定 80D,不定 46K

［Ra 本说明］语境可能是前 75 年在苏克若河的战斗,在那场战斗中,一名高大的西班牙勇士击伤庞培(Plut. *Pomp.* 19.4)。

体态超常

52* 63M,54Mc,不定 85D,不定 53K

［Ra 本说明］前 75 年,庞培在苏克若河之战中负伤之后,成功弃马而走,华丽的马饰转移了敌人的注意,使他们放弃追击而欲夺得一份战利品(Plut. *Pomp.* 19.5)。一个类似 potiti sunt(他们俘获)的动词可能构成谓语(茂伦布莱舍尔即主此说)。

［他的］马匹和耀眼的武器

53 66M,55Mc,27D,33K

［Ra 本说明］可能描述色戈恩提阿之战(App. *B Civ.* 1.110;Plut. *Sert.* 21.1-2 给出的地点是 Saguntum),色戈恩提阿位于中西班牙北部的都瑞乌斯河(river Durius,参残篇 86.6)附近,色尔托瑞乌斯在那里不得不与庞培和美忒路斯的联军不期而战。

撤退中的色尔托瑞乌斯,在他能够排兵布阵之前

54 102M,56Mc,55D,64K

［Ra 本说明］可能与残篇 53 语境相同。

援军未像往常那样列好阵

55[††] 67M,57Mc,19D,25K

[Ra 本说明]与残篇 53 相同的语境。美忒路斯·皮乌斯在与色尔托瑞乌斯奋力作战时为一支标枪所伤(Plut. *Sert*. 21.2)。

首领们[美忒路斯与色尔托瑞乌斯]打得如火如荼时,美忒路斯为标枪所击伤①

56 69M,58Mc,70D,88K

[Ra 本说明]由于作家玛尔库斯·瓦罗(M. Varro)据说曾服务于庞培在西班牙的幕府(Varro, *Rust*. 3.12.7),茂伦布莱舍尔将此残篇置于紧随前 75 年秋的色戈恩提阿之战的诸事件的语境中。这是基于以下假设:瓦罗可填补庞培的资深财务官及妹夫盖乌斯·美米乌斯之死留下的空白,后者死于色戈恩提阿之战(Plut. *Sert*. 21.2; Oros. 5.23.12)。

瓦罗听到这些以传言的方式夸大的消息之后

---

① [Mc 本注]2.46—57:这一部分论述色尔托瑞乌斯战争在前 75 年的进程。这一年的行动构成这场旷日持久的冲突的高潮。庞培的主要目标仍是控制东海岸和确保瓦勒恩提阿平原,他在上一年未能达成这一目的。在高卢过完冬的美忒路斯,在返回自己的行省的路上与色尔托瑞乌斯的副官希尔图来乌斯遭遇。塞哥维亚之战的结果注定影响这场战争剩余的进程。在东海岸,两场战役——瓦勒恩提阿之战和苏克若之战,一方面说明色尔托瑞乌斯与仍归附于他的将领之间在领导能力上存在差异,另一方面说明庞培对个人荣耀的渴望如何影响他在一场对阵战中的将才。这一战斗年的最后一场遭遇战,即发生在凯尔特伊比利亚高地的色戈恩提阿之战,以色尔托瑞乌斯的失败告终,这场失败会对他随后几年的资源和战略造成严重后果。

第三次米特瑞达忒斯战争的背景
（残篇 57—65）

57　71M,83Mc,48D,57K

[Ra 本说明] 前 75 年末，比提尼亚（Bithynia）国王尼科美得斯四世（Nikomedes IV）去世，他在遗嘱中把王国留给罗马人民，此事刺激米特瑞达忒斯入侵比提尼亚，并为了小亚细亚的控制权而重启与罗马的斗争。米特瑞达忒斯以把尼科美得斯国王之妻倪撒（Nysa）的儿子送上比提尼亚王位为借口，重启争端。此残篇可能描述那些来罗马质疑那个孩子的合法性的比提尼亚人，他们反对另一些欲认那个孩子为国王的比提尼亚人。

为了反对他们，许多人自愿从比提尼亚赶来，来证明那个儿子是冒牌货

58*　72M,84Mc,D、K 未收

[Ra 本说明] 由于这一表述使人想起威珥勒尤斯·帕忒尔库路斯（Vellius Paterculus）①对本都国王米特瑞达忒斯的描述，"一个既不能略过不提也不能漫不经心地提到的男人"（Vell. 2.18.1: vir neque silendus neque dicendus sine cura），该表述可能部分构成撒

---

① [译注] Vellius 当作 Velleius，恐手民之误。

路斯提乌斯的米特瑞达忒斯传略。

一个应当用心（cum cura）提到的男人

59* 73M,85Mc,44D,53K

［Ra 本说明］米特瑞达忒斯的本都王国的奠基者。

【大流士（Darius）由此掌权，阿尔塔巴策斯（Artabazes）把自己的祖先追溯至大流士，而撒路斯提乌斯证明，阿尔塔巴策斯是米特瑞达忒斯的王国的奠基者。】

60 74M,86Mc,92D,93K

［Ra 本说明］可能描述米特瑞达忒斯的无情（App. *Mith.* 112）。

他本身灵魂残暴

61* 75M,87Mc,45D,54K

［Ra 本说明］米特瑞达忒斯为夺取王位而弑母（App. *Mith.* 112）。

但是，童年结束时，①米特瑞达忒斯毒死自己的母亲后登上王位

62* 76M,88Mc,46D,55K

［Ra 本说明］阿庇安（*Mith.* 112）和普鲁塔克（*Luc.* 18.2）也各自提到米特瑞达忒斯杀死自己的兄弟和姐妹。

---

① ［Ra 本注］米特瑞达忒斯掌权的年龄，众说纷纭，有的说 11 岁（Strabo 10.4.10），有的说 12 岁（Eutr. 6.12.3），还有的说 13 岁（Memnon, *FGrHist* 434F22.2）。

【根据史家撒路斯提乌斯的说法,米特瑞达忒斯杀死自己的兄弟和姐妹。】

63* 77M,89Mc,47D,56K

[Ra 本说明]米特瑞达忒斯献给德尔菲和涅墨(Nemea)的盔甲据说证明他巨大的身材(App. *Mith.* 112)。

米特瑞达忒斯身板巨大,如是武装①

64 78M,90Mc,49D,58K

[Ra 本说明]在第一次米特瑞达忒斯战争中,罗马人路奇乌斯·玛吉乌斯(L. Magius)和路奇乌斯·法恩尼乌斯(L. Fannius)在盖乌斯·菲姆卜瑞阿(Gaius Fimbria)麾下服役(前86—前85年),战争结束后,他俩留在亚细亚;约前75年,米特瑞达忒斯派他俩去西班牙的色尔托瑞乌斯那里敲定一份条约的细节(Cic. *2 Verr.* 1.87; Ps. -Ascon. p. 244St. 1-5)。

在那儿[在米特瑞达忒斯的朝廷],那些出自菲姆卜瑞阿叛乱的人,②**凭靠谄媚的演说,尤其对苏拉的憎恶,在国王那里既重且贵**

65* 79M,91Mc,3.12D,3.9K

[Ra 本说明]玛吉乌斯和法恩尼乌斯返回(参残篇64),米特

---

① [Ra 本注]即他的盔甲同样巨大。参伏罗茹斯对高卢的色诺内斯人(Senones)的描述(Flor. 2.7.4):他们身板高大,盔甲同样巨大(ipsa corporum mole, perinde armis ingentibus)。

② [Ra 本注]菲姆卜瑞阿是路奇乌斯·伏拉库斯(前86年执政官)麾下的一名副官,在一次叛乱中夺取军队的控制权,而伏拉库斯在这次叛乱中被杀。菲姆卜瑞阿代表秦纳政权继续与米特瑞达忒斯作战,但获得一些胜利之后,菲姆卜瑞阿的军队于前85年倒向苏拉,并在战争结束后留在亚细亚。那些与菲姆卜瑞阿最近的人——因而是苏拉的敌人,向米特瑞达忒斯寻求庇护。

瑞达忒斯曾派这两名使者去西班牙的色尔托瑞乌斯那里缔结一份盟约(App. *Mith*. 68)。

那些人在第三个月到达本都,比米特瑞达忒斯希望的快得多。

东方的战争(前75年)
(残篇66—74)

马其顿的战役(残篇66—67)

66 80M,60Mc,33D,41K

[Ra 本说明]前75年,马其顿总督盖乌斯·库瑞欧(前76年执政官)向被他的前任阿皮乌斯·克劳迪乌斯(前79年执政官)征服的敌人索取赔款,后者死于前76年的战役(残篇34)。

同一年,在马其顿,盖乌斯·库瑞欧于开春率全军动身前往达尔达尼亚(Dardania),① 向任何他能[找到]的人(a quibus potuit)②征收答应给阿皮乌斯的钱。

67 38M,61Mc,不定15D,3.13K

[Ra 本说明]此残篇如果出自卷二(如 Serv. auct. Ad *G*. 4. 144 所表明),则可能与前75年库瑞欧军中爆发的暴动有关,当时,库瑞欧正在笛剌奇乌姆附近与达尔达尼亚人作战,他的五个军团中

---

① [Ra 本注]忒腊克西北、马其顿行省北部的一个地区。
② [Ra 本注]或作"尽其所能的手段",如果我们采纳卡尔里欧(Carrio)的文本(quibus potuit modis)。

的一个拒绝随他进行一次"艰难而危险的急行军"(expeditionem asperam et insidiosam, Frontin. *Str.* 4.1.43)。

〈他/他们抱怨?〉在窄道(angustiis)中作战将旷日持久(serum)①

对伊苏里亚海盗的战役(残篇68—74)②

68 81M,63Mc,1.80D,K

[Ra本说明]撒路斯提乌斯把以产番红花闻名的科律库斯镇(Strabo 14.5.5)定位于奇利奇阿(Serv. auct. Ad *G.* 1.56)。若此残篇指的是普卜利乌斯·色尔维利乌斯·瓦提阿(前79年执政官,前78—前74年以资深执政官领奇利奇阿)前往这个科律库斯,就证明他出现在比他指挥的大部分战役——(前77—前76年)在吕奇阿和帕姆费利阿对付奇利奇阿海盗,(前75年)在托罗斯山脉以北对付伊苏里人(Isauri)——发生的地方更东边的位置。因此,撒路斯提乌斯或他的资料来源可能弄混了吕奇阿的科律库斯(参残篇1.117—118)——这个科律库斯位于色尔维利乌斯前往伊苏里人的路上——与奇利奇阿的那个同名的镇。

他改道前往科律库斯,该城以港口和生长番红花的森林闻名。

69* 1.128M,64Mc,不定10D,2.39K

[Ra本说明]可能描述色尔维利乌斯从托罗斯山脉北坡返回

---

① [Ra本注]或者,如果angustiae指的不是物理空间而是比喻性的,则可译作"在逼仄[原文作straightened,疑为straitened之误]环境下作战就为时晚矣"(*OLD* s. v. serus 4引此残篇)。
② [Ra本注]多亏弗勒里抄本的残片(参残篇74的引述),涉及前75年的色尔维利乌斯战役的诸残篇的位置,可与见于卷二末附近、庞培写于前75年秋的书信(残篇86)关联起来。

（参上一条残篇），他于前75年在那里征服伊苏里人并获得"伊苏里征服者"这一外号（*MRR* 2.99）。

他精疲力尽地回到帕姆费利阿。

70　82M，65Mc，85D，83K

［Ra本说明］可能描述前75年色尔维利乌斯在对伊苏里人作战时面对的崎岖地形。

他们翻越周围的一切，高度达两千步

71　84M，66Mc，31D，38K

［Ra本说明］与残篇70相同的语境。

除了克路尔达（Clurda）河从托罗斯山流下之处

72　85M，67Mc，80D，78K

［Ra本说明］可能描述前75年与色尔维利乌斯（参残篇68）作战的伊苏里人。

一个流动的人种，更习惯于劫掠而非耕田

73*　86M，68Mc，不定88D，不定56K

［Ra本说明］可能指海盗从希腊和罗马的神庙和圣坛掠夺来的物品（Plut. *Pomp.* 24.6-7）——又被伊苏里人买去。

他们为宴会购买酒杯和其他金器——那些献给诸神的器具

74　87M，69Mc，D、K未收

［Ra本说明］前75年色尔维利乌斯对伊苏里人的军事行动及

一座要塞的陷落。

【镇民在夜间秘密地为攻击做好一切准备。】[1]然后,信号突然给出时——当时已是二更,①他们从两边同时发起进攻,②在一片喧哗中,他们首先借着昏暗的夜色远远地往不确定的目标投掷武器;然后,当罗马人刻意既不回以武器也不回以喊叫,他们以为[罗马人]由于害怕已气馁或丢弃营垒,就急切地进入壕沟,最敏捷的那类人又迅速从那里翻越栅栏。[2]但就在那时,站在上面的人[罗马人]投掷石头、标枪、木桩,他们以密集阵型或盾牌将许多靠近的敌人打退;③由于这一突如其来的害怕,一些人被栅栏刺穿,另一些人往前倒在自己的矛尖上,壕沟被许多人的尸骸(ruina)填至半满,其他人出于对埋伏的畏惧在夜色的掩护下逃之夭夭。[3]然后,几天之后,由于缺水,他们被迫投降,城镇被焚毁,居民被卖[为奴],且出于这一恐怖,马上,来自新伊苏里(Isaura Nova)的使者们前来请求和平并承诺[献出]人质、执行命令。

[4]色尔维利乌斯了解敌人的放肆,知道他们不是由于厌倦战争而是出于突然的害怕才要求和平,因此,为了不让他们在派出[人质]这件事上改变想法,他尽快率全军迫近他们的城墙;与此同时,他向使者们提出宽和的条约,并提出在所有人在场的情况下,投降将更易达成。[5]此外,他制止士兵踩蹋农田和一切破坏行为;镇民按他们的[罗马人的]意愿献出谷物和其他粮食;为了不让他们产生怀疑,他把营帐设在平地上。[6]然后,根据命令献出一百名人质之后,当要求[交出]所有逃兵、武器和石弩时,年轻人们一开始出于商量,然后好像每个人突然爆发,造成一阵喧哗,

---

① [Ra本注]即子夜前一至二小时。
② [Ra本注]即伊苏里人从相对的两边攻击罗马人的营帐。
③ [Ra本注]这种以密集阵型战斗的方式,参 Liv. 5. 47. 4(umbone ictum deturbat[以盾牌打退攻击]);Tac. *Hist*. 4. 29。

巨大的呼喊响彻全城,声称只要一息尚存,既不会交出武器,也不会交出盟友。[7]而那些年龄已不适合打仗的人,他们凭年老,对罗马人的力量非常了解,[①]渴望和平,但由于意识到破坏行为,畏惧交出武器之后马上就会遭受加于被征服者身上的极端[惩罚]。[8]在此动荡中,且当所有人在一起商量作乱时,色尔维利乌斯相信除非施以畏惧,否则投降会落空,便出其不意地占领大母神(Matri Magnae)的圣山,从那儿可以将武器掷到镇的【各边】;且据信,在特定的日子,山以之命名的那位女神会在那里歆享,声闻……

---

① [Ra 本注]可能指那些经历过前 102 年玛尔库斯·安东尼乌斯对奇利奇阿海盗的战役的人。

色尔托瑞乌斯战争(前 75 年秋)
(残篇 75—86)①

75　88M,71Mc,67D,77K

[Ra 本说明]这符合对色尔托瑞乌斯的西班牙军队的描述(Plut. *Sert.* 14.1)。

这类士兵从小就惯于抢劫

76　89M,72Mc,67D,77K

[Ra 本说明]可能描述色尔托瑞乌斯在前 75 年秋的战术。

夜以继日地试探前哨和岗哨

77　90M,74Mc,56D,65K

[Ra 本说明]前 75 年秋,色尔托瑞乌斯凭借海盗船从海上切断庞培和美忒路斯的给养(Plut. *Sert.* 21.7)。

---

① [Ra 本注]前 75 年夏,色尔托瑞乌斯在色戈恩提阿败于庞培和美忒路斯联军之手(残篇 53—55)之后,他撤到克路尼阿(Clunia, Liv. *Per.* 92),一座山里的镇,以摆脱罗马军队,从而得以整编他的凯尔特伊比利亚盟军。他最终溜了出去并继续与庞培军打游击战,后者在前 75/74 年冬留在近西班牙的西北部。

此外，一些海盗的快船（actuaria navigia）①

78 91M,73Mc,13D,18K

［Ra 本说明］此残篇的内容似乎与见于残篇 79 的、对凯尔特伊比利亚妇女的尚武精神的描述一致，彼残篇保存在奥尔良重写本中。

少女们并非由父母送入婚姻，她们自己挑选最好战的人。

79 92M,75Mc,D、K 未收

［Ra 本说明］若本段第 3 节提到的镇名复原正确（Meo⟨riga⟩），则这可能是庞培对近西班牙西北部的瓦卡埃人（Vaccaei）进行的一场战役，庞培在那里度过前 75/74 年的冬季（Plut. *Sert.* 21.8）。

［1］当男人们去打仗或抢劫时，【母亲们】会提起【父亲们的】军【功】，唱起那些人的英勇事迹。

［2］得知庞培正率一支敌军到来之后，当反对那些主张和平和执行［罗马人的］命令的老人无效时，她们离开男人并拿起武器。［3］她们占据美欧【瑞伽】（Meo⟨rigam⟩）②附近最安全的地方之后，宣布男人已经失去祖国、为他们生孩子［的女人］以及自由；因此，留给他们的只有哺乳、生育和女人的其他职能。［4］受这些事刺激，年轻人们【拒绝】老人们的决定……

---

① ［Ra 本注］actuariae naves＝帆和桨共同推动的船（Isid. *Etym.* 19.1.24）。
② ［Ra 本注］Meoriga 是托勒密（Ptol. *Geog.* 2.6.49）的一些抄本给出的瓦卡埃人领地中的一个镇的名字，但大部分读作 Lacobriga，后一个名字还得到普林尼（Plin. *HN* 3.26）和《安东尼努斯皇帝舆图》（*Itineraria Antonini Augusti*, 395, 449, 454）的证实。

80　93M,76Mc,D、K 未收

[Ra 本说明]缺乏给养迫使庞培和色尔托瑞乌斯从瓦卡埃人的领地往东撤往比利牛斯山脚下由瓦斯科内斯人(Vascones)占据的地盘。

[1]【镇民】诉诸【发誓的圣洁而保证】,如果免于包围,他们将成为忠诚的同盟;因为他们先前以漂浮不定的和平在那个人[色尔托瑞乌斯]与庞培之间摇摆。

[2]于是,罗马军队为了粮食而撤到瓦斯科内斯人那里,色尔托瑞乌斯也同样转移了自己[的军队],他的大关切在于,别失去自己在亚细亚的【希望】。① [3]凭借携带的水,庞培在固定的营地待了几天,与敌人隔着一个小山谷,附近的部落,穆图都莱人(Mutudurei)和＊＊＊,在给养上既没有帮助这个人,也没有帮助那个人;饥饿拖垮双方。[4]但是,然后,庞培以方〈阵前进〉……

81　94M,77Mc,28D,34K

[Ra 本说明]前 75/74 年冬庞培分兵。

他[庞培]命令副官提图瑞乌斯(Titurium)带五十个步兵队去凯尔特伊比利亚过冬,以监视那些盟邦。

82　95M,78Mc,29D,35K

[Ra 本说明]罗马军队——可能是提图瑞乌斯麾下的那些人,残篇 81——在前 75/74 年冬为了粮食而突袭敌方领地。

---

① [Ra 本注]即由于与本都国王米特瑞达忒斯的联盟(参残篇 64—65),希望从那一地区得到帮助;但原文相当不确定。

这些人占领通道后,侵入忒尔美斯人的(Termestinorum)①土地,获得足够的粮食,摆脱严重的匮乏。②

83 96M,79Mc,51D,48K

[Ra本说明]前75/74年冬游击战造成给养中断(参Plut. *Sert.* 21.7)。

且许多给养毁于强盗的埋伏

84* 34M,80Mc,73D,37K

[Ra本说明]财政紧张尤其压迫着庞培,美忒路斯·皮乌斯则得到国库的供给。

为西班牙战争给美忒路斯筹措的钱

85 97M,81Mc,72D,94K

[Ra本说明]可能指庞培借来付军饷的钱(参残篇86.9)。

他聚起借来的银子

---

① [Ra本注]忒尔美斯(Termes)的居民,该镇位于西班牙北部、努玛尼塔(Numanita)西南,与色尔托瑞乌斯关系良好(Flor. 2.10.9)。
② [Mc本注]2.70—78:这组残篇处理从色尔托瑞乌斯败于色戈恩提阿直到前75年底将军们撤到冬营之间的事件。色戈恩提阿之战一结束,色尔托瑞乌斯马上命令他的凯尔特伊比利亚各分队散开,指示这些分队重聚兵力,并与他在他现在要撤往的镇子附近会合;他自己把撤退装成逃跑,吸引庞培和美忒路斯跟在后面。他逃到这个镇子,普鲁塔克将之描述为"一个群山之中的重镇",并开始修复城墙,加固城门。他的意图不是负隅顽抗,而是迷惑罗马人;这一计策获得成功,因为罗马人开始包围镇子,与此同时,西班牙各分队安全逃离,并不受打扰地着手重聚兵力。普鲁塔克(Plut. *Sert.* 21.4)和弗龙蒂努斯(Frontin. *Str.* 2.13.3)都没有提到这个镇子的名字,但几乎可以确定是克路尼阿(Liv. *Per.* 92)。色尔托瑞乌斯突围出克路尼阿后与他的新部队会师,开始从事游击战,取得一些战术上的成功并给罗马人的后勤造成严重破坏。

86 98M,82Mc,96D,3.1K

庞培致元老院的信

[Mc 本说明]撒路斯提乌斯见过庞培发给元老院的原始信件,这并非不可能。但撒路斯提乌斯的版本,与他早期对这位野心勃勃的将军的主要性格特征的刻画相一致(2.17-20)。这封信要点清楚:当前危机的责任被直接推给元老院,因为元老院把一个十分年轻的将领派往一场十分艰苦的战争,他接受这项任务出于热情甚于判断。庞培把自己的英勇和为国服役呈现为统治集团待结账单。表达这些要求的语言,这些要求中包含的毫无掩饰的威胁,与庞培的虚荣和傲慢一致,这些无疑是庞培个性的真实特征,尽管撒路斯提乌斯憎恶这个人,可能会在这一语境中不辞劳烦地使这些特征更加一览无余。

[R 本说明]前 75 年秋,色尔托瑞乌斯通过避免会战、采用游击战,切断庞培的补给。由于庞培早就用尽浑身解数,他写信给元老院,请求援军和钱。

[Ra 本说明]庞培奉派去与色尔托瑞乌斯作战以来,在第三个战斗季的末尾(第 2 节),前 75 年的秋天(第 11 节),他发现自己被切断给养(参残篇 83),且无法迫使敌人打一场决战(残篇 43.6)。早就用尽浑身解数(第 2,9 节)的庞培写信给元老院,请求援军和钱。以一封信作一场演说之用,修昔底德用过这一手法,而且庞培的急件十分类似尼奇阿斯(Nicias)将军于前 414 年发给雅典人民的报告,当时西西里远征正陷入极端的困境(Thuc. 7. 11-15)。

[1]"我承受过那么多辛劳和危险——从最初的青年时代开始,①有多少次,我的指挥击溃最罪恶的敌人并求得你们的安全。

---

① [Ra 本注]前 83 年,庞培 22 岁就自发拉起一支军队在内战中为苏拉战斗。

即便我这么做是在反对你们和祖国以及家神,①你们在我不在时决定的事情中,也没有一件比你们至今还在做的这件更严酷,在册的元老们,你们不顾我的年龄,②把我和一支最出色的军队抛入一场极其残忍的战争,尽你们所能,用饥饿这种最悲惨的死法,置我们于死地。[2]罗马人民难道是怀着这种希望送自己的儿子们去打仗的吗?这些就是累累伤痕、那么多次为共和国抛洒热血的报偿吗?我已疲于写[信]和派遣信使,耗尽一切希望和我的个人财力,而与此同时,在这三年中,③你们给了[我]只敷一年的开支。[3]凭不死的诸神起誓,你们认为我能够起到国库的作用,还是能够在无粮无饷的情况下维持一支军队?

"[4]确实,我承认,我踏上这场战争,更多是出于热情而有欠考虑,因为我只从你们那里得到权力之名[有名无实],就在四十天内筹备一支军队,④并将活跃于意大利颈部的敌人从阿尔卑斯山赶到西班牙;⑤我开辟另一条通往那里的道路,且比起汉尼拔[的那条道路],[这条道路]对我们更便利。⑥[5]我重新获得高卢(recepi Galliam)、比利牛斯山、拉刻塔尼阿(Lacetaniam)、印迪革忒斯人(Indigetis);⑦且我以新兵——还[在数量上]少得多——挡住胜利的色尔托瑞乌斯的首次进攻;而且,我在营帐内度过冬天,身

---

① [Ra 本注]参 1.67.16 注。
② [R 本注]庞培当时只有 28 岁且未担任公职。
　[Ra 本注]庞培于前 77 年奉派前往西班牙与色尔托瑞乌斯作战时只有 28 岁。
③ [Ra 本注]前 77、76、75 年,从镇压勒皮都斯叛乱之后他被委派的前 77 年算起。
④ [Ra 本注]这是夸张:庞培手头已经有一支军队,早在前 77 年就委派给他去镇压勒皮都斯的叛乱(Plut. *Pomp.* 16.3),并且他拒绝解散这支军队(*Pomp.* 17.3)。40 天据说也是前 81 年庞培的阿非利加战役的时长以及前 67 年他抗击海盗的战役第一阶段的时长(*Pomp.* 12.8, 26.7)。
⑤ [Ra 本注]指镇压山外高卢的动荡(参第 5 节的 recepi Galliam 和残篇 21)。
⑥ [Ra 本注]阿庇安(App. *B Civ.* 1.109)将这条新路线置于罗纳河与波河(两者大概相距 150 英里)的源头地区。庞培的路线可能通过科欣阿尔卑斯山(Cottian Alps),取道热内夫尔山口(Mount Genèvre Pass)。
⑦ [Ra 本注]拉刻塔尼阿,某个地区;印迪革忒斯人,某个民族,都位于西班牙最东北角。

处最凶残的敌人中间,而没有在镇上[过冬],也没有为了让自己讨好(ambitione)[士兵们]而行事。①

"[6]那么,既然事实胜于雄辩(res plus valet quam verba),我为何要列举各次战斗或冬季的各次出征、被摧毁或重新获得的各镇? 在苏克若俘获敌人的营帐,②在都瑞乌斯河的战斗,③摧毁敌人的首领盖乌斯·赫热恩尼乌斯④连同瓦勒恩提阿城及其军队,[这些事]你们都清楚得很;你们对此的回报,知恩的元老们啊,[却]是匮乏和饥饿。[7]因此,我军与敌军处境相同;因为双方都不发饷,都可作为胜利者进入意大利。⑤ [8]我提醒并恳求你们注意这一情形,而不要强迫我出于必然为自己考虑。[9]未被敌人

---

① [R本注]通过纵容士兵们;ambitio同样的用法,参《尤古尔塔战争》45.1。
　[Ra本注]因为他本可以把自己的部队驻扎在相对舒适的当地的镇上,以此讨好士兵们。
　[译注]ambitio原意为野心、进取心,这里有纵容士兵以获取其好感之意。《尤古尔塔战争》45.1:"在遇到这些困难以及在作战时,我发现美忒路斯表现为一位既伟大又明智的人,因为他竟然能够在放任(ambitionem)与严厉之间十分巧妙地保持恰当的界限。"
② [Ra本注]在最近的战斗季,由庞培的副官路奇乌斯·阿伏剌尼乌斯(L. Afranius,前60年执政官)俘获自色尔托瑞乌斯的副指挥官玛尔库斯·佩尔佩尔纳(Plut. *Sert.* 19.9;参 App. *B Civ.* 1.110,误信美忒路斯·皮乌斯做了这件事)。
③ [Ra本注]也许是指色戈恩提阿战役(参残篇53),前75年三次主要战役中排在最后的一战,在瓦勒恩提阿和苏克若战役之后。晚近那些接受奇阿科尼乌斯(Ciacconius)的推测"Turiam"的当代编者,认为这个分句指的是瓦勒恩提阿战役,该战役在下一个分句亦有提及(参残篇45)。
④ [Ra本注]前80年(前88年?)的平民保民官,他的名字与佩尔佩尔纳联系在一起(Plut. *Pomp.* 18.5),两人都在前77年勒皮都斯溃败的叛乱中战斗之后,逃到西班牙加入色尔托瑞乌斯。瓦勒恩提阿战役(参残篇45)发生于前75年,比苏克若战役早一点。
⑤ [Mc本注]这一假想的情景传达的威胁,稍后(第10节)将表达得更明确。如果色尔托瑞乌斯在西班牙获胜,他可能会将战争转移到罗马;更严重的是,如果庞培战胜色尔托瑞乌斯,他可以无所顾忌地报复得自元老院的不义以及他们[庞培和他的军队]因此而遭受的匮乏。
　[R本注]意为庞培可以带着自己得胜的军队进入意大利(即回家),而那时色尔托瑞乌斯就能够不受阻挡地开进意大利。
　[Ra本注]亦即从元老院将对立两军置于相同的基础上(由于无法补给庞培的军队)这个角度看,双方各自有相同的机会赢得战争并回到意大利(当然,如果色尔托瑞乌斯的军队获胜,带来的就是灾难)。

控制的近西班牙（Hispaniam citeriorem），已被我们或色尔托瑞乌斯蹂躏得寸草不生，除了一些沿海的城市，而这些城市反而（ultro）成了我们的消耗和负担；① 上一年，高卢为美忒路斯的军队供应军饷和粮食，现在则因为坏收成而自顾不暇；我不仅耗尽自己的家产，还耗尽信用。[10] 剩下的在于你们：除非你们施以援手，否则，尽管非我所愿且我已有言在先，这支军队连同整个西班牙战争，将从这里翻越到意大利。"②

[11] 这封信于下一年开初在元老院宣读。③ 但执政官们④已经互相安排好由元老们决定的行省：科塔分到近高卢，欧克塔维乌斯分到奇利奇阿。[12] 后来，继任的执政官，路奇乌斯·路库路斯（L. Lucullus）和玛尔库斯·科塔（M. Cotta），因庞培的信和信使而极度慌张，基于最高之事的利益，[也害怕]一旦军队被带回意大利，他们自己的声誉和地位都将不再，千方百计筹备军饷和支援；⑤贵族最是不遗余力，他们中的许多人当时已经在言语中显出自己的放肆，并且先言其行而后从之（dicta factis sequebantur）。⑥

---

① ［Ra 本注］原文不确定。如果采用 ulterior［该词与 citerior 相对］这一校勘，那么在"沿海的城市"后面加一个分号，相关的分句可以替换为"远西班牙成了我们的消耗和负担"。
② ［R 本注］书信止于此。奥尔良抄本补有下面这个出于《罗马共和纪事》的段落。
③ ［Ra 本注］前 74 年。
④ ［Ra 本注］去年即前 75 年的两位执政官，现在是资深执政官。
⑤ ［Ra 本注］两个补充的军团于前 74 年奉派前往西班牙（App. *B Civ.* 1. 111）。
⑥ ［Ra 本注］"当时已经"之后的原文不确定。

第二卷中上下文不明的残篇
（残篇 87—110）

茂伦布莱舍尔归于不同语境的残篇（残篇 87—92）

87 18M，92Mc，71D，91K

[Ra 本说明] 茂伦布莱舍尔推测这些词描述庞培，但这些词同样可以描述色尔托瑞乌斯，因为与阿庇安对色尔托瑞乌斯的刻画十分接近：“没有人比他更精通战争。”（οὔτε πολεμικώτερος ἄλλος, B Civ. 1.112）

对战争了如指掌

88 20M，93Mc，25D，31K

[Ra 本说明] 茂伦布莱舍尔推测，这件事与毛里塔尼亚国王有关，出现在对庞培以往成就的总结中，这些成就包括庞培在前 81 年的努米底亚战役，但勒璞塔斯塔（Leptasta）并未得到证实。

勒璞塔斯塔把那个受到叛国罪指控的人押解着送出毛里塔尼亚，

89* 55M,47Mc,不定 5D,1.41K

[Ra 本说明]可能要归于庞培在前 75 年初战胜佩尔佩尔纳和赫热恩尼乌斯指挥下的色尔托瑞乌斯军这一语境(参残篇 45)。由于色尔维乌斯引此残篇来说明形容词 verus 有"善"或"正直"的意思,这一陈述大概与某种值得赞赏的东西有关,与 tam paucis prospectis 包含的批评正相反。因此,最好增补一个表示"英勇"的名词,比如 fortitudo 或 virtus(茂伦布莱舍尔),而非 culpa(舒尔滕[Schulten])或 ratio(弗拉西内蒂)。

尽管少有先见(tam paucis pro⟨s⟩pectis),但佩尔佩尔纳的⟨英勇⟩①必须被视为正直(vera)

90 48M,94Mc,90D,89K

[Ra 本说明]由于在一年一度纪念阿波罗的节日(6 月 6 日至 13 日)期间,尤其在竞技场中进行战车赛的那一天(6 月 13 日),举办公共会议十分罕见,且这里似乎指向一次政治危机,因此茂伦布莱舍尔推测,该场合是在就奥热利乌斯法(*lex Aurelia*)于前 75 年的通过(参残篇 44)而斗争。与之相对,蒂奇将此残篇归于前 76 年保民官西奇尼乌斯与执政官盖乌斯·库瑞欧之间的冲突。不可能完全确定。

当他在纪念阿波罗的竞技场会上(ludis Apollini circensibus)长篇大论

---

① [Ra 本注]如果不用一个表示"英勇"的词而补上 culpa[责备],译文就成为"必须将适当的责备归于佩尔佩尔纳,因为他少有先见";或者补上 ratio[理性],"佩尔佩尔纳必须更重视算计"。

91　51M,95Mc,88D,不定 83K

[Ra 本说明]茂伦布莱舍尔猜测,丢失的动词主语可能是叛乱(seditio)、混乱(tumultus)或愤怒(ira),因而此残篇指向前 75 年由执政官科塔平息的平民动乱(参残篇 40—43),但不可能完全确定。

且棘手的……得到控制

92　53M,96Mc,93D,96K

[Ra 本说明]茂伦布莱舍尔推测,撒路斯提乌斯可能在描述色尔托瑞乌斯的副官赫热恩尼乌斯或佩尔佩尔纳,色尔托瑞乌斯于前 76 年命其务必谨慎地困住庞培(Liv. 91;残篇 22),但不可能完全确定。参残篇 89。

后来,当信心膨胀

某条河附近的一次战斗(残篇 93—97)①

93　99M,97Mc,57D,66K

率部分军团过河后,他将营地扩大。

94　100M,98Mc,62D,71K

鼓舞自己的骑兵后,他送他们穿过浅滩。

95　101M,99Mc,63D,72K

他们被那些冲入河里的人击杀。

---

① [译者注]根据 Ra 本的解释,这场战斗可能发生在西班牙,靠近瓦勒恩提阿和图里亚河(参残篇 45),或苏克若河(参残篇 49—52 和 86.6),或都瑞乌斯河(参残篇 53 和 86.6),参 Ra 本页 202。

96 4.67M,2.100Mc,2.52D,2.59K

[Ra 本说明]茂伦布莱舍尔推想,此残篇(诺尼乌斯将其归于卷二)当属于卷四,描述提格剌诺刻尔塔之战的溃败(Plut. *Luc.* 28.5)。然而,此残篇可能补充上一条残篇,描述河床上的一场混战,模仿 Thuc.7.84.3(麦古欣即主此说)。

并且,在溃乱中,一大部分人被自己的武器或最近之人的武器杀死,其他人像牲口一样被杀死

97 107M,101Mc,68D,82K

[Ra 本说明]可能是色尔托瑞乌斯采取的防卫措施,以在苏克若之战中保护自己的营地,苏克若附近是阿珥布斐剌(Albufera)沼泽(拉潘那即主此说)。

他把墙从[他的营地的?]右边的角延伸至不远的沼泽。

其他(残篇 98—110)

98 110M,102Mc,65D,74K

把所有神圣的(sacrata)①尸体放在木筏上

99 103M,103Mc,59D,68K

他迅速用援军增强前沿并扩大纵深。

---

① [Ra 本注]或"受伤的",如果接受 sauciata 这一推测。克里茨把"神圣的尸体"解释为"那些献给诸神之人"即"祭司们"的"尸体"(参 Verg. *Aen.* 11.591,描述卡米拉[Camilla])。

100　104M,104Mc,60D,69K

敌军大惊而他自己的军队信心大增。

101　105M,105Mc,61D,70K

[Ra 本说明]传下来的文本未说明讨论的[语法]点(adflictus 加宾格),阿茹西阿努斯(Arusianus)那里的前一个例子(残篇 3.76)则恰到好处。由于阿茹西阿努斯一般只就每种解释给出一个例子,因此可想而知,此残篇提供的这第二个例子,可能意在说明主动语态的 adfligo[撞击],这一点可能在阿茹西阿努斯文本的丢失部分(本处引文之前)得到论述。

†【遭到包围,暴露的右边是铁[出鞘的剑],石头或其他武器撞击着脑袋。】†

102　106M,106Mc,53D,60K

[Ra 本说明]一场事故,可能发生于前 76 年色尔托瑞乌斯围困劳若期间(参残篇 27),或发生于前 75 年末庞培和美忒路斯在克路尼阿围困色尔托瑞乌斯期间(Liv. *Per.* 92)。

他们用篮子(sportis)把 * * * * *①降下城墙。

103　108M,107Mc,75D,100K

他从城墙扔下

---

① [Ra 本注]克里茨把传抄的 canes[狗]解释为某种"抓钩"(引 Isid. *Etym.* 20. 15. 4:canicula),并把 sportis 替换为 spartis[竹编的"绳"]。以下事实反对克里茨的做法:诺尼乌斯引这句是为了说明名词 sporta。如果我们读作 panes["面包"块]而非 canes,则可能撒路斯提乌斯描述的是被围困者谋划的一次战术,通过证明里面有大量食物来奚落围困者。

104 109M,108Mc,9D,14K

[Ra 本说明]可能用于描述西班牙、小亚细亚或撒丁岛(Sardania)①的某种大型动物(茂伦布莱舍尔即主此说)。

何况那些[动物]与公牛一般

105 111M,109Mc,89D,87K

如是,凭靠自信而非证据,他们被无罪释放。

106 112M,110Mc,74D,95K

它们唾手可得

107 113M,111Mc,78D,101K

大胆地

108 114M,112Mc,84D,90K

[Ra 本说明]若没有更多的语境,不可能扩充此残篇包含的那个缩写。如果布匿人(Poeni)是正确的读法([另一种读法]poni 见于大部分抄本),则如蒂奇和茂伦布莱舍尔所指出,撒路斯提乌斯在卷二提到迦太基人可能与撒丁岛(参残篇 8)或新迦太基(参残篇 46)有关。

且【布匿人通常】反对 * * *

109* 36M,35Mc,不定 13D,2.43K

[Ra 本说明]卷二提到斯托比(Stobi)——马其顿的一个

---

① [译注]Sardania 疑为 Sardinia 之误。

镇——可能与总督阿皮乌斯·克劳迪乌斯(前79年执政官)在前76年的战役(茂伦布莱舍尔即如此假设)或总督盖乌斯·斯克瑞波尼乌斯·库瑞欧(前76年执政官)在前75年的战役有关。

斯托比

110a-b　52a-bM,Mc、D、K 未收

[Ra本说明]这两条残篇保存在奥尔良重写本(A)中。残篇43.1a—1(科塔在约前75年6月发表的演说的引言和开场白)写在该抄本的某一页的反面,残篇110a的第一行可以在那一页之后的4—6页的任何地方。已不可能复原内容。

第三卷

提　纲

玛尔库斯·安东尼乌斯对海盗作战的开始阶段（前74—前73年）（残篇1—7）

色尔托瑞乌斯战争（前74年）（残篇8—12）

对达尔达尼亚人的战争（前74—前73年）（残篇13—14）

平民保民官玛刻尔致平民的演说（残篇15）

第三次米特瑞达忒斯战争（前73—前72年）（残篇16—37）

斯帕尔塔库斯领导的奴隶暴动：第一年（前73年）（残篇38—45）

玛尔库斯·安东尼乌斯对海盗作战的最后阶段（前73—前72年）（残篇46—54）

　　记述克里特的地理和历史（残篇46—51）

色尔托瑞乌斯战争的结果（前73—前72年）（残篇55—63）

斯帕尔塔库斯领导的奴隶暴动：第二年（前72年）（残篇64—70）

玛尔库斯·路库路斯的忒腊克战役（前72年）（残篇71—73）

米特瑞达忒斯战争（前72年）（残篇74—81）

附记本都地形（残篇82—99）

第三卷中上下文不明的残篇（残篇100—108）

　　茂伦布莱舍尔归之于不同语境的残篇（残篇100—104）

　　其他（残篇105—108）

玛尔库斯·安东尼乌斯对海盗作战的开始阶段（前74—前73年）
（残篇1—7）

1　1M,1Mc,53D,31K

［Ra 本说明］前74年，在把一项特殊的指挥权委派给裁判官玛尔库斯·安东尼乌斯时，作为背景提到前78—前75年普卜利乌斯·色尔维利乌斯·瓦提阿（前79年执政官）对奇利奇阿海盗的征服。

在最近对伊苏里人和皮西迪人（Pisidas）的征服中

2[*]　2M,2Mc,55D,59K

［Ra 本说明］描述玛尔库斯·安东尼乌斯（前74年裁判官）。

他作为罗马统治下的海岸的看护者，①比海盗为害更甚

3[†]　3M,3Mc,54D,65K

［Ra 本说明］引自撒路斯提乌斯对玛尔库斯·安东尼乌斯的

---

① ［Ra 本注］安东尼乌斯对海岸地区的权力与每个罗马行省总督的权力一般大（Vell. 2.31.2-3）。

挥霍天性的描述(cf. Plut. *Ant.* 1；Cic. *Phil.* 2. 42，44)。

天生挥霍钱财，且无所担忧，除非迫在眉睫

4* 7M，4Mc，不定 50D，不定 16K

[Ra 本说明]前 67 年任命庞培之前，罗马对海盗采取的半心半意、没有效果的措施给罗马的诸盟邦造成伤害(Dio 36. 23. 2)。安东尼乌斯操纵这场战役时的腐败臭名昭著(Cic. *2 Verr.* 3. 213)。

前来止[战]的诸盟邦，感到比战争更痛苦①

5* 4M，5Mc，不定 121D，K 未收

[Ra 本说明]为安东尼乌斯离开罗马或某座城市出征之后不久落在他身上的某件未知之事张本。

几天之前，安东尼乌斯从该城出发。

6 5M，6Mc，D、K 未收

[Ra 本说明]攻打山外高卢东南海岸上的一座利古里亚人的要塞失利之后，安东尼乌斯航向西班牙。此残篇与残篇 2. 86. 12 的结尾(记述对庞培的前 74 年 1 月的急件的反应)之间的空隙，比一两个打印页文本稍多一点(大概 40—80 行)。

[1]……安东尼乌斯不甚轻易地把【敌】军挡在船外，因为武

---

① [Mc 本注]在撒路斯提乌斯这里，任命安东尼乌斯这件事在其他方面意义重大。首先，在各个方面，此事预示 7 年之后即前 67 年的伽比尼乌斯法不顾元老院的反对而授予庞培指挥权。因此，这标志着撒路斯提乌斯认为的朝向共和制度崩塌的不可阻挡进程的一个关键阶段。其次，这位前 74 年的裁判官是演说家玛尔库斯·安东尼乌斯的儿子，后者曾指挥前 102 年对奇利奇阿人的战争；更切题的是，这位裁判官是三执政之一的玛尔库斯·安东尼乌斯的父亲，撒路斯提乌斯似乎对后者怀有疑虑。因此，我的这一猜测，即撒路斯提乌斯对后三执政统治的厌恶在某种程度上导致他对待这位父亲时的刻薄，并非完全没有依据。

器能飞越[港口的]狭小入口。[2]在联合舰队的右翼,由于夏季的平静,玛美尔库斯①在追逐开阔水面上的敌人时,也没有更安全。[3]且既然已在犹豫中耗费数日,当利古里亚卫戍部队撤入阿尔卑斯山……忒热恩图人(Terentun)②……一次调查……【航向】色尔托瑞乌斯。[4]由于安东尼乌斯和其他人赞成迅速坐船前往西班牙,四天之后,他们带着长船上的全部物资来到阿热西纳瑞依人(Aresinarios)③中间,那些已修好的船和那些【未被风暴毁坏的】船……

7 6M,7Mc,D、K 未收

[Ra 本说明]在西班牙的一次行动:安东尼乌斯强渡某条河之后,来到给敌人提供天然防卫的一个地方。

[1]……【〈极深的〉迪路努斯(Diluno)】河④把他与敌人【隔断】,只要几个人阻挡,他就无法跨越。[2]佯装从其他地方渡河,在离那个位置不远的地方,他用事先召集的舰队和快速制成的筏子,把部队带过河。[3]然后,先遣副官 * * 剌尼乌斯(* * ranio)⑤以及骑兵和部分长船之后,他到达一个【半岛】,⑥认为能通

---

① [Ra 本注]安东尼乌斯的一名副官,可能是玛美尔库斯·埃米利乌斯·勒皮都斯·李维阿努斯(Mam. Aemilius Lepidus Livianus,前 77 年执政官):*MRR* 2.105,109 n. 7。
② [Ra 本注]可能是西班牙的一个民族,但未证实。
③ [Ra 本注]可能等同于埃热诺西依人(Airenosii,Polyb. 3.35.2),他们的领地位于西班牙东北,在埃布罗河与比利牛斯山之间。
④ [Ra 本注]拼写不确定;地点未知。
⑤ [Ra 本注]他的名字可能是"玛尼乌斯"(*MRR* 2.105)或"阿伏剌尼乌斯",取决于如何复原原文。不管怎样,对他别无所知。他明显不是路奇乌斯·阿伏剌尼乌斯(前 60 年执政官),因为这位未来的执政官当时即前 74 年正在庞培麾下任副官(*MRR* 3.12-13)。
⑥ [Ra 本注]可能指色尔托瑞乌斯的海军基地迪阿尼乌姆(豪勒即主此说),位于近西班牙东海岸的一个海岬上,在新迦太基以北(参残篇 1.113)。或者(如舒尔滕所论,见 Schulten, "Eine unbekannte Topographie von Emporion", *Hermes*, 60, 1925, 66-73),可能是恩波里翁(Emporiae, Emporion)这一岛城,位于西班牙的远东北海岸,就在比利牛斯山脚下、克罗迪阿努斯(Clodianus = Dilunus?)河口。在公元前 3 和前 2 世纪,恩波里翁有助于罗马在西班牙的战役(Liv. 21.60.1-2,34.8-9)。

过[一次突袭带来的]出人意料的畏惧,占领一座便于从意大利获得给养的城市。[4]那些[敌]人,依仗[自己的]位置,同样丝毫不改变策略;实际上,【他们用一面双层墙加固】一座土丘,其陡峭的各面伸向大海,而在背后,一条通道【的前端】既狭窄又多沙。

色尔托瑞乌斯战争(前74年)
(残篇8—12)

8* 43M,30Mc,不定37D,不定3K

[Ra本说明]佩尔佩尔纳占领卡勒港(Portus Cale),伊比利亚半岛远西北地区(今葡萄牙)的一座沿海城镇。

【卡勒斯(Cales)是一座坎帕尼亚的城市;在[翁布里亚(Umbria)的]伏拉米尼乌斯大道(Flaminia)上则有一座叫卡勒的城市。在伽来奇阿(Gallaecia)也有一座叫这个名字的城市,撒路斯提乌斯提到,它被佩尔佩尔纳占领。】

9* 44M,31Mc,1.76D,1.75K

[Ra本说明]利米阿/利迈阿(Limia/Limaea)河,位于卡勒港(参上一条残篇)以北约60英里处,亦被称为勒忒(Lethe, cf. Strabo 3.3.4; App. *Iber.* 71, 72)或欧卜利维欧(Oblivio, cf. Liv. *Per.* 55; Plin. *HN* 4.115),即"忘川"。

为此他们名之为欧卜利维欧

10†† 2.70M,2.59Mc,2.23D,2.29K

[Ra本说明]语境肯定是前74年秋(茂伦布莱舍尔即主此

说),李维(Liv. *Per.* 93)把美忒路斯返回远西班牙(Ulterior)放在这一年,即前75年底在克路尼阿围攻色尔托瑞乌斯失利之后一年,后者记录在 *Per.* 92。以下第1节提到的在外一年,符合普鲁塔克(*Sert.* 21.8)的说法——美忒路斯在山外高卢度过前75/74年冬,这段时间覆盖至卷二末。以前的编者将此残篇置于卷二,依据是诺尼乌斯的两条摘录属于卷二(Non. pp. 180M, 222M)。然而,在卷二为前74年秋的一件事腾出空间的唯一方法,是假定作者在这件事上采用的是预期描写法,因为卷三才开始撒路斯提乌斯对前74年的记述。诺尼乌斯的第三条摘录(Non. p. 286M)归于卷三,符合撒路斯提乌斯的编年叙事结构。参残篇2.55,诺尼乌斯引用了它两次,却给出不同的卷号。

[1]但美忒路斯一年后返回远西班牙时,被视为巨大的荣耀,男人和女人从四面八方、从每条道路和每座房子蜂拥而至。[2]财务官盖乌斯·乌尔比努斯(C. Urbinus)及其他人,知其所好,在邀请他赴宴时,招待之道超出罗马风尚,甚至超出凡人的习惯:房间饰以挂毯和饰物,为演员表演搭起戏台;同时,以番红花撒地,还有其他按最盛大的神庙的方式[布置]的东西。[3]此外,当他落座,一座胜利女神的雕像,用绳网(transenna)①降下,伴随机械产生的雷鸣,把一顶王冠放在他的头上;当他到来,熏香萦绕,如神一般受到崇拜。[4]斜躺之时,他经常以一件绣花托伽(toga picta)②为外套;菜肴委实精挑细选,不仅来自整个行省,还有许多种前所未知的鸟类和野味,漂洋过海,来自毛里塔尼亚。[5]因为这些事情,他丢掉相当一部分荣耀,尤其在那些年老、虔敬的人中

---

① [Ra本注]transenna 在别处一般意为一种捕(鸟)"网",或某种类似网的东西;这里可能等同于一种由绳索编成的网状物,用于像牵线木偶那样拉住雕像。瓦勒瑞乌斯·玛克西穆斯(Val. Max. 9.1.5)和普鲁塔克(*Sert.* 22.3)都证实从上降下的机械设备。

② [Ra本注]绣花托伽是凯旋将领的装束。

间,这些事情被视为傲慢、粗鲁,不配一位罗马统帅。

11[*]　2.28M,3.32Mc,2.43D,2.53K

[Ra 本说明]远西班牙冬天发生的一场地震:可能在前 74/73 年冬(拉潘那即主此说)。

但当美忒路斯率两个军团在科尔都巴(Cordubae)过冬时,要么出于偶然,要么如智者们(sapientibus)所论,①受吹过地洞的风的激发,一些山和土丘崩塌陷落。

12　46M,33Mc,1D,90K

[Ra 本说明]提到一次食物短缺,由于第二个歉收季而在整个行省变得更加严重;可能指山外高卢行省,庞培写于前 75 年秋的一封信证实了那里之前的一次歉收(残篇 2.86.9)。

由于这些邪恶绝伦的官员,当整个行省因最近两年的歉收而粮价高昂,

---

① [Ra 本注]前 5 世纪的哲人阿尔刻劳斯(Archelaus,Sen. Q Nat. 6.12.1)或他的老师阿那克萨戈拉(Anaxagoras, Amm. Marc. 17.7.11),据信将地震的原因归于地下的风(参 Plin. HN 2.192)。

对达尔达尼亚人的战争（前74—前73年）
（残篇13—14）

13　49M，91Mc，8D，54K

[Ra 本说明]可能与马其顿总督盖乌斯·库瑞欧（前76年执政官）的行动有关。阿米阿努斯·玛尔刻利努斯（Amm. Marc. 29.5.22）证实，库瑞欧对生活在他的行省西北的达尔达尼亚人采取无情的措施。

且当库瑞欧夸奖并激起[他]对奖赏的希望，就命令[他]跟那些他挑选的人走。①

14†　50M，92Mc，4.68D，4.70-71K

[Ra 本说明]只要可能，罗马人就避免在火神伏尔坎（Vulcan）的节日当天即8月23日进行军事行动，因为，由于前153年福珥维乌斯·诺比利欧尔（Fulvius Nobilior）在西班牙的战败，那一天变得不吉利（App. *Hisp.* 45）。

伏尔坎节那天，库瑞欧在同一个地方耽搁

---

① [译注]这里的"他"指代不明，可能指某个达尔达尼亚人。

平民保民官玛刻尔致平民的演说
（残篇15）

15 48M,34Mc,61D,82K

平民保民官玛刻尔致平民的演说

[Mc 本说明]撒路斯提乌斯记述的这篇演说的内容和形式，可大体反映盖乌斯·利奇尼乌斯·玛刻尔发表的那篇演说；这篇演说结构简单，可分为几乎相等的两部分（第1—13节和第14—28节），前半纪事，后半劝勉，且对称安排的内容即使在小细节上也证实西塞罗对玛尔刻的风格的评判。撒路斯提乌斯以类似的思路思考，且仔细安排自己的材料以便在他的读者身上产生他想要的效果，他无疑对我们现在看到的这篇演说有所润色。

[R 本说明]前73年，贵族与平民之间的冲突继续。在这些纠纷的过程中，保民官玛刻尔在这个长篇演说中攻击精英们的统治。

[Ra 本说明]这篇演说被置于玛刻尔之口，当时他作为前73年的保民官，为了完全恢复平民保民官的各项权力而持续施压。他抨击有权势的政治领袖对元老院的支配。玛刻尔写过一部编年体罗马史，没有保存下来（*FRHist* no. 27）；他的儿子是著名的演说家和诗人卡尔武斯（Calvus），卡图路斯的一个朋友。西塞罗评价他是一个平庸的演说家（*Brut.* 238）和史家（*Leg.* 1.7）。

[1]公民们,如果你们低估祖先留给你们的权利与苏拉带给你们的这一奴役之间的差别,我将有许多话要说,并向你们指出各种不义,平民曾多少次因这些不义而武装起来撤离(secessisset)元老;①以及他们[如何]设置平民保民官成为自己全部权利的捍卫者。[2]但如今剩下[能做]的,只有劝勉并首先走上那条路,那条我认为必须由此获得自由的路。[3]我并非无视贵族的势力有多大,而我独自一人,势单力薄,凭借徒有其表的官职,②想着手撼动[他们的]支配权;[也知道]害人精们组成的党派做起事来比单个无害之人保险得多。[4]但除了出自你们的美好希望——这种希望战胜[我的]畏惧——之外,我已决定,对强者而言,为了自由而在斗争中受挫,强过丝毫不作斗争。

[5]但是,为了你们的权利而选出的所有其他人,出于偏私或希望或报偿,把他们的全部力量和权力都指向你们,且认为拿着佣金犯法比无偿地正当行事更好。[6]因此,所有人已屈服于一小撮人的支配,这一小撮人以军事的名义,已掌控国库、军队、诸王国和各行省,且因你们的战利品③而坐拥高地(arcem),而与此同时,你们提供给你们自己这一大群人的,却是如家畜般为一些个人所拥有和享用,被剥夺祖先留下的一切,除了这一[权利]:通过投票,你们以前任命(destinatis)自己的保护人,现在任命自己的主人。

[7]因此,所有人都向那一边屈服,但马上,如果你们拿回自己的东西,许多人会倒向你们;因为,只有极少人的灵魂会向着他们意欲捍卫的东西,而其他人都附属于那些强者。[8]虚弱、迟钝的你们尚且为人所惧,难道你们还怀疑,当你们以同一个灵魂前进,会有什么东西能够挡路? 除非,也许盖乌斯·科塔,出自这一

---

① [Ra本注]参《卡提利纳阴谋》33.3注。
② [R本注]由于苏拉已剥夺平民保民官的实权。
③ [R本注]亦即,从你们那里抢来的战利品。

党派中间的执政官,出于不同于畏惧[的某些原因],恢复平民保民官的某些权利;①且尽管路奇乌斯·西奇尼乌斯(L. Sicinius),②第一个敢于谈论保民官权力的人,受到欺压,而你们只会喃喃自语,但那些人在你们对不义厌恶至极之前,已对[你们的]怨恨感到畏惧。对此我惊讶不已,公民们,因为你们已意识到希望徒劳无益。[9]苏拉,这个强加罪恶的奴役[于你们]的人一死,你们相信恶已到头;[接下来却]出现残忍得多的卡图路斯。[10]在布鲁图斯和玛美尔库斯执政期间,一场叛乱降临;③接下来盖乌斯·库瑞欧掌权,竟至于毁灭(exitium)一位清白的保民官。④

[11]你们已看到,上一年,路库路斯多么激烈地攻击路奇乌斯·昆提乌斯(L. Quintium);⑤而到如今,有多少骚乱对我而起!当然做这些没什么用,如果在你们结束奴役之前那些人想要结束支配,⑥尤其在这些内部武装冲突中还有其他说法,⑦但斗争双方都想要支配你们。[12]因此,出于放任或厌恶或贪婪,其他[纷乱]也一时甚嚣尘上;只有一件事保持原样,双方都在寻求并终将被夺走一件东西:保民官的力量,祖先为了[保卫]自由而获取的一样武器。[13]我提醒并恳求你们注意这一情况,⑧不要出于软弱而改变事物的名字,把奴役叫作闲暇。如果耻行战胜真实和荣

---

① [Ra本注]保有更多政治职务的权利(参残篇2.44)。
② [Ra本注]前76年的一位保民官。西塞罗(Cic. Brut. 216)认为他的本名(praenomen)是格奈乌斯。
③ [Ra本注]前77年玛尔库斯·勒皮都斯的叛乱。
④ [Ra本注]这位保民官是西奇尼乌斯(参第8节)。exitium(毁灭)一词未必表示死亡,而可能指西奇尼乌斯于前76年12月10日不再是保民官之后,库瑞欧(前76年执政官)对他发起的毫无根据、以政治为动机的起诉。
⑤ [Ra本注]前74年的保民官,昆(克)提乌斯要求恢复这一职位的各项权力(参残篇3.100)。
⑥ [Ra本注]亦即,如果有权势的少数人的意图自始至终是自愿向平民交出自己的僭政,显然他们就不会如此持久地拒绝恢复保民官的各项权力。
⑦ [Ra本注]动听而空洞的口号,比如:同心、和平、闲暇(参《卡提利纳阴谋》38.3)。
⑧ [译注]参2.86.8。

誉,就没有条件享受那个东西;①如果你们尚然不动(quiessetis),就有[条件享受]。现在他们已引起注意,除非你们获胜,他们将压得更紧(artius habebunt),因为所有不义因其沉重而愈发保险。

[14]"所以,你有什么建议(censes)?"你们中有人会提出[这样的问题]。首先,你们必须弃绝这一习惯:你们行事[只]凭如簧的舌头,软弱的灵魂对集会地点之外的自由没有记忆。② [15]其次,③我不会呼吁你们去[干]那些充满男子气概的事,你们的祖先以此(quo)④获得平民保民官、仅属于贵族的官职、⑤不受制于贵族的权威的投票。⑥ 当全部力量在你们自己身上,公民们,且你们无疑能为自己[选择]执行或不执行那些你们如今为他人而忍受的命令,难道你们还在等朱庇特(Iovem)或其他某个神成为参谋(consultorem)? [16]你们自己通过贯彻而使执政官们的那些大权

---

① [Ra本注]指 otium(闲暇,免于各种麻烦),这个词用于掩饰人民的"奴役"。
② [Mc本注]德摩斯梯尼作过十分类似的指责(*Phil.* 4.1)。
　[R本注]亦即,当他们受到公共演说家们提醒之时。
　[Ra本注]在集会地点,"自由"成了公共演说家们的战斗口号。
③ [Ra本注]玛刻尔的第二条关于行动的具体建议一直推迟到第17节,那里的"我将建议"(censebo)呼应第14节的"你建议"(censes)。
④ [R本注]用 quo 而不用 quibus,参《尤古尔塔战争》102.10。
　[译注]《尤古尔塔战争》102.10:"您有大量的机会,以此(quo)轻易地弥补您在义务方面的错误。"
⑤ [R本注]亦即,享有先前仅(modo)限于贵族的官职。这里指的是执政官一职,由于前377年的《利奇尼乌斯和色克斯提乌斯法》,平民亦有资格担任此职。
　[Ra本注]执政官一职,一开始是一块几乎专属于贵族的禁地,因一项于前367年的保民官利奇尼乌斯和色克斯提乌斯通过的法令而开放给平民。
　[译注]李维,《自建城以来》6.42.6—9:"我倾向于大部分史料的说法,他们认为,这些事情发生在至少10年之后,而在玛尔库斯·孚里乌斯作为独裁官的这一年,罗马人在阿尔巴土地(Albanus ager)上与高卢人交战……卡米卢斯刚结束战争,就面临更为激烈的内部骚动。尖锐的斗争迫使独裁官和元老院屈服,接受保民官的提案。尽管贵族反对,但仍然召开选举执政官的大会,第一次选举平民出身的卢奇乌斯·塞克斯提乌斯为执政官。"Ra本接受李维的说法。
⑥ [Ra本注]首先,前339年的《普卜利利乌斯法》(*lex Publilia*)要求贵族元老事先批准在百人团集会上就立法而投票,由此使投票免于贵族的监视。后来,前287/286年的《霍尔忒恩西乌斯法》(*lex Hortensia*)赋予在平民集会上通过的诸法令以对整个共同体有约束力的法律的力量。

以及元老们的诸法令生效，公民们，且你们自愿加速增加并鼓励[他们]在你们身上的放任。[17]我不是劝勉你们报复不义，而是让你们欲求休息（requiem）；①我要求取回的，是根据万民法（iure gentium）②应得的东西，不是如那些人所指责的离心，而是离心的结束。如果他们顽固地抵制，我将建议（censebo）的既非武装亦非撤离，只是让你们别再[为他们]洒你们的血。[18]让他们以自己的方式管理和拥有各项权力，让他们寻求凯旋式，让他们用他们[祖先]的肖像（imaginibus）③对抗米特瑞达忒斯、色尔托瑞乌斯和剩下那些被放逐的人，④让那些分不到果实的人也免于危险与辛劳。

[19]除非，也许你们的职责已被那个草率的粮食法⑤抵消；他们以此估价所有人的自由只值5摩迪乌斯，这确实不比监狱的口粮更多。⑥ 因为，正如少量[口粮]阻止那些人死亡而使[他们的]力量衰退，类似地，这么一点点东西无法使人免于家庭关切，且使

---

① [Ra本注]"缓解"或"休息"（quies），根据下一句以及第18节的定义，表明是一种消极抵抗的形式，即拒绝动动手指为他们的国家服务或战斗以支持寡头的僭政。
② [Ra本注]这里是比喻性的：严格说来，这一术语表示向一个外国势力（就像罗马有权势的nobiles[贵族]就是这种势力）要求归还被盗的财产（这里指保民官的各项权力正当地属于人民）。
③ [Ra本注]亦即，让他们依赖自己的贵族血统（由他们祖先的蜡像所代表：参《尤古尔塔战争》4.5注）以代替士兵——并且看看这能带他们走多远。
[译注]《尤古尔塔战争》4.5注云："一个罗马人有权在其房子的中庭（atrium）展示其担任过高级官吏的祖先的蜡制面具（imagines）。家里人举行葬礼时，扮演死者的优伶要戴上这些面具参加（Polyb. 6.53）葬礼，在其他郑重场合也要把面具陈列出来。"
④ [Mc本注]这里肯定指那些尚未死去或失败的放逐者。玛刻尔是在贬低对手，因为他相信这些战争只是托辞（参第6节）。
⑤ [Ra本注]由当前（前73年）的执政官们发起，该法规定国家购买粮食，以便稳定价格并保证充分的供应。该法给有限数量的公民每月以固定价格定量供应5摩迪乌斯粮食（Cic. 2 Verr. 3.163, 3.173, 5.52）。
[译注]摩迪乌斯（modius）为罗马容量单位，约合8.62升。
⑥ [Ra本注]参残篇1.49.11，在那里，勒皮都斯把这一定量供应比作仅仅提供给奴隶的口粮。

每一个软弱之人最微小的希望落空。① [20]但不管这[定量供应]有多大,因为这是以奴役为代价被许给(ostentaretur),何等的衰颓[使你们]受到欺诈,并自愿地感激你们在财产方面[遭到]的不义?[21]必须防范欺骗;因为以别的方式,他们无法在全体[人民]中作威(valent),也不会试图[这么做]。因此,他们在准备诱饵的同时,把你们交给到来的格奈乌斯·庞培——他们十分畏惧那个人的时候,曾[把他]扛在自己的脖子上,②一旦畏惧解除,③就把他撕碎。[22]这些人自称自由的护卫者,却不以此为耻:那么多人,若没有那一个人[庞培],既不敢拨正不义,也不能守卫正义。[23]至于我,已充分看到,庞培这位获得如此荣耀的年轻人,更愿意成为你们想要的首领,而非那些人的统治的盟友,而且,他将首先成为保民官权力的支持者。④

[24]确实,公民们,先前,你们是作为单独的公民在多数人中受到保护,⑤而不是作为一个整体受到一个人保护。凡人之中没有任何一个能够给予或剥夺这种东西。⑥ [25]因此,话已说得够多。[26]事情不成并非出于无知,我不知道那种衰颓已占据你们,由此你们对无论荣耀还是耻行都无动于衷,且你们倾其所有换得当下的软弱,满以为[拥有]自由,因为[你们的]背免于[鞭打]并允

---

① [Ra本注]原文不确定。
② [R本注]就像奴隶(lecticarii[轿夫])把他们的主人抬在轿上。
③ [Ra本注]前77年,庞培的军队帮助粉碎勒皮都斯的叛乱后,他奉派前往西班牙与色尔托瑞乌斯作战,元老们未能把他赢得战争所必需的支持给他(参残篇2.86.2)。
④ [Ra本注]前70年,当他和克拉苏同为执政官时做了这件事(参《卡提利纳阴谋》38.1)。
⑤ [R本注]在共同体的集体力量中。
⑥ [Ra本注]比如恢复保民官的各项权力。
   [Mc本注]3.34.21—24:这组陈述——关乎庞培在恢复保民官权力以及人民的自由这件事上的作用——就玛刻尔/撒路斯提乌斯对庞培扮演的角色的观点提出一些看法。对于庞培归来时的态度,贵族与平民有相反的希望,就此所说的话,与撒路斯提乌斯的思路相去不远;但也有可能,撒路斯提乌斯基于自己对庞培随后的生涯的了解,把期待和警告同时置于玛刻尔口中。

许[你们]走来走去①——富有的主人们的馈赠。[27]而且,这些还不属于农民,反之,他们在强人的敌对中被杀死,还被当作礼物送给各行省的官员。②[28]如是,战斗和胜利都是为了一小撮人;平民,不管发生什么,都被当作被战胜者[对待],并将日甚一日,如果比起你们索回自由所投入的关切,那些人确实以更大的关切维护着统治。

---

① [Ra本注]归功于《颇尔奇乌斯法》(Porcian laws,参《卡提利纳阴谋》51.22)。
② [Ra本注]亦即,被派往国外作战,在那里他们完全受制于官员们。

第三次米特瑞达忒斯战争
（前73—前72年）
（残篇16—37）

16[*] 19M,9Mc,不定51D,不定17K

［Ra本说明］前73年初,到达亚细亚之后不久,路库路斯就纠正菲姆卜瑞阿的部队的无纪律行为(参 Plut. *Luc.* 7.3)。

他以先人的习俗整饬(vorteret)[①]部队

17 20M,10Mc,14D,11K

［Ra本说明］在与路库路斯的战争中,跟先前与苏拉作战时相反,米特瑞达忒斯为了严肃军纪,放弃装饰精美的武器而采用罗马式的武器(Plut. *Luc.* 7.4-5)。

饰以闪亮的马匹和武器

18[*] 21M,11Mc,不定14D,3.12K

［Ra本说明］米特瑞达忒斯军有一队带镰刀的战车(参 Plut.

---

① ［Ra本注］离开语境,不可能确定verto(字面义为"转"身或转向)的精确含义。这里的verto可以令人信服地等同于ducto(领导)或rego(控制)。

Luc. 7.5)。

【李维[37.41.5]和撒路斯提乌斯都说古人使用带镰刀的战车(Curribus falcatis)。】

19[†] 23M,12Mc,2.58D,2.67K

[Ra 本说明]玛尔库斯·科塔(前74年执政官)的副官普卜利乌斯·茹提利乌斯·努都斯(P. Rutilius Nudus)指挥的罗马军队,在迦克墩(Chalcedon)城墙外被米特瑞达忒斯击溃,并在混乱地冲向城门时被砍杀(参 App. *Mith.* 71)。

但那些有力的人,一齐冲向城门,一片混乱。

20 24M,13Mc,74D,91K

[Ra 本说明]与残篇19语境相同:罗马士兵的无序溃逃。

不知羞耻且无心报复,他们被敌人从背后击倒。

21 26M,14Mc,17D,15K

[Ra 本说明]在迦克墩战胜玛尔库斯·科塔的军队后,米特瑞达忒斯"充满信心地向曲孜科斯(Cyzicus)进军,要去包围这座城镇"(Memnon, *FGrHist* 434F28.1;cf. Plut. *Luc.* 9.1)。

他以坚定的灵魂向曲孜科斯[①]前进。

---

① [Mc 本注]阿克托内苏斯(Arctonnesus)是一座大致三角形的岛,顶端朝着大陆,曲孜科斯是该岛上的一座城市。围城期间,该岛与大陆隔一道狭窄的海峡,仅以一条堤道相连(Frontin. *Str.* 3.13.6)。城市本身坐落在三角形的顶端,大部分位于低矮的陆地上,面向海岸。米特瑞达忒斯把自己的大部分兵力调到岛上,并将他的部队置于城镇周围的营地中(Plut. *Luc.* 9.4)。

22　28M，15Mc，18D，17K

［Ra 本说明］描述米特瑞达忒斯到达之后曲孜科斯附近的情况。路库路斯紧随米特瑞达忒斯之后（参 App. *Mith.* 72）。

尽管营帐紧挨，但此地天然阻止战斗

23　30M，17Mc，20D，21K

［Ra 本说明］两座桥或一座桥（参残篇 25 注释 1）把曲孜科斯与大陆相连（Strabo 12.8.11）。

从那里伸出一座桥，通往城镇

24　31M，18Mc，79D，97K

［Ra 本说明］可能是撒路斯提乌斯对曲孜科斯附近地区的部分描述，包括迪恩笛摩恩山（Mt. Dindymon），那是库柏勒（Cybele）女神的崇拜地（Amm. Marc. 22.8.5），迷狂的祭仪与酒神的祭仪类似。

且〈能够?〉远远听到酒神狂欢的声音

25　37M，23Mc，19D，20K

［Ra 本说明］通过某种漂浮装置，路库路斯指派的一名罗马士兵成功溜过火线，经过一段约 7 英里的海路，进入曲孜科斯，鼓励人们坚决抵抗米特瑞达忒斯，保证路库路斯军正在前来相助（Frontin. *Str.* 3.13.6; Flor. 1.40.16; Oros. 6.2.14）。

他把两只尽可能大的[充气的]皮袋放在一块轻板下，全身躺在上面，交替摆脚，如同掌舵；就这样，他从海路到达城镇，在防浪堤（molem）与岛屿之间，①避开敌舰。

---

① ［Ra 本注］根据弗龙蒂努斯（Frontin. *Str.* 3.13.6），该城所在的岛屿与大陆仅以一座窄桥相连。

26　33M,19Mc,36D,41K

［Ra 本说明］截获米特瑞达忒斯送出的一封信后，罗马人嘲弄米特瑞达忒斯；这封信可能是要求援军和给养（蒂奇即主此说），也可能是提出路库路斯的两个瓦勒瑞乌斯军团的开小差问题（茂伦布莱舍尔即主此说，引证 App. *Mith.* 72 以及 Memnon, *FGrHist* 434F28.2）。

好劫掠的瓦勒瑞乌斯兵①碰巧撞上一个奴隶［信使］带一封信，就用弹弓把这封信送回［米特瑞达忒斯的］营帐

27*　34M,20Mc,23D,24K

［Ra 本说明］围攻曲孜科斯时，米特瑞达忒斯在两艘系在一起的五层桨战船（quinqueremes）上竖起塔楼，从塔楼降下一座舰桥来攻击城墙（App. *Mith.* 73-74）。

船因负载塔楼而不稳

28　35M,21Mc,21D,22K

［Ra 本说明］曲孜科斯的保卫者用各种手段挫败米特瑞达忒斯的攻城器械和撞击锤（App. *Mith.* 74）。

他们［朝攻城器械？］掷下抓钩和其他适合攀附之物

29　36M,22Mc,22D,23K

［Ra 本说明］曲孜科斯的被围者从高处顺着斜坡滚下重物，以粉碎米特瑞达忒斯的战争器械（参 App. *Mith.* 74）。

---

① ［Ra 本注］瓦勒瑞乌斯兵构成路库路斯军的两个军团。十多年以前他们就奉派前往小亚细亚，在路奇乌斯·瓦勒瑞乌斯·伏拉库斯（前86年执政官）的指挥下打第一次米特瑞达忒斯战争（App. *Mith.* 72）。

巨石和以轴相连的轮子顺坡冲下,轴上像军用刺猬(erici militaris)①那样伸出许多两尺长的尖镖(veruta binum pedum)。

30†   4.16M,4.50Mc,3.26D,K

[Ra 本说明]尽管诺尼乌斯和璞瑞斯奇阿努斯(Prisc.)都将此残篇归于卷四,但这一描述最近似于前 73/72 年冬发生在曲孜科斯之围期间的情况,当时一场激烈的风暴突然降临,弄坏了米特瑞达忒斯的海上攻城器械(Plut. *Luc.* 10.3)。这场风暴也在城内引起恐慌,人们在风暴前不久刚匆匆修缮了部分城墙(App. *Mith.* 74)。

城里有差不多同等的匆忙和巨大的恐怖,害怕湿气蚀毁砖砌的(ex latere)②新工事;因为全城受淹,地下排水管因海潮倒灌而溢出。

31*   38M,24Mc,27D,28K

[Ra 本说明]围攻曲孜科斯时,米特瑞达忒斯军被路库路斯切断给养,在前 73/72 年冬遭到严重的饥荒和瘟疫,致使他们甚至诉诸吃人(App. *Mith.* 76; Strabo 12.8.11; Plut. *Luc.* 11.1-2)。

且严重的疾病〈降临?〉那些因饥饿而以非常之物为食的人

32*   39M,25Mc,28D,27K

[Ra 本说明]前 73/72 年冬围攻曲孜科斯时,米特瑞达忒斯营地的瘟疫。

---

① [Ra 本注]一种带有突出的尖刺的木梁,在战争中用于设置障碍。
② [Ra 本注]如果把 latere 解释成中性 latus 的夺格,则 ex latere 这一短语也有"从边上"之意(麦古欣和弗拉西内蒂即主此说)。然而,在这一语境中,latere 最好释为阳性 later 的夺格,意为"砖"(克里茨即主此说)。参 Cato, *Agr.* 14.4: parietes ex latere [砖砌的墙];以及《罗马共和纪事》4.70: lateribus。

【[描述瘟疫时,维吉尔]遵循卢克莱修(Lucretius)和撒路斯提乌斯采用的顺序:先空气,后水,最后食料受到污染。】

33* 78M,26Mc,D、K 未收

[Ra 本说明]可能描述曲孜科斯的某个地区由于北风带来的健康空气,较少受瘟疫爆发的影响,就像注家对路卡努斯的文段的注释(拉潘那即主此说)。与之相对,茂伦布莱舍尔将此残篇归于对陶瑞刻半岛(Tauric Chersonesus)的描述。

[地势]凸出,因为受北风影响而不像其他地方那么严重

34* 1.43M,3.27Mc,3.25D,3.29K

[Ra 本说明]可能描述在曲孜科斯之围中死于瘟疫的人(克里茨和拉潘那即主此说)。与之相对,茂伦布莱舍尔把这些词与马略·格剌提迪阿努斯之死(参残篇 1.36)和苏拉大屠杀的其他受害者联系在一起,参 Oros. 5.21.6:死亡本身的道路并不简单,也不是唯一的境况(nec ipsius mortis erat via simplex aut una condicio)。

他们甚至不能简单地死去

35 40M,28Mc,72D,87K

[Ra 本说明]要么(a)描述曲孜科斯的保卫者饿到虚弱(参 Liv. 5.48.7 描述前 390/387 年高卢人包围罗马时的类似语言),要么(b)描述在追击米特瑞达忒斯从曲孜科斯撤退的兵力时那些落在后面的路库路斯的士兵因寒冬和辛劳而疲惫不堪(Plut. Luc. 11.4)。

以致多数人无力支撑身体,站立时各自靠着自己的武器

36* 42M,29Mc,29D,30K

[Ra 本说明]根据普鲁塔克的说法,场景是曲孜科斯之围,当时路库路斯带回大量在律恩达科斯河(river Rhyndacus)附近的战斗中抓获的俘虏和驮兽。阿米阿努斯·玛尔刻利努斯(Amm. Marc. 23.6.56)没有提到撒路斯提乌斯,只说"骆驼由米特瑞达忒斯从那里[大夏人(Bactrians)的地方,今阿富汗北部]带来,罗马人在曲孜科斯之围中第一次见到"。

【撒路斯提乌斯说,罗马人当时第一次见到骆驼。】①

37* 29M,16Mc,16D,K

[Ra 本说明]路库路斯切断米特瑞达忒斯的给养,迫使后者撤去曲孜科斯之围,因此赢得一场不流血的胜利(Oros. 6.2.20; cf. Plut. *Luc.* 9.3; App. *Mith.* 72)。

【撒路斯提乌斯赞赏那些兵不血刃带回胜利的将领】②

---

① [Ra 本注]引起撒路斯提乌斯注意的新奇之处在于,罗马人第一次碰到双峰驼(大夏种)。他们熟悉阿拉伯单峰驼。
   [Mc 本注]3.28—29: 米特瑞达忒斯在整个秋季一直无视营地中的饥荒,到冬天,他终于清楚自己军队迅速恶化的状况。他最终同意逐渐撤围,并秘密把几乎所有骑兵以及驮兽和残废步兵送回比提尼亚。路库路斯在律恩达库斯河道上并杀死这支撤军的大部分(Plut. *Luc.* 11.3-5; App. *Mith.* 76)。据普鲁塔克记载,6000 匹马和 15,000 人以及数量未知的驮兽被俘。路库路斯行军返回经过敌营时,让所有这些都跟在自己身后。

② [Mc 本注]3.8—29: 处理第三次米特瑞达忒斯战争的第一阶段。
   科塔败于米特瑞达忒斯之手——前者本打算将后者牵制在比提尼亚,这导致这样一种局面:曲孜科斯之围成为这一开场战役中的关键行动。考虑到路库路斯能够施加的压力和被围者发起的坚决抵抗,在曲孜科斯的行动持续了整个冬天并拖入前 73 年初的几个月。

斯帕尔塔库斯领导的奴隶暴动：
第一年（前73年）
（残篇38—45）

38 90M,60Mc,D、K 未收

[Ra 本说明]奴隶暴动始于斯帕尔塔库斯和74名角斗士同伙从卡普阿的一所训练营（ludus）逃出（Liv. *Per.* 95）。

【斯帕尔塔库斯,是那七十四名逃出训练营的角斗士的首领,如撒路斯提乌斯在《罗马共和纪事》第三卷所述,他们向罗马人民展开一场沉重的战斗。】

39 91M,61Mc,13D,10K

[Ra 本说明]普鲁塔克（*Crass.* 8.3）如是描述斯帕尔塔库斯。

他本人在力量和灵魂上强大

40[*] 93M,62Mc,不定21D,3.67K

[Ra 本说明]罗马裁判官克洛迪乌斯（即盖乌斯·克劳迪乌斯·格拉贝尔[C. Claudius Glaber]）试图在斯帕尔塔库斯及其同伙避难的维苏威山（Mt. Vesuvius）诱捕他们,但遭到失败；逃亡者用葡萄藤编成的梯子从一段陡崖降下（cf. Plut. *Crass.* 9.2）。

[斯帕尔塔库斯提醒他的同伙?]但若有兵力相阻,与其死于饥饿,不如死于刀剑

41^{*}　94M,63Mc,65D,75K

[Ra 本说明]罗马派裁判官路奇乌斯·科西尼乌斯(L. Cossinius)率军对付斯帕尔塔库斯。科西尼乌斯在离庞贝城(Pompeii)不远的撒利奈(Salinae)附近洗澡时,斯帕尔塔库斯突然出现,差点抓住科西尼乌斯(Plut. *Crass.* 9.5)。

科西尼乌斯正在附近村庄的温泉中洗澡

42　96M,64Mc,67D,77K

[Ra 本说明]前73年,导致裁判官普卜利乌斯·瓦瑞尼乌斯(P. Varinius)率领的罗马军队完败于斯帕尔塔库斯之手的诸事件:某天,逃亡的奴隶从自己的营地作了一次战略性的夜间撤离,并把尸体支起来伪装成营地的哨兵,以迷惑罗马人(参 Frontin. *Str.* 1.5.22)。A—D 表示原文的4栏,每栏原本长21行,宽18—23个字母,A 和 B 为正面,C 和 D 为反面。

[1][A]……用火将【桩】烧硬,由此,除了战争必要的样子之外,可以造成与用刀剑差不多的伤害。

[2]但是,当逃亡者做这些事情之时,瓦瑞尼乌斯——由于部分士兵因秋季的肃杀而生病,且由于在最近的逃跑事件中,那些逃兵尽管得到严肃的命令,但一个也没有回归旗下,而剩下的人以最可耻的方式逃避兵役——把他的财务官盖乌斯·托剌尼乌斯(C. Thoranius)派往罗马,让他现身说法,使真实情况最易为人所知;

[3]而与此同时,他率那些想干的人,为数四[B]千,【在敌人近旁建了一个营地,】并用【土墙、壕沟】和大量工事加固。

[4]其后,那些逃亡者已经耗尽粮食,为了不被在近处劫掠的敌人迫近,已惯于按军队模式设置更夫、岗哨和其他职能;二更,夜深人静,他们全体出动,把一个号手留在营地;且为了从远处看有更夫的样子,他们用木棍支撑,【在营门前】立起一些新近的尸体,并制作许多火堆,【以使】瓦瑞尼乌斯的【士兵……出于害怕……一段路……】[丢失2行][C][丢失2行]……到不了的〈地区?〉……回头。[5]但是,天已大亮,瓦瑞尼乌斯未见来自逃亡者的惯常奚落和扔到营地里来的石头,也未见闹腾、喧哗和到处熙攘的声音,就派骑兵到一个高出四周的土丘上侦查,并马上【追踪】足迹。[6]尽管他相信【逃亡者已经远去】,但由于担心【埋伏】,仍以【强化队形撤退,以期用新兵】倍增【部队】。但去库迈(Cumas)……[丢失3行][D][丢失2行]……[7]几天【之后】,一反常态,我军的信心开始提升,并体现在语言上。[8]面对眼前的事情,瓦瑞尼乌斯不谨慎地受此激励,率领新的、没有经验的、因其他人的晦气而消沉的士兵,以坚定的步伐朝向逃亡者的营地;他们现在安静下来,不像[先前]求战时吹嘘的那般作战。[9]而那些人[逃亡奴隶]由于内部意见不合,濒临叛乱:克瑞克苏斯(Crixo)及其高卢人和日耳曼人,渴望发起进攻、自行开战;斯帕尔塔库斯则〈劝阻攻击〉……

43 97M,65Mc,66D,76K

[Ra本说明]战胜瓦瑞尼乌斯之后(参上一条残篇),斯帕尔塔库斯及其同伙横行整个坎帕尼亚(Flor. 2.8.5)。

他们碰到阿贝拉(Abella)①的农民,保卫自己的农田

---

① [Ra本注]坎帕尼亚的一个镇。

44 98M,66Mc,67D,77K

[Ra 本说明]必有今已不存的几叶把写有此残篇的这一叶与写有残篇 42 的那一叶隔开,因为斯帕尔塔库斯现在建议他的跟随者逃离意大利,回到各自的故土,但奴隶们宁可劫掠。他们横行坎帕尼亚南部,并进一步往南到达卢卡尼亚。在裁判官瓦瑞尼乌斯能够率一支重振的军队上阵之前,奴隶们已犯下暴行。

[1][A]……[丢失 2 行]……【其他】和……【〈害怕〉他们】以【这种方式游荡,直到】那个时候……他们会【在路上被切断】并【消灭】……【与此同时】关切……这样他们尽快离开。[2]【少数】审慎之人,那些有【自由】和高贵【灵魂】的人,毫无疑义地同意应当采取这一【逃跑计划,其他人……】他们赞赏【他[斯帕尔塔库斯]命令他们去做的事;】部分[逃亡者]【愚蠢地】信赖【乌合之众和凶猛的天性】,其他人【可耻地不思】故土,但绝大多数人,由于天生的奴性,【除了抢劫和残忍一无所求】……[B]……[丢失 2 行]……看来是最好的建议。[3]然后,他提醒他们去到更加宽阔、牛羊更多的地带,在瓦瑞尼乌斯率一支重振的军队出现之前,在那里挑人扩充数量;迅速从皮刻恩提阿(Picentinis)①的俘虏中找到一名合适的向导后,他于是秘密地取道厄布瑞山(Eburinis iugis)②到达卢卡纳之鼻(N〈a〉ris Lucanas),又从那里[出发],伴着第一缕晨光到达阿努斯广场(Anni Forum),③当地居民毫无知觉。[4]逃亡者们马上违背首领的命令,强奸少女和妇人,而其他人……[C]……[丢失 2 行]……现在那些抵抗者,逃亡者们同时亵渎地捉弄他们,以反常的方式伤害他们,还不时留下残缺、半活的身体;其他人往房子里扔火把,而许多当地的奴隶,天性使他们

---

① [Ra 本注]这个镇的确切位置不明,可能在坎帕尼亚南部。
② [Ra 本注]山名取自东边约 20 英里处的卢卡尼亚城镇厄布茹姆(Eburum),位于卢卡纳之鼻稍北。
③ [Ra 本注]不知位于卢卡尼亚何处。

成为盟友,把主人藏匿的东西或主人本人从藏身处拖出来;对蛮夷的愤怒和奴隶的天性而言,没有任何神圣或亵渎之事。[5]斯帕尔塔库斯无力制止这些事情,当他百般求告,请求他们迅速赶上【与此相关的】信使[D]……[丢失2行]……也不要……【转而厌恶】他们自己。[6]那些人残忍地【投身杀戮和】……严重的,大部分人……【但】那一天以及【当天】夜里【在同一个地方停留】之后,【逃亡者的】数量已倍增,他伴着第一缕晨光【移营】,并【驻扎】于【一块相当宽阔的平原,在那里,他看到】农民们从房子里【走出来】;且当时【地里的】秋粮已熟。

[7]但【现在天已大亮,居民们】从【邻居们的逃难中得知】,逃亡者们【正在向自己逼近,他们迅速带着全部家人〈进入附近的山中〉。】

45 99M,67Mc,69D,79K

[Ra本说明]斯帕尔塔库斯及其追随者横行卢卡尼亚。

在卢卡尼亚地区有(constitit)①一个熟知当地的人,名为普卜利颇尔(Publipor)。

---

① [Ra本注]或者"停止"(即停止逃亡)——克里茨即主此说,如果constitit是consisto[停止]而非consto[有]的完成时。没有更多语境则无法判断。

玛尔库斯·安东尼乌斯对海盗作战的最后阶段(前73—前72年)
(残篇46—54)

记述克里特的地理和历史(残篇46—51)

46[*]　　10M,68Mc,57D,60K

[Ra 本说明]前73年,玛尔库斯·安东尼乌斯率其反海盗舰队来到克里特。1世纪的地理学家珀姆珀尼乌斯·美拉(Pomponius Mela)类似地把克里特描述为位于"海中央"(in medio mari),对克里特位置的这一描述可以追溯至荷马(Hom. *Od.* 19. 172)。

【"海中央"(MEDIO PONTO),根据撒路斯提乌斯的说法,可以理解为远离大陆(long a continenti)。】①

47[*]　　11M,69Mc,58D,61K

[Ra 本说明]撒路斯提乌斯对克里特的部分描述。不清楚色

---

① [Ra 本注]如果 medio ponto——或者更可能的 medio mari(参 Mela 2.112)——是撒路斯提乌斯所写(茂伦布莱舍尔即主此说),而 long a continenti 不是撒路斯提乌斯的用词(如克里茨和蒂奇所假设),那么,色尔维乌斯可能对撒路斯提乌斯的观点有误解,后者的意思是克里特位于几个海的交叉点:北边是爱琴海和克里特海,南边是利比亚海(斯特拉波即主此说:Strabo 10. 4. 2)。

尔维乌斯是在引用还是释义。

克里特朝东的那部分更高。①

48＊　12M, 70Mc, 30D, 34K

[Ra本说明]如果如茂伦布莱舍尔所猜测，此残篇部分构成撒路斯提乌斯对克里特的描述（参残篇46—47），则modica（适中）最能解释成指克里特的气候——处于北边的斯基泰（Scythia）与南边的库瑞涅卡（Cyrenica）的极端气候之间，因而是对提到各种作物（尤其藤本植物和乔木：Solinus 11. 12; Isid. *Etym.* 14. 6. 16）的补充。"大小适中"（麦古欣即主此说，与弗拉西内蒂一致）不太恰当，因为克里特的大小在地中海诸岛中排名第五（在西西里、撒丁岛、塞浦路斯和科西嘉之后）。

而且，全岛适中，作物繁多。

49＊　13M, 71Mc, 59D, 62K

[Ra本说明]撒路斯提乌斯对克里特的部分描述（参残篇46—48）。

【……根据撒路斯提乌斯的说法，欧图斯（Otus）在克里特；②欧图斯平原③[得名]自】

---

① [Ra本注]实际上，最高处是中部的依达山（Mt. Ida）和西边的勒乌卡山脉（Leuca Mountains）（Strabo 10. 4. 4）。
② [Ra本注]据说，当一场地震把一座山震开，在克里特发现一个46腕尺（约等于67英尺）高的巨人的骨头；一些人将其等同于欧图斯，一些人将其等同于巨人猎户欧瑞翁（Orion）（Plin. *HN* 7. 73）。根据索利努斯的说法（Solinus 1. 91），在昆图斯·凯奇利乌斯·美忒路斯征服克里特岛期间，一场洪水过后，在岛上发现一个33腕尺（约等于48英尺）高的巨人的骨头。
③ [Ra本注]位置不明。

50* 14M,72Mc,60D,63-64K

［Ra本说明］撒路斯提乌斯对克里特的部分描述（参残篇46—49）。库热忒斯人（Curetes），半神的克里特勇士，在神话中被描述为朱庇特幼年时的扈从。

【撒路斯提乌斯反对这整个由诗人虚构的意见［即，传说把藏幼年朱庇特于克里特岛的角色派给库热忒斯人和库柏勒祭司（Corybantes）］，他想更机智地解释为何朱庇特的养父据说是库热忒斯人；他这么说：

因为他们［库热忒斯人］最先领会神圣之事，而古人惯于夸张，就把他们美化为朱庇特的养父。】

51* 15M,73Mc,不定8D,1.78K

［Ra本说明］撒路斯提乌斯对克里特的部分描述（参残篇46—50）。

【据修昔底德和撒路斯提乌斯所说，卡里亚人（Cares）是岛民，①以海盗闻名，为米诺斯所征服。】

52 8M,74Mc,56D,88K

［Ra本说明］引述表明此残篇归于卷三，且这里提到一支罗马先遣队与海盗发生冲突，两者均指向安东尼乌斯对战海盗时的某次行动。

且偶然，在航行中，一支步兵队由一艘大型轻便船（grandi phaselo）运输，偏离其他船只，在平静的海上被两艘轻型海盗船

---

① ［Ra本注］修昔底德（Thuc. 1.4, 1.8.1-2）和希罗多德（Hdt. 1.171）证实，克里特传说中的国王米诺斯把卡里亚人逐出曲克拉得斯（Cyclades）；他们后来居住于小亚细亚西南。

(praedonum myoparonibus)包围

53　9M,75Mc,4.40D,4.48K

[Ra 本说明]克里特人击败安东尼乌斯,并戏弄他们的罗马俘虏(参 Flor. 1.42)。

在这些人中,那些最出名的人都被挂在桅杆上鞭打,或者身体未受残损地被绑在十字轭(patibulo)上,从船头伸出。

54*　16M,76Mc,不定 20D,3.64K

[Ra 本说明]提到浪费的三年可能与安东尼乌斯对海盗的无果战役有关,这场战争始于前 74 年,终于前 72 年或前 71 年初(Liv. *Per.* 97)——当他被迫与克里特人缔约(Diod. Sic. 40.1)之后死于国外。

在那里白白耗费三年

色尔托瑞乌斯战争的结果
（前73—前72年）
（残篇55—63）

55[*]　81M,77Mc,3D,64K

[Ra 本说明]注家认为驳斥的宾语（"这个"）是"某个凯尔特伊比利亚人写的东西"。因此，语境可能是塔尔昆提乌斯·璞瑞斯库斯（Tarquitius Priscus）——色尔托瑞乌斯的一名参谋（Frontin. *Str.* 2.5.31），与佩尔佩尔纳密谋杀害色尔托瑞乌斯的阴谋者之一——试图驳斥某个旨在挫败阴谋的书面消息。

因此塔尔昆提乌斯驳斥这个（hanc）。

56　82M,78Mc,2D,K

[Ra 本说明]与残篇 55 相同的语境：对色尔托瑞乌斯的一次警告。

让统帅警惕凯尔特伊比利亚叛兵

57　83M,79Mc,4D,3K

[Ra 本说明]佩尔佩尔纳在欧斯卡（Oscar）镇举办的宴会（Vell. 2.30.1），色尔托瑞乌斯在宴会过程中遭刺杀。狄俄多儒斯

(Diod. Sic. 37.22a)记述过客人们的另一种落座方式,色尔托瑞乌斯落座于塔尔昆提乌斯与安东尼乌斯之间;根据普鲁塔克的说法(*Sert.* 26.11),安东尼乌斯下了第一刀。

于是他们落座:色尔托瑞乌斯坐于中席下座,他的上首是路奇乌斯·法比乌斯·西班牙西斯(L. Fabius Hispaniensis),一位被褫夺的元老;安东尼乌斯坐于上席,下首是色尔托瑞乌斯的书记官威尔西乌斯(Versius);另一名书记官迈刻纳斯(Maecenas)则坐于下席,在塔尔昆提乌斯与主人佩尔佩尔纳之间。①

58　84M,80Mc,68D,78K

[Ra本说明]茂伦布莱舍尔将此残篇系于佩尔佩尔纳率领之色尔托瑞乌斯军败于庞培之手后的溃逃(Plut. *Pomp.* 20.4-6; Frontin. *Str.* 2.5.32; App. *B Civ.* 1.115)。克里茨和蒂奇则不那么令人信服地将此残篇归于对克瑞克苏斯(前72年败于执政官革利乌斯)手下逃跑的日耳曼和高卢奴隶的描写(参残篇3.68—69)。

〈骚乱?〉……像在绝望情境中通常发生的那样,各寻出路:比如,一些人恃于熟悉地形,四散躲藏;部分人竭力突出重围。

59*　85M,81Mc,5D,5K

[Ra本说明]与残篇58相同的语境。失败之后,佩尔佩尔纳试图躲入树丛,但被发现并被拉到庞培面前处决(App. *B Civ.* 1.115; Amm. Marc. 26.9.9)。

---

① [Ra本注]躺椅置于餐桌的三边,每张躺椅可容纳多达3人落座。排座见图。色尔维乌斯似乎误以色尔托瑞乌斯为主人,引撒路斯提乌斯以证明以下观点:维吉尔的"坐于中席"(mediamque locavit)描述的是主人的通常位置。实际上,色尔托瑞乌斯是贵客,因而他占据为贵客保留的位置,locus consularis,即中席的下(imus)座。与色尔托瑞乌斯共用座椅的法比乌斯,曾是前81年西班牙总督盖乌斯·安尼乌斯麾下的一名财务官(*MRR* 3.86)。

一个佃户的赶骡人偶尔认出佩尔佩尔纳。

60* 86M,82Mc,不定 62D,不定 28K

[Ra 本说明]在色尔托瑞乌斯的要塞卡拉古瑞斯遭到庞培的副官阿伏剌尼乌斯旷日持久的围攻期间,守卫者在食物告罄之时,以吃他们的女人和孩子的尸体维生(Val. Max. 7. 6 ext. 3;Oros. 5. 23. 14)。

当他们在食物上(esca super)犯了并遭了许多不敬之事①

61 87M,83Mc,6D,7K

[Ra 本说明]与残篇 60 相同的语境。

吃掉部分后,他们把剩余的尸体腌渍以延长食用[期]

62 88M,84Mc,7D,6K

[Ra 本说明]为了纪念自己在色尔托瑞乌斯战争中的胜利,庞培在比利牛斯山区的帕尼撒尔斯(Panissars)镇附近的佩尔图斯山口(Col de Pertus)立了一块胜利纪念碑(Plin. *HN* 7. 96;Exsuper. 8 [56Z];Dio 41. 24. 3),小块残碑至今仍保存于原地。类似地,亚历山大大帝(Alexander the Great)为了标记他的征服所至的最东端,在印度立过 12 座巨大的祭坛(Arr. *Anab.* 5. 29. 1;Strabo 3. 5. 5)。

但庞培由于支持者的奉承,从非常年轻时就相信自己将成为类似亚历山大大帝的人,是那个人的事功和宏图的效仿者。

---

① [Ra 本注]把 super 理解为介词,意为"在……方面"(*OLD* 11);或者,如果保留传世的读法 casu super,则意为"除偶然之外"(*OLD* s. v. super 12b;cf. *K-S* 1. 572)。

63* 89M,85Mc,4.29D,4.53K

[Ra 本说明] 与残篇 62 相同的语境。

他[庞培]在比利牛斯山口立下战胜西班牙人(de victis Hispanis)之碑①

---

① [Ra 本注] de 后面跟战胜之人的夺格(*OLD* s. v. 6b);或者,如果保留传世的 devictis,则意为"战胜西班牙人之后,他……"。普林尼(Plin. *HN* 7.96)把碑上没有色尔托瑞乌斯的名字归于庞培的志存高远(maiore animo)。伏罗茹斯(Flor. 2.10.9)更敏锐地指出,美忒路斯和庞培都想把这场战争呈现为一场对外战争(而非内战),这样他们才得以在回罗马时享受凯旋式。

斯帕尔塔库斯领导的奴隶暴动：
第二年（前72年）
（残篇64—70）

64 100M,86Mc,64D,69K

［Ra本说明］这些词可能与斯帕尔塔库斯为自己的部队更新武器和组建一支骑兵的努力有关（克里茨即主此说）。伏罗茹斯（Flor. 2.8.6-7）把这些行为置于第一年劫掠之末，即前73/72年冬（参 App. *B Civ.* 1.116）。

〈斯帕尔塔库斯主张？〉……没有地方对他们而言是安全的，除了他们武装占领的地方

65* 101M,87Mc,不定22D,3.68K

［Ra本说明］可能与残篇64语境相同，斯帕尔塔库斯指示他的手下从死者身上剥下任何能用于战争的东西。

让他们剥夺〈死者的〉武器和马匹

66† 102M,14Mc,4.1D,4.22K

［Ra本说明］阿庇安(1.116)和伏罗茹斯(2.8.6)认为，在前73/72年冬季（因而此残篇属于卷三，而非引用的卷四），斯帕尔塔

库斯的追随者用临时凑合的武器装备自己,且伏罗茹斯(同上)和弗龙蒂努斯(*Str.* 1.7.6)提到那些武器中包含以柳条编成的盾牌,蒙以兽皮,即此条和下条残篇提到的那种。此残篇中描述的人可能是卢卡尼亚人(Lucanians),南意大利那些跑来加入斯帕尔塔库斯的牧羊人和牧马人(参 Plut. *Crass.* 9.4),因为根据色尔维乌斯的说法(ad *Aen.* 7.632),撒路斯提乌斯提到过卢卡尼亚人手工制作的这种蒙皮的柳盾。

这些人熟悉地形并惯于用柳条编织简陋的器具,彼地彼时,因为盾牌紧缺,每个人就用这种方式,以骑兵用的小圆盾的样子武装自己。

67* 103M,4.15Mc,4.2D,4.23K

[Ra 本说明]与残篇 66 相同的语境。

他们把刚剥下的兽皮像胶水那样加工(adolescebant)。①

68* 104M,88Mc,不定 18D,3.57K

[Ra 本说明]一支日耳曼人的大分队在高卢人克瑞克苏斯的指挥下与斯帕尔塔库斯断绝关系,于前 72 年在阿普利亚的伽尔伽努斯山(Mt. Gargansu)附近在一场决战中被击败。

日耳曼人以鹿皮(renonibus)遮盖裸身。

69* 105M,89Mc,不定 19D,3.58K

[Ra 本说明]与残篇 68 相同的语境。

---

① [Ra 本注]语境似乎要求 adolesco(字面义为"长大,成熟")有"附着"之意(*OLD* 6 引此残篇;*TLL* 1.801.73—74 阙疑)。

他们称兽皮大衣为"鹿氅"(renones)。

70　106M,90Mc,70D,80K

[Ra本说明]执政官革利乌斯击败克瑞克苏斯和日耳曼角斗士之后(残篇68),斯帕尔塔库斯向北行军,在皮刻努姆分别战胜革利乌斯和他的执政官同僚格奈乌斯·科尔内利乌斯·勒恩图路斯·克罗迪阿努斯(Cn. Cornelius Lentulus Clodianus),随后击败他们的联军(App. *B Civ.* 1.117; cf. Plut. *Crass.* 9.9)。此残篇可能指勒恩图路斯遭到损失的第一或第二场战斗,尽管他显然得到一支不是他自己的副官就是他的同僚革利乌斯率领的解围部队的支援。

且那时,一些帅袍甫【现】于【隘道】而选出的几个步兵队刚明白之后,勒恩图路斯就【放弃】他的人以大量鲜血用双线【防守】的高地,【向敌人发起攻击】

玛尔库斯·路库路斯的忒腊克战役
（前 72 年）
（残篇 71—73）

71^{*}　51M,4.11Mc,不定 72D,不定 38K

［Ra 本说明］忒腊克沿海的城镇,玛尔库斯·路库路斯（前 73 年执政官,前 72—前 71 年资深执政官领马其顿）作战之地（参 Liv. *Per.* 97）。

埃诺斯（Aenos）和玛若内阿（Maronea）,①以及军用道路②

72^{*}　4.18M,4.12Mc,4.38D,4.46K

［Ra 本说明］前 72—前 71 年,玛尔库斯·路库路斯的征服顺利进展至忒腊克以北、伊斯忒尔（Ister,即多瑙河）以南的摩厄西阿人（Moesian）领地（Eutr. 6.10）。

【撒路斯提乌斯说,】摩厄西阿人【被路库路斯征服】。

---

① ［Mc 本注］忒腊克城市（Mela 2.28: Aenos... et... Maronia）。两者可能位于路库路斯前往黑海地区的路上。
② ［Ra 本注］无疑指厄格那提乌斯大道（via Egnatia,约建于前 130 年）,沿忒腊克海岸直达拜占庭。

73* 4.19M,4.13Mc,4.39D,4.47K

[Ra 本说明]克里茨推测,玛尔库斯·路库路斯总督马其顿期间征服的忒腊克和摩厄西阿城镇中,撒路斯提乌斯可能提到过 Bizone(Mela 2.2.22; Plin. *HN* 4.44; Strabo 7.6.1),基于此,璞若布斯(Probus)错误地认为主格是 Vizzo(Vizo=Bizo)。

zo:【不见任何以此音节结尾的名词,除了撒路斯提乌斯提到的一座蛮夷城市:Vizzo,Vizzonis。】〈Bizone〉①

---

① [Mc 本注]可能指比兹耶(Bizye),位于黑海的下忒腊克海岸。

米特瑞达忒斯战争（前72年）
（残篇74—81）

74　52M,35Mc,77D,94K

[Ra 本说明]前72年春,当罗马舰队证明不可能把敌人的船只驱离岸上的搁浅地点后,路库路斯率军登陆利姆诺斯（Lemnos）岛（Plut. *Luc.* 12.4）,或附近的克律色（Chryse）岛（App. *Mith.* 77）,以从后方袭击米特瑞达忒斯的船只。

他们[罗马人]涉海,没至鼠蹊。

75　53M,36Mc,33D,36K

[Ra 本说明]前72年春,米特瑞达忒斯从拜占庭城市尼科美迪阿（Nicomedia）出海,该城位于普罗庞提斯（Propontis）最北湾的头上。由于路库路斯的副官沃科尼乌斯（Voconius）的疏忽,米特瑞达忒斯得以通过博斯普鲁斯（Bosporus）进入黑海（Plut. *Luc.* 13.1-2）。

从[博斯普鲁斯?]海峡出来之后

76　54M,37Mc,24D,25K

[Ra 本说明]前72年春,在撤往本都的西诺佩（Sinope）的途

中，米特瑞达忒斯刚进入黑海不久，一场大风暴摧毁他的一大部分舰队，残骸漂浮数日（Plut. *Luc.* 13.2；App. *Mith.* 78）。

而那些试图游出去的人，时常被船的残骸击中，或因海浪之力撞上船体（alveos），[①]但最终都死了，身体撞烂。

77 56M, 38Mc, 31D, 35K

［Ra 本说明］与残篇 76 相同的语境，可能描述米特瑞达忒斯乘坐的那艘商船的覆没（Plut. *Luc.* 13.3；App. *Mith.* 78）。

海急剧膨胀，风愈猛，它已无法支撑

78 * **57M, 39Mc, 50D, 9K**

［Ra 本说明］残篇 76—77 记述的风暴过去后，米特瑞达忒斯坐一艘海盗船回到他的本都王国的西诺佩，又从那儿去往阿米索斯（App. *Mith.* 78）。

阿米索斯（Amisos）

79 58M, 40Mc, 35D, 42K

［Ra 本说明］前 72 年夏，路库路斯入侵米特瑞达忒斯的本都王国时，他的部队不满于自己的指挥官没有花更多心思去大肆劫掠和发家致富（Plut. *Luc.* 14.2）。

〈路库路斯的部队要求？〉他们接受保存（custodias）财宝的城

---

① ［Ra 本注］或者，如果采用 alvos（alvus［肚子］的宾格）这一校勘，则意为"撞破肚子"。

堡的投降①

80 59M,41Mc,37D,39K

[Ra 本说明]资深财务官普卜利乌斯·欧皮乌斯(P. Oppius)和他的指挥官玛尔库斯·科塔(前74年执政官)在比提尼亚任职时,后者将前者开除,并告其受贿和谋反(Dio 36.40.3)。此事可能发生于前72年的赫拉克勒斯城(Heraclea)之围。

但欧皮乌斯请求无果之后,试图小心地取出藏在衣服里的匕首,被科塔和武珥奇乌斯(Vulcius)制止。②

81* 60M,42Mc,38D,40K

[Ra 本说明]与残篇80相同的语境。色尔维乌斯称,在一次公共集会上,科塔在开除欧皮乌斯时说了这些话。

---

① [Ra 本注]甚至在古代,意见已有分歧:该把 custodias 解释成复数宾格,还是古老的单数属格——类似 pater(mater)familias(一家之父[母])这样的表达。为了使 custodias 作宾格,原文必须校订至如这里所印的那样。参残篇4.10,那里的custodias 是宾格,尽管语法学家们希望是属格。
② [Ra 本注]前69年,在为欧皮乌斯辩护的演说中,西塞罗认为,不清楚欧皮乌斯抽出匕首是为了自杀还是伤害科塔(*Quint.* 5.10.69)。

他说他不会再用他,并把他从军队开除。①

---

① [Mc 本注]3.35-42:米特瑞达忒斯战争在前73年的进程,可分成两个不同阶段:这位本都国王的西进被断然阻扰;于是,他被迫撤回本土,以便补充兵力并重新部署击败罗马人的另一次企图。

放弃占领曲孜科斯的企图后(参3.29—30注),米特瑞达忒斯率舰队前往帕瑞乌姆(Parium),命令他的军队沿陆路行进至拉姆璞撒库斯(Lampsacus)。跨越泛滥的埃色普斯(Aesepus)河和格剌尼库斯(Granicus)河时,他的约3万名步兵被俘(Plut. Luc. 11.8; App. Mith. 76; Memnon 40);其他人到达拉姆璞撒库斯并登上本都舰队。米特瑞达忒斯仍深信自己可以在普罗庞提斯立足,便派色尔托瑞乌斯的将领马略带50艘船和1万名士兵去爱琴海以牵制敌人(Cic. De imp. Cn. Pomp. 21, Mur. 33; App. Mith. 77);他本人航向佩林苏斯(Perinthus),希望与他的欧罗巴盟友建立联系。未能占领佩林苏斯的他退回尼科美迪阿。亚细亚各城给路库路斯配备了一支装备齐全的舰队,他决定自己对付马略。他把自己的部分舰队交给盖乌斯·瓦勒瑞乌斯·特瑞阿瑞乌斯和巴尔巴(Barba)指挥,命令他们去攻陷普罗庞提斯和米特瑞达忒斯在西比提尼亚占据的各城。这些将领被认为攻陷沿岸的阿帕梅亚(Apamea)、密尔来亚(Myrleia)和奇乌斯(Cius),以及内陆的璞茹撒(Prusa)和尼西亚(App. Mith. 77; Memnon 41)。路库路斯本人在忒内多斯(Tenedos)和利姆诺斯附近的两次遭遇战中歼灭了马略麾下的部队。

米特瑞达忒斯在尼科美迪阿的阵地已不再守得住;他几乎不能指望普罗庞提斯,而科塔从迦克墩来与特瑞阿瑞乌斯会师,构成从陆上封锁该镇的威胁。路库路斯在爱琴海获胜后,预见到米特瑞达忒斯的行动,已先派沃科尼乌斯带部分舰队去封锁博斯普鲁斯的入口。但沃科尼乌斯沉迷于萨莫忒腊克(Samothrace,又译"萨莫色雷斯")的秘仪,致使国王逃入黑海(Plut. Luc. 13.1-2)。从一场猛烈的风暴中逃生后,米特瑞达忒斯安全到达阿米索斯。他的大部分军队被毁,他的舰队受损、散落四方,于是他向东方的各位统治者求助,但徒劳无功。他唯一的一点幸运就是赢得他驻守的赫拉克勒斯城。这座堡垒、帕夫拉戈尼亚(Paphlagonian)沿岸的一些城镇以及西诺佩,至少可以阻滞部分罗马军向本都进军。依靠一张由防守坚固的阵地组成的网,尤其阿马西亚(Amasia)、阿马西斯(Amasis)、忒米斯曲剌(Themiscyra)和厄乌帕托尔城(Eupatoria),米特瑞达忒斯开始在卡拜剌建立一支新军,他在那里聚起4万步兵和4000马匹(Plut. Luc. 15.1; App. Mith. 7.8)。

路库路斯、科塔和特瑞阿瑞乌斯准备入侵本都。科塔的兵力被派去对付可能来自帕夫拉戈尼亚沿岸的城镇的抵抗;特瑞阿瑞乌斯处理完国王的舰队在爱琴海的残余后,将给予科塔海军支援(参 Memnon 48)。意识到需要速度和出其不意,路库路斯在前73年夏季结束前就进军。他经南路通过伽拉提阿(Galatia),跨越哈吕斯河(Halys),使阿马西亚和厄乌帕托尔城在自己的右边,行进在阿米索斯的哈吕斯河与依瑞斯河(Iris)之间。劫掠直到忒米斯曲剌的乡间之后,他开始围攻阿米索斯。但是,米特瑞达忒斯在前73/72年的整个冬天都能从卡拜剌供应阿米索斯。[译注]Mc 本与 Ra 本对第三次米特瑞达忒斯战争的编年不同,Ra 本认为这些事发生在前72年。

附记本都地形

（残篇 82—99）

82[*]　61M，不定 22Mc，3.39D，33K

[Ra 本说明]描述特洛伊神话般的历史以及该地区的城镇时，撒路斯提乌斯提到米达斯（Midas）王。

【"达尔达尼亚""特洛伊"，要么出自朱庇特与厄勒克特剌的（Electrae）儿子达尔达努斯（Dardano）[特洛伊王族的始祖]……要么确实如撒路斯提乌斯所言，出自达尔达尼亚人的王米达斯，他据有弗里吉亚（Phrygiam）。】

83[*]　62M，43Mc，43D，50K

[Ra 本说明]撒路斯提乌斯对西革昂海岬（Sigeon promontory）附近的赫勒海（Hellespont，又译"赫勒斯滂"）的描写（cf. Isid. Etym. 14.7.2）。

【[维吉尔称西革昂海峡]"宽"，是因为如撒路斯提乌斯所言，黑海口的窄道在那个地方变宽。】

84[*]　63M，44Mc，44D，49K

[Ra 本说明]撒路斯提乌斯对黑海轮廓的描述。古代作家经

常把黑海的轮廓与斯基泰弓的形状联系起来(Mela 1.102;Plin. *HN* 4.76;Strabo 2.5.22)。克里米亚东西两面都是海湾,在[黑海]北边形成一道海岸线,类似向内凹的弓把,带两个弯角;相对较直的南岸则可以设想为弓弦。

因为它形成斯基泰弓的样子。

85* 65M,45Mc,45D,51K

[Ra本说明]撒路斯提乌斯对黑海的描述。

而黑海本身,没有其他海那么咸,①**雾蒙蒙的,还比较浅**

86* 66M,46Mc,41D,53K

[Ra本说明]冬冰融化之时,黑海冒出大量的鱼。

那时节许多鱼从黑海冒出

87* 67M,47Mc,D、K未收

[Ra本说明]本都·攸克星(Pontus Euxinus,好客之海),这是黑海后来的名字;之前黑海被称为亚克星(Axinus,不好客),或是因为环境恶劣(Plin. *HN* 6.1),或是因为沿岸居住的凶猛土著(Amm. Marc. 22.8.33;Mela 1.102)。

他们给这海取名为"不好客"。

88 68M,48Mc,50D,4.21K

[Ra本说明]第一批造访黑海地区的希腊人是寻找金羊毛的伊

---

① [Ra本注]由于流入其中的许多河流带来大量淡水(参 Amm. Marc. 22.8.46; Isid. *Etym.* 13.16.4)。

阿宋（Jason），以及后来的阿喀琉斯（Achilles），后者在特洛伊战争期间突袭过此地（*Adnot. super Luc.* 9.960；*Comm. Bern. ad Luc.* ibid.）。

因为〈据说？〉伊阿宋第一个经由新航路去侵犯埃忒斯的（Aeetae）家

89* 69M，49Mc，40D，32K

[Ra 本说明]与残篇 88 相同的语境。麦古欣推测，撒路斯提乌斯可能提及黑海地区那些祭拜阿喀琉斯的地方，比如伊斯忒尔（多瑙）河口的那个岛屿（Paus. 3.19.11），或者波律斯忒内斯（第聂伯）河口以东的一块岬角（Strabo 7.3.19），或者迈欧提斯湖（Lake Maeotis）口的潘提卡彭（Panticapaeum）附近的一座庙（Strabo 11.2.6）。

希腊第一人阿喀琉斯

90* 70M，50Mc，46D，43K

[Ra 本说明]撒路斯提乌斯描述黑海地区，沿着南岸由西至东。斯特拉波（Strabo 12.3.2）、索利努斯（Solinus 42.1）和阿米阿努斯·玛尔刻利努斯（Amm. Marc. 22.8.14）都以比提尼亚为始。

因此，[经博斯普鲁斯进入黑海之后]里面的第一部分亚细亚是比提尼亚，先前有许多名字——最早被称为贝卜律奇亚（Bebrycia），然后被称作密格多尼亚（Mygdonia），后来因比提努斯（Bithyno）王而被叫作比提尼亚。

91* 71M，51Mc，47D，44K

【抒情诗人阿纳克瑞翁（Anacreon）是忒伊欧斯人（〈T〉eius），①来

---

① [Ra 本注]贺拉斯的注家将黑海沿岸的忒伊欧斯城（T[e]ios, Tieion）与爱琴海沿岸的伊奥尼亚城市忒欧斯（阿纳克瑞翁的父邦）相混淆，后者在吕底亚（Lydia）。美拉（Mela 1.104）认为帕伏拉戈尼亚的忒伊欧斯是米利都的殖民地。

自忒伊欧斯城,撒路斯提乌斯在叙述本都位置时,说该城在帕伏拉戈尼阿(Pa[m]flagonia)。】

92　72M,52Mc,D、K 未收

[Ra 本说明]卡吕贝斯人(Chalybes)曾经居住的帕伏拉戈尼阿东部,有一条哈吕斯("盐")河,是小亚细亚最长的河,在撒路斯提乌斯的时代构成尼科美得斯的比提尼亚王国与米特瑞达忒斯的本都王国的边界。

〈哈吕斯河〉流经这些[卡吕贝斯人/他们的土地?],曾经把吕底亚王国与波斯人隔开

93* 　73M,53Mc,49D,46K

[Ra 本说明]沿海城镇忒米斯曲剌附近的平原,位于忒尔摩多恩(Thermodon)河边,在米特瑞达忒斯的本都王国境内,据传说阿玛宗人(Amazons)曾一度居住于此(Strabo 11.5.4)。

然后是忒米斯曲剌平原,阿玛宗人不知何故①离开塔奈斯(Tanai)河②后,曾占据此地

94* 　74M,54Mc,52D,48K

[Ra 本说明]描述居住在黑海北岸的野蛮民族:阿凯伊人(Achaei, Ov. Pont. 4.10.27; Mela 1.13)和陶瑞刻人(Tauri,居住于陶瑞刻半岛即今克里米亚的一个斯基泰民族)。

---

① [Ra 本注]阿米阿努斯·玛尔刻利努斯(Amm. Marc. 22.8.18–19)称,当阿玛宗人野心勃勃,往西直至雅典的袭击失利且沉重的损失削弱她们的战力后,她们被迫迁徙至一个更和平的居处。

② [Ra 本注]即顿河(Don),流入亚速海(迈欧提斯湖),通常被视为欧亚之间的界线(Mela 1.15)。

而据我所知,迄今为止的所有人中,最凶猛的是阿凯伊人和陶瑞刻人,他们因土地贫瘠而被迫以劫掠为生。

95[*]　75M,55Mc,不定 17D,3.19K

[Ra 本说明]可能指迈欧提斯人的领地(Mela 1.14；Plin. *HN* 6.19)。迈欧提斯人是一个斯基泰民族,根据斯特拉波的说法(Strabo 11.2.3),他们占据迈欧提斯湖(今亚速海)北岸,那里常因那些浅滩而被描述为一片沼泽。那样的话,那条河就是流入迈欧提斯湖东端的塔奈斯(参残篇 93)。

那片沼泽之上,所有⟨沿岸土地?⟩直到那条河

96[*]　76M,56Mc,51D,47K

[Ra 本说明]可能描述斯基泰族的一支,撒尔玛提亚人(Sarmatians),他们被称为哈玛克索比欧伊人(Amaxobioi),即"生活在车上的人"(Mela 2.2)。

斯基泰游牧民,以车为家,他们占据⟨那一地区?⟩

97[*]　77M,57Mc,48D,45K

[Ra 本说明]克瑞乌·美托颇恩(Κριοῦ Μέτοπον[公羊额头]),陶瑞刻半岛(克里米亚)尖端的海岬,从帕伏拉戈尼阿海岸的卡剌姆比斯海岬(promontory of Carambis)横跨黑海(Strabo 7.4.3),西诺佩所在的另一端在往东 80 英里处。

【在讲述本都位置时,就帕伏拉戈尼阿海岬与他称为克瑞乌·美托颇恩(Criu Metopon)的海岬,撒路斯提乌斯用了靠近(proximus)一词。】

98　79M,58Mc,9D,55K

[Ra本说明]撒路斯提乌斯把达努维乌斯(多瑙)河等同于伊斯忒尔河的上游,注入黑海的西端(参 Mela 2.8)。

且其名为达努维乌斯(Danuvium),与日耳曼人的土地接壤。

99＊　80M,59Mc,10D,56K

[Ra本说明]与尼罗河相比,伊斯忒尔(多瑙)河的相对大小(参 Mela 2.8)。

【人们同意,罗马帝国境内所有流入大海的河流中,尼罗河最大;撒路斯提乌斯写道,伊斯忒尔河之大次之。】

第三卷中上下文不明的残篇
（残篇 100—108）

茂伦布莱舍尔归于不同语境的残篇（残篇 100—104）

100　17M，8Mc，62D，84K

［Ra 本说明］描述一位擅长恐吓的政治家：可能指前 74 年的平民保民官路奇乌斯·昆克提乌斯（L. Quinctius，Cic. *Clu.* 77，79；参残篇 3.15.11），茂伦布莱舍尔即主此说；或者指政治掮客（political boss）普卜利乌斯·科尔内利乌斯·刻忒古斯（Plut. *Luc.* 5.4，6.1-4），麦古欣即主此说。

已经邪恶地习惯于辩论中的一切暴力

101　25M，93Mc，71D，86K

［Ra 本说明］茂伦布莱舍尔将此残篇归于前 73 年，路奇乌斯·路库路斯的士兵趁主帅不在，企图说服他们的指挥官入侵并掌控米特瑞达忒斯的本都王国，而不去解救玛尔库斯·科塔（前 74 年执政官），后者已被米特瑞达忒斯击败，在迦克墩遇围；但未果（Plut. *Luc.* 8.3）。

当这一企图未果，士兵们开始更散漫地行军，武器不整（aptis），像一开始那样，队列更松散。

102　27M，94Mc，15D，14K

[Ra 本说明]茂伦布莱舍尔采用克里茨的观点，将此残篇归于对此的描述：晚饭后不久，在一个潮湿的夜晚，米特瑞达忒斯偷偷摸摸地从迦克墩撤退，企图攻击曲孜科斯（Plut. *Luc.* 9.1）。然而，如果传世的 tunc[那时]代替推测的 luna 能够成立，则原文大概指罗马的第三个时辰，即清早 7 至 9 点——取决于一年当中的季节。

因为是月（luna）初三，①且一层高高的雾遮住天空。

103　32M，95Mc，80D，98K

[Ra 本说明]茂伦布莱舍尔发现，此残篇可能指米特瑞达忒斯企图使瓦勒瑞乌斯兵叛变而未果（参残篇 26）。与之相对，格拉赫假设与针对色尔托瑞乌斯的阴谋有关（参残篇 55—57）。

他因为阴谋而踌躇（claudit）

104　95M，96Mc，73D，89K

[Ra 本说明]茂伦布莱舍尔把部队感到的绝望系于普卜利乌斯·瓦瑞尼乌斯（前 73 年裁判官）麾下的士兵对战斯帕尔塔库斯时经历的恐慌（参残篇 42.2）。

而当时尤甚，如通常在极端情况下发生的那样，每个人怀念家中至亲之人，所有级别的全部人都在尽最后的义务。②

---

① 　[Ra 本注]即新月后第三夜（参 Hor. *Carm.* 4.2.58；Plin. *HN* 2.219）。原文不确定。
② 　[Ra 本注]即料理自己的事务，可能通过写遗嘱——克里茨和蒂奇即如此理解——如前 58 年凯撒帐下的士兵出于对阿瑞欧维斯图斯（Ariovistus）的恐惧所为。

其他（残篇 105—108）

105　107M,97Mc,75D,92K

帮助那些士气低落、惊魂不定之人。

106　108M,98Mc,76D,93K

他们迫近城墙

107　109M,99Mc,78D,96K

[Ra 本说明]"那个人"(ille)可能指路库路斯,因为在普鲁塔克叙述的路库路斯对米特瑞达忒斯的战役中,梦扮演着一个重要角色,比如在勒姆诺斯/克律色海战之前(*Luc.* 12.1；参残篇 74),以及在占领西诺佩之前(同上,23.3)；而且苏拉在自己的《回忆录》(*Memoirs*)中建议路库路斯信梦(同上,23.6)。

相反,那个人认为自己被骗,就通过内脏探寻梦中是否已预言财宝。

108　110M,100Mc,81D,99K

举棋不定①

---

①　[Ra 本注]即要采取何种计划。

第四卷

提　纲

京城事务（前 72 年）（残篇 1—2）

米特瑞达忒斯战争（前 71 年）（残篇 3—10）

斯帕尔塔库斯领导的奴隶暴动的结果（前 72 年秋—前 71 年春）（残篇 11—31）

　　描述南意大利的地理，斯帕尔塔库斯撤退至此（残篇 14—22）

京城事务（前 71 年）（残篇 32—41）

米特瑞达忒斯战争（前 70 年）（残篇 42—46）

京城事务（前 70 年）（残篇 47—51）

路库路斯入侵亚美尼亚（前 69 年）（残篇 52—59）

米特瑞达忒斯的信（残篇 60）

路库路斯进军亚美尼亚（前 69 年中—前 68 年）（残篇 61—70）

京城事务（前 68 年）（残篇 71）

第四卷中上下文不明的残篇（残篇 72—77）

　　茂伦布莱舍尔归于不同语境的残篇（残篇 72—73）

　　其他（残篇 74—77）

京城事务(前72年)
(残篇1—2)

1　1M,1Mc,35D,50K

[Ra本说明]发语词"at"("但"),以及把勒恩图路斯描述为"他的同僚",由此可推测上一句话提到路奇乌斯·革利乌斯·普卜利科拉(L. Gellius Publicola,勒恩图路斯的同僚)。他俩一起担任前72年的执政官和前70年的监察官,但勒恩图路斯提议立法的行为表明这里的语境是前72年,因为监察官没有立法权(Momm. *StR*, 2. 354 n. 1)。这项法律似乎没有通过,因为两年后即前70年,西塞罗引证的是一些元老院法令而非一项法律,国库可以之为据,想办法弥补苏拉褫夺所欠下的钱(Cic. 2 *Verr*. 3. 81)。

但他的同僚格奈乌斯·勒恩图路斯,元老出身,姓克罗迪阿努斯,不清楚是更迟钝(stolidior)[①]还是更虚伪(vanior),竟公示一项法律,要索回苏拉转(remiserat)给财产收购人(emptoribus bonorum)的金钱。

[①] [Ra本注]2世纪的学者苏珥皮奇乌斯·阿珀利纳瑞斯(Sulpicius Apollinaris, ap. Gell.)称,这里的stolidus意为"讨厌的"(taeter)或"难对付的"(molestus)。

2 2M,2Mc,11D,8K

[Ra 本说明]如果与美特若法内斯(Metrophanes)一起的"他"是路奇乌斯·法恩尼乌斯——他俩最近被证明是前73/72年冬包围曲孜科斯之时米特瑞达忒斯军的指挥官(Oros. 6.2.16),则语境可能是法恩尼乌斯及其出自菲姆卜瑞阿军的同伙路奇乌斯·玛吉乌斯倒向罗马人(Ps.-Ascon. p. 244St. 4-5)。路奇乌斯·法恩尼乌斯后来参加路库路斯的亚美尼亚战役(Dio 36.8.2)。美特若法内斯则于前66年作为庞培的使者出使米特瑞达忒斯(Dio 36.45.2)。参可疑残篇21。

元老院极其勤勉地搜寻他和美特若法内斯,派出许多小艇和少量可靠之人去[河]口调查,⟨并且……⟩①

---

① [Mc 本注]4.1—2:表明撒路斯提乌斯的这卷书以论述前72年的京城事务(res urbanae)开始。

米特瑞达忒斯战争(前 71 年)
(残篇 3—10)

3[†]　4M,3Mc,50D,61K

[Ra 本说明]这是阿茹西阿努斯为了说明同样的句式而摘自撒路斯提乌斯的 3 个例子中的第 3 个,据说取自"《罗马共和纪事》卷二",但由于例子 1 和 2 分别取自"《罗马共和纪事》卷一"和"《罗马共和纪事》卷三",且此残篇提到"国王的营地"(显然指米特瑞达忒斯),"卷二"可能应当校正为"卷四"。原文可能事关一次骑兵遭遇战,发生于本都境内的卡拜刺(Cabira)城附近的平原,即米特瑞达忒斯重整军力之地(Plut. *Luc.* 15.1-2)。

他命令一支骑兵队迫近国王的营地,并勘察附近的情形(prope rationem)。[①]

4　5M,4Mc,16D,43K

[Ra 本说明]各军团可能从卡拜刺西北的山中(App. *Mith.* 80)被召集至卡拜刺附近的罗马营地,这一阵地转移之所以可能,要归功于友善的希腊向导,他们告诉路库路斯如何绕开米特瑞达

---

① [Ra 本注]或者,"附近的地形",即 locorum[地方的]rationem[情形](凯尔[Keil]和茂伦布莱舍尔即主此说)。原文在此处不确定。

忒斯的兵力(Plut. *Luc.* 15.3-4)。

因此他召集前一天驻扎于山中的各军团。

5* 7M,5Mc,不定 63D,不定 29K

[Ra 本说明]可能描述路库路斯亲自介入,在卡拜剌附近阻止他手下的一支分队逃跑。

当着首领的面,人人都更热切地展示自己的优秀和活力

6† 8M,6Mc,3.34D,3.38K

[Ra 本说明]可能描述米特瑞达忒斯的战略,以切断从卡帕多西亚(Cappadocia)运往卡拜剌附近的路库路斯军的给养(App. *Mith.* 81)。

但由于国王的精心策划,饥饿立马缠上路库路斯。

7* 9M,7Mc,D、K 未收

[Ra 本说明]袭击路库路斯的给养车队失败的消息在米特瑞达忒斯营中造成恐慌,最终导致米特瑞达忒斯军的一场灾难性的、无序的撤离(Plut. *Luc.* 17.4-5;App. *Mith.* 81)。

那一夜,他本人六神无主。①

---

① [Mc 本注]4.5-7:卡拜剌战役的结果取决于国王能否成功拦截车队。这三条残篇都是撒路斯提乌斯对此战役的记述的留存。其他材料表明有三场遭遇战,第一场不是决定性的,4.5 略有提及。没有直接提到另外两场:4.6 提到关键因素——补给车队——双方的中心目标,4.7 则述及第三次冲突的直接后果。

8　10M,8Mc,45D,3K

［Ra 本说明］罗马人在卡拜剌附近夺取米特瑞达忒斯匆忙撤离的营地(App. *Mith.* 81-82)。

如此,未［遭］任何损伤便进入营地。

9　11M,9Mc,4D,26K

［Ra 本说明］与残篇 8 相同的语境。

且第二天回来时,他们得到大量敌人匆忙间留下的东西,当他们在那里愉快地用酒和食款待自己时

10^{*}　12M,10Mc,47D,5K

［Ra 本说明］珀姆珀尼乌斯为上下文提供"路库路斯掌握"(tenuit Lucullus)等词。普鲁塔克(*Luc.* 18.1)称,路库路斯在卡拜剌击败米特瑞达忒斯之后,后者的财宝和堡垒落入前者之手。

【路库路斯掌握】国王的财宝和监狱

斯帕尔塔库斯领导的奴隶暴动的结果
（前 72 年秋—前 71 年春）
（残篇 11—31）

11　20M,16Mc,3D,24K

[Ra 本说明]语境可能是斯帕尔塔库斯团伙实施的一次突袭，这伙人已占据卢卡尼亚南部的图里澳(Thurii)镇以及附近的山区（参 App. *B Civ*. 1.117）。

再次获得驮兽后，他们努力向镇子进发。

12　21M,17Mc,63D,64K

[Ra 本说明]前 72 年秋，玛尔库斯·克拉苏(M. Crassus)取得奴隶战争的指挥权后召集新的罗马兵力。此残篇可能指从苏拉的老兵中招募经验丰富的士兵，那些老兵在 10 年前即前 82 年底就已被解散。保护自己分得的土地免遭斯帕尔塔库斯暴动造成的威胁，是他们的既得利益所系。

每个人尽管身体已老，仍有一颗好战的灵魂

13＊　22M,18Mc,6D,27K

[Ra 本说明]克拉苏的副官穆米乌斯(Mummius)败于逃亡奴

隶之手,克拉苏把在败仗中表现最怯懦的部队抽取十分之一处死(Plut. *Crass*. 10.4)。

他用杖击杀抽签选中的人。

描述南意大利的地理,斯帕尔塔库斯撤退至此(残篇 14—22)

14* 23M,19Mc,18D,33K

[Ra 本说明]撒路斯提乌斯指意大利的"脚踵"(卡拉布里亚[Calabria])时,用的是脚踵尖上那个海岬的名字撒勒恩提努姆(Sallentinum);他指"脚趾"时,用的则是较宽的卜茹提乌姆(ager Bruttius)的名字。

整个意大利末端收窄,裂成两个海岬,卜茹提乌姆①和撒勒恩提努姆。②

15* 24M,20Mc,17D,32K

[Ra 本说明]描述卡拉布里亚,与意大利末端两大半岛的另一座即崎岖的卜茹提乌姆相比,卡拉布里亚相对低平。

意大利的平坦、光滑之地

16 25M,21Mc,19D,34K

[Ra 本说明]撒路斯提乌斯估测卜茹提乌姆两边海岸之间的最短距离约为 35 罗马里,近似图里澳纬度处的空中距离(约 40 英

---

① [Mc 本注]卜茹提乌姆海岬,意大利的脚趾(今卡拉布里亚),得名自生活在半岛西南的一个民族卜茹提依人(Brutti)。
② [Mc 本注]撒勒恩提努姆海岬,意大利的脚踵,得名自占据东南部海岬的一个民族撒勒恩提尼人(Sallentini)。该地区曾被称作卡拉布里亚,直到 700 年左右伦巴第人攫取卡拉布里亚之后,拜占庭人将这个名字转给西南部的那个海岬。

里)。此地的颈部——在斯科拉奇乌姆(Scolacium)的纬度处——甚至更窄(约20英里)。普鲁塔克似乎把这一长度误会为克拉苏为了把斯帕尔塔库斯及其手下封锁于卜茹提乌姆而必须修挖的围墙和壕沟(15英尺宽、15英尺深)的距离(Plut. Crass. 10.7-8),后者其实短得多。普鲁塔克称,围墙长达300斯塔德(约37.5罗马里),而这是一个不可能驻防的长度。更现实的看法是,围墙和壕沟可能旨在切断斯帕尔塔库斯撤退所至的斯曲莱乌姆海岬(promontory of Scyllaeum,今希拉[Scilla]),它位于卜茹提乌姆沿岸,西西里的佩罗茹斯角(Cape Pelorus)对面(沃德即主此说,见A. Ward, *Marcus Crassus and the Late Roman Republic*, Columbia, 1977, 89-90)。

伸向西西里,颈部宽度不超过35里

17* 26M,22Mc,20D,35K

[Ra本说明]意大利与西西里之间的海峡的产生。

而据知,西西里曾与意大利相连;但中部要么因低洼而沉没,要么因狭窄而断裂。而且,尖锐、高峻的西西里把海潮打回意大利,而意大利的松软本性,造成[海岸的]弯曲。

18* 27M,23Mc,21D,36K

[Ra本说明]撒路斯提乌斯描述斯帕尔塔库斯撤退到的卜茹提乌姆沿海地区。传说中荷马笔下的怪物斯库拉(Scylla)与从意大利海岸伸出的一座岩层有关,位于佩罗茹斯角对面,在墨西拿海峡(Strait of Messina)中,靠近今天的希拉。

当地人把一块突入海中的岩石叫作斯库拉,从远处看类似那个著名的形象(formae)。且他们赋予其那个传说中的怪物的样子

(speciem),像一个人的形象,被狗头环绕,因为撞在那里的浪花仿佛在发出犬吠。

19 28M,24Mc,22D,37K

[Ra 本说明]与残篇 18 相同的语境:这儿描述一个以传说中荷马笔下的卡律布狄斯(Charybdis)命名的漩涡,在墨西拿海峡中,靠近西西里城市墨西拿(Messana,参 Strabo 6.2.3)。该漩涡可能将船骸顺着东海岸往下冲到西西里城镇陶若美尼乌姆(Tauromenium)。

卡律布狄斯,一个海上漩涡,吸入碰巧进入的船骸,顺潜流将其拖至 40(XL)里①外的陶若美尼乌姆海滨,在那里,残损的船只从海底浮出。

20* 29M,25Mc,24D,39K

[Ra 本说明]与残篇 18—19 相同的语境。据传说,在一次航海中,汉尼拔无法渡过狭窄的墨西拿海峡(在佩罗茹斯角与意大利的"脚趾"之间)的距离,便错误地相信他的领航员佩罗茹斯(Pelorus)背叛他而把他引入陷阱,就将其处死(Serv. loc. cit.; Mela 2.116; Val. Max. 9.8 ext. 1)。

【佩罗茹斯:这是西西里的一个海岬,根据撒路斯提乌斯的说法,因汉尼拔的舵手葬于此而得名】

21 30M,26Mc,8D,29K

[Ra 本说明]当之前曾与逃亡奴隶达成交易的奇利奇阿人启航而去,陷逃亡奴隶于困境,使他们无法坐海盗船安全到达西西里

---

① [Ra 本注]抄本给出的距离(60 里)几乎是海峡中把陶若美尼乌姆与墨西拿隔开的实际距离的两倍。

时(Plut. *Crass.* 10.6-7),斯帕尔塔库斯及其人马便试图坐临时自制的木筏穿越墨西拿海峡(Flor. 2.8.13;cf. Cic. *2 Verr.* 5.5),他们无疑从斯曲莱乌姆角的行动基地出发。

他们把大桶置于木板下,并缚以藤条或兽皮

22 31M,27Mc,9D,30K

[Ra 本说明]与残篇 21 相同的语境。

缠起来的(inplicatae)木筏妨碍操作(ministeria)。①

23^{*} 32M,28Mc,10D,31K

[Ra 本说明]与残篇 21 相同的语境。前 70 年,西塞罗在反维勒斯的控词中嘲笑这位前总督的如下主张:维勒斯认为自己在阻止斯帕尔塔库斯战争漫过墨西拿海峡传至西西里这件事上值得称赞(Cic. *2 Verr.* 5.5)。与西塞罗的刻画相反,可能正是维勒斯的防御措施使奇利奇阿海盗违背要把斯帕尔塔库斯及其人马运至西西里海岸的协定(Plut. *Crass.* 10.7)。

盖乌斯·维勒斯在靠近意大利的海滨筑防。

24^{*} 35M,29Mc,D、K 未收

[Ra 本说明]茂伦布莱舍尔对比普鲁塔克的《克拉苏传》(*Crass.* 10.9),推断这些词指的是一个下雪的冬夜,在这个夜晚,斯帕尔塔库斯军的三分之一成功翻越克拉苏试图用以封锁热吉乌姆(Rhegium)附近的斯曲莱乌姆角的壕沟和围墙。奴隶们当时的

---

① [Ra 本注]此语境中的 ministrium 肯定指驾驶和操控筏子之职(克里茨即主此说),《牛津拉丁语词典》(*OLD*)和《拉英词典》(*Lewis and Short*)均未收此义项(但参 *TLL* 8.1010.19-53,义同 negotium、munus[即一项指定的任务])。

据点就在热吉乌姆。

一个冰冻的夜晚

25　36M,30Mc,65D,66K

[Ra本说明]与残篇24相同的语境。

当时我们的岗哨稀少且疏于武装

26[*]　33M,31Mc,7D,28K

[Ra本说明]色尔维乌斯称,引自撒路斯提乌斯的内容与逃亡相关。由于西拉(Sila)是卜茹提乌姆东北部的一座森林覆盖的大山(Dion. Hal. *Ant. Rom.* 20. 15 [fr. 20. 5 Ambr.]),长约80英里(Strabo 6. 1. 9),因而对斯帕尔塔库斯及其人马而言,当他们越过克拉苏的堑壕往南逃时,这里是一个顺理成章的藏身之地。

他们在西拉的林中

27　37M,32Mc,12D,40K

[Ra本说明]可能指逃亡者分成两个旗鼓相当的派别,这两个派别形成于他们逃离克拉苏的封锁之后不久(Plut. *Crass.* 11. 1);一派由高卢人和日耳曼人组成,由卡斯图斯(Castus)和卡尼奇乌斯(Cannicius)领导(Frontin. *Str.* 2. 4. 7, 2. 5. 34;Plut. *Crass.* 11. 4;在 Liv. *Per.* 97 中,这两个人叫卡斯图斯和伽尼库斯[Gannicus]);剩下的人仍忠于斯帕尔塔库斯。此残篇也可能描述前70年庞培与克拉苏联合执政期间双方的分歧(Syme, *Sallust*, 212 n. 149)。

他们开始内部不和,不再按中道谋事。

28　38M,33Mc,13D,41K

［Ra 本说明］日耳曼人和高卢人的分队据说驻扎于卢卡尼亚的一个湖边,湖水时甜时苦,轮番变化。

味道媲美最甜的泉水

29　40M,34Mc,15D,42K

［Ra 本说明］在攻击叛军的高卢－日耳曼团伙之前,克拉苏偷偷派去占据战略位置的士兵被敌人中的两个女人发现(Plut. *Crass.* 11.5)。根据普鲁塔克的说法,那两个女人正代表集体献祭。可能普鲁塔克或他的资料来源误以为撒路斯提乌斯的 menstrua 指的是"按月的献祭"(menstrua ⟨sacra⟩,《拉英词典》把这个义项归给这一段落中的 menstrua)。卢克莱修那里的类似表达(6.796: quo menstrua solvit［在月经期间］;参 Tac. *Hist.* 5.6)清楚表明,那两个女人是要去隐蔽的地方处理月经。

与此同时,天刚蒙蒙亮时,两个高卢女人避开人群,上山处理月经(menstrua solvenda)

30　39M,35Mc,14D,44K

［Ra 本说明］在战争的最后阶段,克拉苏在击败高卢－日耳曼分队(参残篇 27—29)之后,十分急切地想粉碎斯帕尔塔库斯手下的剩余兵力,以先发制人,防止庞培从他那里抢走结束战争之功(Plut. *Crass.* 11.8; Nic.-*Crass.*, 3(36).2)——这种急切近似鲁莽(Plut. *Pomp.* 21.2)。

立刻变得更渴望速战速决

31* 41M,36Mc,不定 29D,4.45K

[Ra 本说明]描述一位勇士在战斗中奋勇抗争之后被杀,使许多敌人同归于尽,这一描述符合对斯帕尔塔库斯之死的记述(Flor. 2. 8. 14; Plut. *Crass.* 11. 9-10;参 App. *B Civ.* 1. 120:未找到斯帕尔塔库斯的尸体)。

他没有迅速(haud inpigre)①地被杀死(occiditur),也没有不施报复[于敌人]

---

① [Ra 本注]原文不确定;李维(Liv. 32. 16. 11)处的 haud impigre 也存在类似问题(参布里斯科[Briscoe]于彼处的笺注)。如果删除 haud,则译作"他被迅猛地杀死,但没有……"。至于 inpigre(意为迅速地[agiliter]或利索地[acriter])与 occidor[杀死]连用,参《尤古尔塔战争》101. 6:satis inpigre occiso pedite[非常迅猛地杀死一个步兵]。

京城事务(前 71 年)
(残篇 32—41)

32[*]　42M,37Mc,31D,56K

[Ra 本说明]前 71 年春,庞培结束西班牙的色尔托瑞乌斯战争回到意大利时,一些人认为他过于倾向于推动受民众欢迎的措施(Plut. *Pomp.* 21.7)。

有许多怀疑,认为他将做平民欲求之事(volentia plebi)①

33　43M,38Mc,25D,57K

[Ra 本说明]庞培当选前 70 年执政官后,玛尔库斯·帕利卡努斯(前 71 年平民保民官)召集了一次集会(contio),庞培在集会上发表演说,承诺恢复保民官的各项权力(Ps. -Ascon. p. 220St. 18 - 20; Cic. *Verr.* 45)。

玛尔库斯·罗利乌斯·帕利卡努斯(M. Lollius Palicanus),一个地位低下的皮刻努姆人,多嘴甚于雄辩②

---

① [Ra 本注]volentia(= optata[希求之事])加与格的这种用法,参 Tac. *Ann.* 15. 36; *Hist.* 3. 52。
② [Ra 本注]西塞罗(Cic. *Brut.* 223)把帕利卡努斯刻画为一个极适合无法无天的公共集会的发言人,那种场合无法欣赏真正的雄辩术(aptior... auribus impertorum)。

34　44M,39Mc,70D,73K

［Ra 本说明］与残篇 33 相同的语境。这里的发言人是庞培。

开始冗长的演说

35　45M,40Mc,30D,55K

［Ra 本说明］与残篇 33—34 相同的语境。庞培展望自己的执政官任期（前 70 年），给出承诺。

如果在他到来之前平民与元老之间尚未达成一致，他将亲自致力于〈达成这种一致？〉……

36　46M,41Mc,26D,59K

［Ra 本说明］可能与残篇 33—35 语境相同。"瘟疫"可能指行省管理的腐败，以及前 1 世纪 70 年代元老陪审团治下的犯罪法庭未能惩罚罪犯。庞培在他的集会演说中十分关注这两件事（Cic. *Verr.* 45）。

这种作风，正如瘟疫（tabes）散入京城

37　47M,42Mc,32D,58K

［Ra 本说明］庞培推动平民派措施，以便加强和扩大自己的政治基础（Plut. *Pomp.* 22.3）。

他已决定大力培植杂众，以使他们迅速成为他的欲望的助手，他向他们表明

38　49M,43Mc,28D,52K

［Ra 本说明］前 71 年下半年，美忒路斯·皮乌斯从色尔托瑞

乌斯战争归来,略晚于庞培选上执政官(App. *B Civ.* 1.121)。庞培回到意大利时,为了对付斯帕尔塔库斯暴动,保留自己的军队,似乎元老院授权他这么做;与之相反,美忒路斯则解散自己的军队。

他一下(degressus)①阿尔卑斯山就解散军队。

39 50M,44Mc,69D,72K

[Ra本说明]可能指庞培和克拉苏在选举前71年执政官前的短暂政治联合,对双方差异的这一调和,在他们当政的那一年迅速化为敌对(Plut. *Pomp.* 22.2-3;*Crass.* 12.1-3)。

对此只在当下足够小心

40 48M,45Mc,33D,54K

[Ra本说明]庞培支持克拉苏候选前71年执政官,以便对方欠他人情(Plut. *Crass.* 12.2)。

[庞培]期望[克拉苏]成为他的次级同僚和支持者②

41 51M,56Mc,34D,62K

[Ra本说明]原文不确定。可能与残篇39—40语境相同,描

---

① [Ra本注]由于就在这条残篇之前,阿茹西阿努斯引《尤古尔塔战争》50.1作colli digredi,而撒路斯提乌斯的抄本给出的是colle degredi,因此,此处有理由接受把传世的digressus[离开]校勘为degressus[下降]。阿茹西阿努斯文本传统中的一个类似错误,参残篇4.72:demissus(dimissus N1)。

② [Mc本注]4.37—45:这9条残篇的内容表明,撒路斯提乌斯相当详细地论述了前71年的京城事务(res urbanae)。奴隶战争得到镇压、对色尔托瑞乌斯的西班牙战争取得成功之后,煽动恢复全部保民官权力——这件事支配着前76—前73年的京城事务——再次爆发;这件事上又加上另一层压力:消除元老院对法庭的控制。正是在这一平民暴动的局势下,两位得胜将军(庞培和克拉苏)计划实现他们各自野心的下一个目标——当选前70年执政官。这方面的大部分可用残篇论述庞培为了实现自己的个人目标而决定向元老院施加平民派的压力背后的想法。

述庞培与克拉苏之间的调和如何转瞬即逝。

克拉苏更像一个苏拉的批评者而非公共之善或恶(boni aut mali publici)的严厉监督者(exactor)①

---

① [Ra 本注]exactor 可理解成两种不同的意义:"公共之善"的看护者(custos);"无序"的驱逐者(expulsor)(*TLL* 5.2.1136.56 ff. and 1135.27 ff., resp.)。在其他地方,撒路斯提乌斯两次(《卡提利纳阴谋》37.8 和《罗马共和纪事》1.67.13)使用 malum publicum(模仿 bonum publicum)。

米特瑞达忒斯战争(前 70 年)
(残篇 42—46)

42　13M,46Mc,42D,1K

[Ra 本说明]路库路斯是这一消息合逻辑的接收者,他于前 71 年夏在卡拜剌附近战胜米特瑞达忒斯之后,在从小亚美尼亚返回本都途中接到这一消息(Plut. *Luc.* 19.1)。阿米索斯城自前 72 年被围以来,已坚守两年。

且他听说未经战斗就包围阿米索斯

43　14M,47Mc,55D,14K

[Ra 本说明]路库路斯占领本都城市厄乌帕托尔城,不久之后又通过让他的士兵用梯子登上城墙暂不设防的部分而占领阿米索斯(Memnon, *FGrHist* 434F30.4; cf. Plut. *Luc.* 19.3)。路库路斯占领西诺佩时也类似地利用过梯子(Memnon, *FGrHist* 434F37.8)。

与城墙一样高的梯子

44　15M,48Mc,43D,69K

[Ra 本说明]守军逃离阿米索斯时已纵火焚城,罗马士兵打着火把劫掠时又加剧阿米索斯的毁灭(Plut. *Luc.* 19.5)。

因为劫掠者们用火炬为自己照路,把点燃的火炬随意留在房子里

45　56M,57Mc,49D,7K

[Ra 本说明]米特瑞达忒斯逃离卡拜剌(前71年夏)之后,路库路斯派妻弟阿皮乌斯·克劳迪乌斯(前54年执政官)去亚美尼亚王、米特瑞达忒斯的女婿提格剌内斯(Tigranes)那里,要求合作抓住米特瑞达忒斯。当克劳迪乌斯在安条克(Antioch)等提格剌内斯处理完腓尼基事务回来之时,他争取到许多臣属于提格剌内斯的酋长的忠诚(Plut. *Luc.* 21.2)。

他坚定那些灵魂胆怯的酋长和国王[的决心]。

46＊　57M,58Mc,48D,6K

[Ra 本说明]与残篇45相同的语境。提格剌内斯国王几十年来都没听到过阿皮乌斯·克劳迪乌斯跟他说的那些大胆、威胁之词,因为前者周围都是谄媚者和卑躬屈膝的廷臣(Plut. *Luc.* 21.6;参25.1-2:米特若巴尔扎内斯[Mithrobarzanes]第一个告诉提格剌内斯真相)。

不习惯听到真相

京城事务(前70年)
(残篇47—51)

47　17M,51Mc,37D,51K

[Ra本说明]特剌勒斯的伏勒戈恩(Phlegon of Tralles, *FGrHist* 257F12.4)记述过一次给罗马造成巨大破坏的地震,将其置于路库路斯在卡拜剌获胜之后(前71/70年),前70年的人口普查之前。撒路斯提乌斯可能指那一事件或达玛斯库斯的尼科劳斯(Nicolaus of Damascus, *FGrHist* 90F74)提到的发生于弗里吉亚的一场地震,后者发生在米特瑞达忒斯战争期间,但未明确提到发生于何年。

且地大裂,巨且深

48† 3.47M,4.52Mc,3.63D,3.85K

[Ra本说明]那些参与前78—前77年的勒皮都斯叛乱的人,直到前70年才得以复归,当时保民官璞劳提乌斯(Plautius)通过一项赦免法案(*MRR* 2.218)。据此残篇,该法案已得到元老院法令的认可。因此,显然,归于此残篇的卷号("三")需修正为"四",因为卷三止于前72年,卷四则包括前72年的剩余部分,止于前68年的诸事件。

那些人——元老院已赦免他们[参与]勒皮都斯战争——回

来之后

49*   52M,53Mc,不定114D,不定85K

[Ra本说明]前70年的监察官们剥夺64名元老的席位,剥夺元老地位的根据之一就是欠债。这些词描述的人,可能类似后来西塞罗前63年的执政官同僚盖乌斯·安东尼乌斯·绪卜瑞达(C. Antonius Hybrida),后者被移出元老院部分是由于他的巨额债务(Ascon. p. 84C)。

他深陷债务(fenoribus)①

50   53M,54Mc,11D,63K

[Ra本说明]可能出自撒路斯提乌斯对前70年的盖乌斯·维勒斯审判的描述,但原文不确定且多经修订。西塞罗指控维勒斯在前73—前71年担任西西里总督期间收受强盗贿赂,使之免于监禁或允许他们放手去干(Cic. *2 Verr.* 1. 9, 12)。

且他被怀疑——不确定确实如此还是因为疏忽——与强盗结盟分赃②

51   55M,55Mc,27D,60K

[Ra本说明]与残篇50相同的语境。《格若诺维阿努斯注》(*Schol. Gronov.* p. 331St. 8,注西塞罗《反维勒斯》6)称,"阿凯亚调查者"(Achaicus inquisitor)的名字被认为不是皮索(Piso)就是达西阿努斯(Dasianus),此人据称曾在前70年与维勒斯勾结,通过

---

① [Ra本注]字面义为"被利息压倒"。
② [Ra本注]撒路斯提乌斯似乎在说不确定是因为疏忽还是因为与强盗沆瀣一气,一位罗马官员(也许是维勒斯)身上出了玩忽职守之事。

发起一场对阿凯亚勒索事件的类似检举(rival prosecution),造成维勒斯案的延迟。可能这儿提到的路奇乌斯·霍斯提利乌斯(L. Hostilius)即前68年的平民保民官路奇乌斯·霍斯提利乌斯(*MRR* 2.138即主此说)。

路奇乌斯·霍斯提利乌斯·达西阿努斯,灵魂不安

路库路斯入侵亚美尼亚(前 69 年)
(残篇 52—59)

52 58M,59Mc,6D,3.85K

[Ra 本说明]前 69 年春,路库路斯的士兵在要跟亚美尼亚王提格剌内斯开战前牢骚满腹(Plut. *Luc.* 24.1)。

于是,愤怒平息之后,第二天,他们被慷慨的话抚平。

53 59M,60Mc,51D,10K

[Ra 本说明]前 69 年春,路库路斯向幼发拉底(Euphrates)行军并跨越此河。

他以急行军迅速通过阿瑞欧巴尔扎内斯的(Ariobarzanis)王国,① 到达幼发拉底河,② 卡帕多西亚在此与亚美尼亚分离;而尽管有冬天秘密建造的约 500 艘(?)驳船……

---

① [Mc 本注]阿瑞欧巴尔扎内斯一世,前 95—前 62 年的卡帕多西亚王,是罗马人的坚定支持者;他因与罗马人的联盟而在米特瑞达忒斯和提格剌内斯手中遭殃,但最终因自己的忠诚而得到奖赏,并被授予"罗马人民之友"(amicus populi Romani)的称号。

② [Mc 本注]在路库路斯之前,见过幼发拉底河的唯一的罗马人是苏拉,在他于前 92 年会见一位帕提亚使者之时(Liv. Per. 70; Plut. *Sull.* 5.8; Vell. 2.24.3)。幼发拉底河对岸的一切,在路库路斯的亚美尼亚战役前,对罗马人而言都是未知之地。

54* 60M,61Mc,不定97D,不定66K

[Ra本说明]与残篇53相同的语境。幼发拉底冬汛的骤减近似天赐(Plut. *Luc.* 24.2-3)。上天眷顾路库路斯的另一个证据是,军队渡到对岸后,一头用于祭祀的小母牛近似奇迹般出现(Plut. *Luc.* 24.4)。

如此骤变似乎非神不能

55 61M,62Mc,54D,13K

[Ra本说明]提格刺诺刻尔塔之围。纳伏塔(Naphtha),见于美索不达米亚的一种可燃矿物油(Plin. *HN* 2.235),被提格刺诺刻尔塔的守卫者用于纵火烧路库路斯的攻城器械(Dio 36.1b.1-2)。除撒路斯提乌斯提过纳伏塔这一事实之外,不可能确定用于描述纳伏塔的这些词在多大程度上——若有的话——是直接引用。

纳伏塔,【一种类似松油的油】

【撒路斯提乌斯在《罗马共和纪事》中写道,纳伏塔是波斯人那里的一种引火物,极容易引火】

56 63M,63Mc,56D,15K

[Ra本说明]可能与残篇55语境相同。路库路斯攻破提格刺诺刻尔塔的城墙。与之相对,蒂奇和茂伦布莱舍尔(麦古欣从之)解释为守卫者朝罗马阵地的一次突围;与译文中的"胸墙"(*OLD* 2)相对,也可将pluteos理解成围城者竖起的"护板"(*OLD* 1)。

他突破胸墙(pluteos)并摧毁要塞,占领制高点。

57* 64M,64Mc,58D,17K 注

[Ra 本说明]提格剌诺刻尔塔附近的战斗及提格剌内斯的战败。提格剌内斯大军的最强大部分就是他的1万7000名铁甲兵（Plut. *Luc.* 26.7），连人带马披戴锁子甲（Tac. *Hist.* 1.79；Amm. Marc. 16.10）。

而铁甲骑兵随后

58　65M,65Mc,59D,17K

[Ra 本说明]与残篇57相同的语境。

马的披戴相同，因为他们把铁片像羽毛那样缀在亚麻布上。

59　66M,66Mc,57D,16K

[Ra 本说明]在路库路斯与提格剌内斯的战斗中，铁甲兵被置于亚美尼亚军的右翼前方（Plut. *Luc.* 27.7）。

铁甲骑兵为前锋,全身覆铁①

---

① [Mc本注] 4.64—66：完成动员后,提格剌内斯不顾米特瑞达忒斯的警告和宠臣塔克西勒斯(Taxiles)的建议(Plut. *Luc.* 26.3,5; App. *Mith.* 85),从山上下来要消灭一支罗马军队,还轻蔑地说了这样的话："他们充当使者则太多,列阵出战则太少。"(Plut. *Luc.* 27.4; App. *Mith.* 85)

留下穆热纳带6000人继续围攻提格剌诺刻尔塔,路库路斯前出面对提格剌内斯。结合迅速的移动和敏捷的战术思维,他使亚美尼亚王惨败,随后大肆杀戮他的部队(Plut. *Luc.* 27.5-28; App. *Mith.* 85中的总结; Frontin. *Str.* 2.1.14,2.4; Memnon 57; Eutr. 6.9.1S; Oros. 6.3.6——其中,弗龙蒂努斯和欧若西乌斯错误地称米特瑞达忒斯加入战斗)。这场败仗立竿见影。提格剌内斯的一大部分南部领地倒向罗马人；阿皮乌斯·克劳迪乌斯在安条克与之打过交道的那些心怀不满的提格剌内斯的属下,派使者来与路库路斯交涉。索斐内(Sophene)的太守、科玛革内(Commagene)的统治者以及北美索不达米亚的阿拉伯国家的各位统治者,都前来求和(Plut. *Luc.* 29.7; Dio 36.2.5)。路库路斯也赢得戈尔笛厄内(Gordyene)民族的拥戴,且在他们的国土上,他与帕提亚的新国王伏剌阿忒斯(Phraates)进入谈判。正是在这一系列谈判的语境中,撒路斯提乌斯放入米特瑞达忒斯的信。

4.59—66：鉴于提格剌内斯的回答,路库路斯决定进犯。他似乎在本都度过前70/69年的冬季；早春,他开始向敌人的领地进军。出发前,为了保卫自己管辖下的罗马省,他做了他能想到的充足的准备：他的两位副官索尔纳提乌斯(Sornatius)和法比乌斯·哈德瑞阿努斯(Fabius Hadrianus)带6000人留下防守本都；特瑞阿瑞乌斯可能仍掌管舰队,他的任务是维护罗马在亚细亚和比提尼亚行省的主权(Plut. *Luc.* 24.1,35.1; App. *Mith.* 88; Dio 36.9.2,10.1)。路库路斯离自己的行省两年,投入相当复杂的亚美尼亚战役。

米特瑞达忒斯的信
（残篇 60）

60 69M,67Mc,61D,19K

米特瑞达忒斯的信

[Mc 本说明]由于没有外部证据表明米特瑞达忒斯·厄乌帕忒尔写过这么一封信,现代学者就此产生争议:撒路斯提乌斯叙述至此,插入的究竟是一封这位本都国王的真实书信,还是纯属他自己的杜撰呢?

我相信这封信是撒路斯提乌斯极富技巧的习作,属于议政演说(deliberative oratory)这一类型。这封信符合古代修辞理论的原则,由以下4部分组成:序言(第1—4节);叙述(narratio),即对与序言中所述基本目标有关的事实的陈述(第5—15节);证明(argumentatio),即提出支持论点(第16—22节);以及一段简短的总结(第23节)。这封信的最终目标是说服阿尔撒刻斯(Arsaces)加入米特瑞达忒斯和提格剌内斯反抗罗马的战争。

[R 本说明]前69年,米特瑞达忒斯和提格剌内斯都被路库路斯决定性地击败之后,试图增加他们的兵力。米特瑞达忒斯写这封信给帕提亚王伏剌阿忒斯,想把他引为自己的盟军。

[Ra 本说明]前69/68年冬,路库路斯在提格剌诺刻尔塔附近的战斗中粉碎亚美尼亚王提格剌内斯的大军之后(参残篇15),米

特瑞达忒斯写信给帕提亚王伏剌阿忒斯三世(他的帝号是阿尔撒刻斯七世)。他的目标是使阿尔撒刻斯确信,加入把罗马人赶出亚细亚的战斗符合帕提亚人自身的利益,因为帕提亚人必将成为罗马侵略的下一个受害者。米特瑞达忒斯描绘的图像极大地扭曲罗马在那一地区的外交政策。类似庞培的急件(残篇 2. 86),这封信起到代替演说的作用以添加变奏,并且修昔底德可能再次有范例在先:被流放的雅典英雄忒米斯托克勒斯(Themistocles,又译"地米斯托克利")向波斯王阿尔塔克瑟尔克瑟斯(Artaxerxes,又译"阿尔塔薛西斯")求救的信(Thuc. 1. 137. 4)。

[1]米特瑞达忒斯王问候阿尔撒刻斯王。所有处其顺境之人,受到加入战争联盟请求之时,都应当考虑是否可以在当时维持和平;而后,被恳求之事是否足够虔敬、安全、荣耀,或者[相反,足够]可耻。[2]若你可以享有永久和平,若非[你将面临的是]占据优势且极端罪恶的敌人——你若压倒罗马人,将拥有卓著的名声——我既不会敢于要求联盟,也不会徒劳地希望把自己的厄[运]与你的好[运]搅在一块。[3]不过这些事情看来能够使你迟疑不决,[比如]在近来的战争中对提格剌内斯的愤怒①以及我的不那么顺利的境况,②[但]你若愿意真实地评估这些,将受到极大激励。[4]因为那个恭顺的人[提格剌内斯]会接受你愿意的那种联盟,[而尽管]机运夺走我许多东西,还是给了我善提建议这一长处;且对那些风华正茂之人来说,已非最强大的我③给出一个榜样,凭此你可以更正确地安排你自己的事。

[5]因为实际上,罗马人对所有国家、民族、王国发动战争,都是出于一个古老的原因:对权力和财富根深蒂固的欲望。出于这

---

① [Ra 本注]前 100 年之后不久,帕提亚人把提格剌内斯放上亚美尼亚的王座,但后来他变得强大并侵略帕提亚领土,造成严重损失(Plut. *Luc.* 21. 4)。
② [Ra 本注]对米特瑞达忒斯的王国的损失的一种委婉说法。
③ [R 本注]对一个经历彻底失败的人的一种委婉表达。

个原因,他们首先与马其顿王腓力作战,①尽管在受到迦太基人压制之时假装友好。[6]他们用计通过在亚细亚的让步使前来援助[腓力]的安提欧库斯倒戈,在腓力被粉碎之后不久,安提欧库斯就被夺去托罗斯[山]这一边的所有土地和一万塔兰同。②[7]然后,腓力的儿子佩尔色乌斯(Persen),经过大量且不同的斗争之后,在萨莫忒腊克③诸神[的见证]之下,信而投降(acceptum in fidem),而那些狡诈、无信的始作俑者(repertores)④却使他不眠而死,因为根据一项条约,他们给他留了生路。⑤[8]厄乌美内斯(Eumenen),他们吹嘘地展示他的友谊,一开始作为和平的代价把他出卖给安提欧库斯;后来,他被用作占领土地上的一个傀儡(custodiae),⑥用各种勒索和凌辱使他从一位王变成一个最悲惨的奴隶,并在捏造了一份不虔敬的条约后,⑦带他的儿子阿瑞斯托尼库斯(Aristonicus)以敌人的方式通过凯旋式,因为他曾要求过父辈

---

① [Ra本注]第二次马其顿战争(前200—前196年),对腓力五世。
② [Ra本注]拖延性的外交往来推迟罗马人与中东的塞琉古帝国的安提欧库斯三世的公开碰撞,直到对腓力的战争完结之后。根据前188年的《阿帕梅亚和约》(Peace of Apamea),安提欧库斯放弃对托罗斯山脉北侧的小亚细亚领土的要求。
③ [Ra本注]佩尔色乌斯于前168年在丕德纳被打败之后逃到这个岛上。
④ [译注]此词有"发明者""发端者""创始者"之意,这里指那些"发明"这一新奇的杀人方式的人。
⑤ [Ra本注]前162年,佩尔色乌斯在埃米利乌斯·保路斯的凯旋式上被示众之后,在被囚禁于意大利的阿尔巴富森斯(Alba Fucens)时死去。据说,他要么死于绝食,要么死于那些阻止他睡觉的狱卒之手(Plut. *Aem.* 37.2-3)。
⑥ [R本注]即他自己的王国,以他的名义统治,实际上却被当作罗马的一个行省来管理。
  [Ra本注]前188年取自安提欧库斯的塞琉古领土,一部分给了帕伽马的厄乌美内斯二世。
⑦ [Ra本注]之所以这么说,是因为在这份条约里,厄乌美内斯二世(死于前158年)的儿子阿塔路斯三世(Attalus III)把自己的王国遗赠给罗马人。阿瑞斯托尼库斯,厄乌美内斯二世的一个私生(?)子,为了阻止罗马人根据阿塔路斯遗嘱中的条款控制帕伽马王国并将其变成罗马的亚细亚行省,曾领导一场不成功的叛乱。

们的王国。[9]他们把亚细亚据为己有;最后,尼科美得斯一死,①他们就窃取比提尼亚,尽管他称之为王后的倪撒无疑生有一个儿子。

[10]那么,我该把自己称为什么?[尽管]诸王国和小领主从四面八方把我跟他们的帝国隔开,[但]由于[我的王国的]富庶和不受奴役的名声,他们就通过尼科美得斯挑起战争,②[我]绝非不知他们的各种罪行,并且目睹已然发生的事情,[因此]预先[叫上]克里特人(Cretensis)——当时所有人中唯一的自由人③——和托勒密王。④[11]而且我报复不义,把尼科美得斯赶出比提尼亚,夺回[他们取自]安提欧库斯王的战利品亚细亚,⑤并解除希腊沉重的奴役。⑥[12]阿尔刻劳斯(Archelaus),奴隶中最坏的一个,背叛军队从而阻止我的意图;⑦而那些软弱或卑鄙狡诈之人,为了保持安全,在我诸般操劳之时[却]收起武器,如今正在偿还最尖刻的惩罚:托勒密靠支付赎金一天天地推迟战争,⑧克里特人已受到

---

① [Ra本注]在前75年(参残篇2.57);像阿塔路斯一样,尼科美得斯四世通过遗嘱把自己的王国留给罗马人民。
② [Ra本注]前89年,罗马使节玛尼乌斯·阿奎利乌斯(M'. Aquillius,前101年执政官)迫使尼科美得斯四世——前者使后者恢复比提尼亚王位——突袭邻近的米特瑞达乌斯的王国,这一侵略导致第一次米特瑞达乌斯战争(前89—前85年)。
③ [Mc本注]第一次米特瑞达乌斯战争期间,克里特仍保持独立。直到前67年,经过顽强抵抗,克里特才臣服于昆图斯·凯奇利乌斯·美忒路斯,此人因此获得"克里特征服者"这一外号(cognomen)。
④ [Ra本注]托勒密九世,埃及统治者,统治时期从前88年延续至前80年去世。
⑤ [Ra本注]参第6节。
⑥ [Ra本注]前88—前87年,米特瑞达乌斯的军队在希腊将军阿尔刻劳斯(参下注)的指挥下占领大部分中部希腊。
⑦ [Ra本注]前86年,阿尔刻劳斯在希腊被苏拉在两场不同的战斗中打败,并在米特瑞达乌斯的授意下制定和平协议,于前85年结束第一次米特瑞达乌斯战争。后来,前83年,阿尔刻劳斯与米特瑞达乌斯闹崩之后跑到罗马一边。
⑧ [Ra本注]托勒密十二世奥勒忒斯(Auletes),前80年上台,严重依赖他以贿赂买得的罗马人的支持,以保住自己的位子。

一次攻击,并将遭到无止境的[攻击],除非全军覆没。①[13]至于我,当我明白他们因为内部灾难给我的是推迟战斗而非和平,②尽管提格剌内斯拒绝[与我联合]——他后来证实我的说法,尽管你们离[我]甚远而其他所有人都卑躬屈膝——我还是重新发起战争。③并且在陆上,我在迦克墩击溃罗马首领玛尔库斯·科塔;在海上,我夺得一艘最漂亮的船。[14]在曲孜科斯,我率一支大军,陷于一场包围战中,缺粮少食,周围无人可依;同时,冬天封锁住海洋。如是,由于没有来自敌人的压力,④我试图回到父辈们的王国,[但]由于帕瑞乌姆和赫拉克勒斯城⑤的船难,我失去最好的士兵以及船只。[15]然后,我在卡拜剌重整军队,经过我与路库路斯之间[胜负]各异的战斗,匮乏再次降临双方;⑥那个人手头有未受兵燹的阿瑞欧巴尔扎内斯的王国,⑦而我,由于周围所有地方都已被毁,撤入亚美尼亚;且罗马人追踪的不是我,而是他们那推翻所有王国的惯例,因为他们利用狭窄的地势阻止[提格剌内斯的]大

---

① [Ra本注]玛尔库斯·安东尼乌斯(前74年裁判官)对海盗作战时第一次袭击克里特;前68—前67年昆图斯·美忒路斯(前69年执政官)对海盗的进一步作战结束后,克里特于前66年归入罗马的一个行省,附属于库瑞涅。
② [Ra本注]前85年结束第一次米特瑞达忒斯战争的《达尔达努斯和约》,是在苏拉准备入侵意大利并驱逐自己的政敌时商定的;他的政敌由路奇乌斯·秦纳(前87、86、85、84年执政官)领导,秦纳在苏拉不在的时候攫取权力并宣布后者为法外之人(outlaw)。
③ [Ra本注]在前74年。
④ [Ra本注]实际上,玛尔库斯·科塔的执政官同僚路奇乌斯·路库路斯迫使米特瑞达忒斯于前73/72年冬解除曲孜科斯之围。
⑤ [Ra本注]分别是位于普罗庞提斯(马尔马拉海)和黑海南岸的城镇。
⑥ [Ra本注]在本都的要塞岛屿卡拜剌附近,路库路斯于前71年末击败米特瑞达忒斯,使后者为了安全逃到亚美尼亚。
⑦ [Ra本注]卡帕多细亚,一个附庸王国,苏拉在前1世纪90年代中期统治西西里时曾恢复阿瑞欧巴尔扎内斯的王位。

军参战,以胜利显示提格剌内斯的不明智。①

[16]现在,我恳求你考虑一下,我们被制服之后,你认为是你将更坚决地抵抗,还是战争将结束。我知道你确实在人、武器和金子方面势力巨大;且因为这些东西,我们向你要求的将是联盟,而那些人[罗马人]向你要求的将是战利品。另外,[我的]建议是,既然提格剌内斯的王国未损,②我的善战的士兵尚存,那就在远离[你的]本土的地方,以少量操劳,用我们的身体(corpora)了结战争,因为不管战胜还是被战胜,我们都无法不给你[造成]危险。③ [17]难道你不知道,大洋(Oceanus)给罗马人向西的进程画上终线之后,他们就把武器转向这里?[难道你不知道,]从一开

---

① [Ra 本注]前69年,在提格剌诺刻尔塔的主要城市附近。提格剌内斯不顾米特瑞达忒斯的警告(App. *Mith.* 85),仗其大军在不利地势下冒险与路库路斯一战。
　[Mc 本注]4.67.5—15:主旨在于说服的叙述,是诉讼(forensic)演说的一个特征;古代作者们同意,议政演说关心的是某个涉及未来的决定,不要求相同程度的叙述("事实陈述",Arist. *Rhet.* 1417b12-16;Cic. *Part.* 13;Quint. 3.8.10-11)。但亚里士多德在同一段话中说,议政演说家有可能通过对过去事件作正面或批判的描述而影响决定。因此,这封信的这一部分是在为证明做准备;由于说服是主要目标,我们不能期待这里对事实的客观呈现胜于法庭演说中的叙述。
　在这一部分中,第5—9节涉及前200—前74年,描述马其顿、叙利亚、帕伽马和比提尼亚诸王如何沦为罗马之狡诈的牺牲品。第10—15节涉及前88—前69年这段时间米特瑞达忒斯与罗马的关系。撒路斯提乌斯可能利用过亲米特瑞达忒斯的原始资料,使这些事件的呈现适合这封信的目标。
　撒路斯提乌斯本人在多大程度上同意他让米特瑞达忒斯展示的这幅画面,这一点不太明确定。这封信传至我们,已脱离其叙述语境,我们不知道撒路斯提乌斯是否反驳这位本国国王对罗马在亚细亚的活动的看法,后者的看法反罗马到不断且过度歪曲事实的地步。
　米特瑞达忒斯把罗马人背信弃义的原因归于权力欲(cupido imperi)和财富欲(cupido divitiarum)等缺陷,这些缺陷与撒路斯提乌斯的理论中导致罗马的政治和社会生活在前146年之后堕落的那些缺点(参《卡提利纳阴谋》11—13,《尤古尔塔战争》41)相同,这一事实被认为表明撒路斯提乌斯同意米特瑞达忒斯对罗马的帝国行径的谴责。
② [Mc 本注]这里清楚表明,在写信之时,提格剌诺刻尔塔这座城寨尚未被罗马人占领。
③ [Ra 本注]在前一种情况下,帕提亚人为了保证米特瑞达忒斯的胜利而支持他,会冒使罗马人成为自己的敌人的风险;在后一种情况下(如果他们什么也不做而米特瑞达忒斯输给罗马人),帕提亚人会成为罗马侵略的下一个受害者。

始,除了抢来的房子、妻子、土地、帝国,他们什么也没有? 他们曾是没有祖国、没有父母的外来者,成了全世界的瘟疫(pesti),①没有任何人法或神法阻止他们侵掠友邦盟国,不管位于远方还是近旁,是贫弱还是强大,且他们会把未臣服的一切,尤其王国,视为敌人。

[18]固然,少数人想要自由,大部分人想要正当的主人;我们被怀疑是[罗马人的]对手,并将在某天成为复仇者。② [19]而你,拥有塞琉西亚(Seleucea)这一最大的城市③和以财富闻名的波斯人的王国,从那些人[罗马人]那里,除了现在的诡计和以后的战争,你还期待什么?④ [20]罗马人的武器伸向所有人,最锋利的伸向那些通过胜利[可以获致]最多战利品的人;他们凭大胆、欺骗和以战生战(bella ex bellis serundo)而变强。[21]以这种方式,他们将消灭一切,或者陨落(occident)——这一点也不难,如果你从美索不达米亚、我们从亚美尼亚包围[他们的]既无粮食也无援军的部队,这支部队至今毫发无损只是出于机运或我们的错误。⑤ [22]通过动身援助伟大的诸王,你将获得压倒万邦中的强盗[罗马人]这一名声。[23]我提醒并劝勉你这么做,别宁愿以我们的毁灭[为代价]推迟你自己的毁灭,而不愿通过联盟成为

---

① [Ra 本注]原文不确定。如果保留抄本 V 的写法 peste,意思是"他们形成自地球上的浮渣(scum)"。
② [Mc 本注]罗马人对诸王的敌意,是诸王反罗马宣传的一个传统主题。参《尤古尔塔战争》81。罗马人把诸王视为对手,出于两个理由:1. 大部分民族更倾向于王的统治,因为这基于正义,与罗马人自称的自由(libertas)相对;2. 诸王国是那些被迫接受第 11 节提到的"沉重的奴役"(grave servi)的民族的捍卫者。
③ [Ra 本注]在底格里斯河西岸,帕提亚人于前 141 年夺自塞琉古帝国。
④ [Ra 本注]前 54 年,玛尔库斯·克拉苏发动侵略帕提亚人的战争,以前 53 年罗马人在卡雷(Carrhae)的惨败告终。
⑤ [Mc 本注]4. 67. 17—21:证明的这一部分,因其中表达的特征和感觉而值得注意。这部分可分成两段,每段跟第 16 节一样,始于一个修辞性的问句。第 17—18 节论及罗马的帝国野心;第 19—21 节最显著的是罗马人贪图财富、战利品的动机。以这种方式分段,第 17—21 节重复并详尽地说明了第 5 节展现的罗马人好战的双重原因。

胜利者。①

---

① [Mc 本注]这封信没有以一个结语(总结)结束,而结束于一个简短的陈述,这样的结尾在议政演说中不常见(参菲利普斯在 1.67 的演说)。这一结尾包含预料中对联军以求胜利的劝勉,但更有针对性的是对不干涉政策的最后警告,这一警告重申并深化了第 1—2 节中涉及的问题。

　　对于帕提亚王对两大强权向他提供的出路的回应,阿庇安的记述(*Mith.* 87:"王与双方都作了秘密安排,但没有急于去帮任何一方。")有多重解释。迪奥的记述(Dio 36.1.1-3)模糊不清,且受到普鲁塔克对这一话题的记述的影响,称伏剌阿忒斯与罗马人结成正式联盟,后又拒绝。在这件事上,我认为伏剌阿忒斯遵循既定的帕提亚政策,以恰当形式的安抚策略,通过与强大的诸邻国维持非敌对的关系而保护他自身的利益。

路库路斯进军亚美尼亚
（前 69 年中—前 68 年）
（残篇 61—70）

61[*]　71M,68Mc,5.9D,5.11K

[Ra 本说明]路奇乌斯·昆克提乌斯(前 74 年平民保民官,参残篇 3.15.11),作为前 68 年裁判官,在把路库路斯的奇利奇阿行省重新分配给昆图斯·玛尔奇乌斯·热克斯(Q. Marcius Rex)这件事上起了主导作用(Plut. *Luc*. 33.6)。撒路斯提乌斯记述的这次贿赂,如果发生过,可能发生于前 69 年,在昆克提乌斯就任之前。

路库路斯送钱给昆(克)提乌斯,以使自己不被接替。

62^{†††}　70M,69Mc,5.6D,4.8K

[Ra 本说明]可能与残篇 61 语境相同,包含在撒路斯提乌斯对路库路斯的性格刻画中。

他被认为极渴望延长指挥权,在其他方面都杰出

63[*]　5.10M,4.70Mc,5.5D,5.10K

[Ra 本说明]可能与残篇 61—62 语境相同。

【撒路斯提乌斯称，士兵们从战争一开始就对他①不满，因为一次在曲孜科斯，另一次在阿米索斯，他们被迫连续两个冬天待在营寨里。】

64 *　72M,71Mc,60D,18K

[Ra本说明]前69/68年冬，路库路斯来到戈尔笛厄内，亚美尼亚的一个地区（今库尔德斯坦），位于提格剌诺刻尔塔以南（Plut. *Luc.* 29.9；Dio 36.2.3-5）。

戈尔笛厄内地区生长着豆蔻和其他芳香植物。

65　74M,72Mc,62D,20K

[Ra本说明]路库路斯在前68年的一系列战斗中击败提格剌内斯，然后向提格剌内斯的王城阿尔塔克撒塔（Artaxata）进军，跨越阿尔撒尼阿斯（Arsanias）即今穆拉特河（Plut. *Luc.* 31.5-6）。这是亚美尼亚西部的一条河流，源出阿剌剌特山（Mt. Ararat）附近，是幼发拉底的主要水源。

当时，比提尼亚人②确实正在靠近阿尔撒尼阿斯河

66　76M,73Mc,44D,2K

[Ra本说明]可能与残篇65语境相同，因为战场之宽广与卷四中路库路斯的另外两场主要胜利的场所（在卡拜剌战胜米特瑞达忒斯或在提格剌诺刻尔塔附近战胜提格剌内斯）不符。

更多步兵队，个个一样凶猛，如在顺境中，他们同时攻击那些部队[最早被打垮的几支？]和所有因战场之宽广而披靡的人。

---

① [译注]可能指路库路斯。
② [Ra本注]可能是增援路库路斯军的一支当地部队。

67　73M,77Mc,71D,74K

［Ra 本说明］战胜提格刺内斯之后,早到的冬季和军队的暴动迫使路库路斯放弃占领阿尔塔克撒塔的目标；他班师回到美索不达米亚(Plut. *Luc.* 32.4)。以下描述可能出自对路库路斯不满的士兵对他的批评。

他刚愎自用且灵魂过度。

68＊　77M,74Mc,52D,11K

［Ra 本说明］路库路斯回到美索不达米亚(参上一条残篇)可能构成撒路斯提乌斯描述该地区的语境。

【此外,撒路斯提乌斯,一位极可靠的作者,称底格里斯和幼发拉底源自亚美尼亚的同一源泉,①两河分流,被留在中间的长达几千里的空间隔开；两河包围的土地则被称为美索不达米亚。】

69＊　78M,75Mc,53D,12K

［Ra 本说明］与残篇 68 相同的语境。

【撒路斯提乌斯注意到,美索不达米亚的人,男女都有不加约束的欲望。】

70　79M,76Mc,64D,65K

［Ra 本说明］回到美索不达米亚之后(参残篇 67),路库路斯于前 68 年季夏朝尼西比斯(Nisibis)城进军,该城由提格刺内斯的兄弟古剌斯(Guras)把守(Plut. *Luc.* 32.5；Dio 36.6.1-3)。下述

---

① ［Ra本注］伊西多若斯原文如此,哲罗姆的版本则称"底格里斯及幼发拉底的源头都被指出在亚美尼亚。"

短语可能描述该城精心构筑的要塞的某一特征,要塞城墙由砖砌成,规模巨大(Dio 36.6.3)。

围以一步高的砖(lateribus)①

---

① [Ra本注]或"边"(麦古欣即主此说),lateribus 的另一种可能的意思,但这种意义不尽如人意。这里的 lateribus 最好解释成阳性 later 的夺格复数"砖"(弗拉西内蒂即主此说;参残篇 3.30:ex latere)。

京城事务(前 68 年)
(残篇 71)

71　81M,78Mc,36D,61K

[Ra 本说明]前 68 年,当选执政官盖乌斯·皮索(C. Piso)通过以巨资收买原告(们),逃脱贿选(ambitus)的检举(Dio 36.38.3)。

他以三百万色斯忒尔提乌斯(Sestertium tricies)与盖乌斯·皮索达成协议。

第四卷中上下文不明的残篇
（残篇 72—77）

茂伦布莱舍尔归于不同语境的残篇（残篇 72—73）

72　3M，49Mc，41D，49K

[Ra 本说明]加入战斗（cf. [Caes.] *B Alex.* 45.2-3）或面对强风时减速（cf. Sen. *Ep.* 77.2）前的一次海军机动。

桁端降低三分之一

73　68M，79Mc，72D，75K

[Ra 本说明]可能描述提格剌内斯，他于前 69 年 10 月在提格剌诺刻尔塔附近被路库路斯击败之后情绪沮丧（Plut. *Luc.* 29.2）（茂伦布莱舍尔即主此说）。但此残篇也同样可以描述米特瑞达忒斯，在他于前 71 年夏在卡拜剌兵败之后（麦古欣主此说）。

灵魂焦虑而不定

其他（残篇74—77）

74　82M,80Mc,66D,67K

那些游荡至离敌人位置最近的人

75　83M,81Mc,67D,68K

愚蠢地走近营地

76　84M,82Mc,73D,76K

考虑不周

77　85M,83Mc,74D,77K

[Ra本说明]可能出自对台伯河的一场洪水的描写（类似Dio 37.58.3描述的那场），包含在前69年或前68年的京城事务中。原文残损严重。

使〈河流的力量〉①不至于冲毁桥梁……用木桩架空

---

① ［Ra本注］据茂伦布莱舍尔推测的补足而译。

第五卷

提　纲

路库路斯进行的战争的结果（前68［秋］—前67年）（残篇1—14）
海盗战争（残篇15—20）

路库路斯进行的战争的结果
（前 68 年［秋］—前 67 年）
（残篇 1—14）

1[*]　1M，1Mc，不定 46D，不定 12K

［Ra 本说明］由于十分类似迪奥描述的罗马人在乡间漫步时遭到的一次奇袭（Dio 36.9.1；cf. App. *Mith*. 88），此残篇可能描述前 68 年秋米特瑞达忒斯取道小亚美尼亚突然侵入原属自己的本都王国，当时路库路斯正忙于围攻尼西比斯（茂伦布莱舍尔即主此说）。另外，此残篇由于不知具体属于哪卷，也可能与斯帕尔塔库斯在奴隶战争（前 73—前 71 年）中的一次突袭有关（格拉赫［3.71］、拉潘那均主此说［La Penna, "Per la ricostruzione delle Historiae di Sallustio", *Stud. Ital. Filol. Class.* 35, 1963, 47］）。

他突然入侵不备之地。

2[*]　2M，2Mc，不定 25D，3.72K

［Ra 本说明］与残篇 1 相同的语境。

大量人马从许多地方同时入侵当时城门大开且以和平时期的习惯疏于防备的〈各城〉。

3* 3M,3Mc,1D,1K

[Ra本说明]由于保存此残篇的三位注家均称撒路斯提乌斯在描述美地亚(Media,今阿塞拜疆)的居民,此残篇可能与残篇1属于相同的语境,指的是米特瑞达忒斯原先的臣民,他们出于对他的世袭王位的尊敬而重新效忠于他(Dio 36.9.2)。

王的称号在那些人中天生就如此神圣不可侵犯。

4* 4M,4Mc,不定 31D,5K

[Ra本说明]可能与残篇1语境相同。保存此残篇的注家所作的注表明这些词可能部分构成撒路斯提乌斯对伤及米特瑞达忒斯的那场战役的描述(Dio 36.9.5)。

且在战斗中身先士卒

5 5M,5Mc,3D,4K

[Ra本说明]可能与残篇1语境相同,因为迪奥(Dio 36.9.5)提到这一事实:尽管年纪七十有余,米特瑞达忒斯仍亲身参与战斗。

年届七十的他仍〈惯于/能够?〉全副武装跃上战马

6* 6M,6Mc,2D,2K

[Ra本说明]可能指前68年底米特瑞达忒斯在与路库路斯的副官法比乌斯·哈德瑞阿努斯交战时所受的伤,尽管这一由石头造成的伤据说伤到的是他的膝盖而不是脚(App. *Mith.* 88; cf. Dio 36.9.6)。

一脚脱臼

7*　7M,7Mc,不定 30D,3K

[Ra 本说明]一位斯基泰医家用蛇毒(App. *Mith.* 88)治好米特瑞达忒斯所受的伤(残篇6)。下述残篇可能是医生对米特瑞达忒斯说的话的一部分。

这[一种解药?]会阻止用在你身上的毒药造成伤害。①

8*　9M,8Mc,8D,8K

[Ra 本说明]可能描述占领尼西比斯并在那里悠闲过冬(前 68/67 年)之后(Dio 36.14.3),路库路斯军中的军纪废弛,瓦勒瑞乌斯兵中尤甚。

其他人正照料副官们或军团长们以及部分自己的家务事,贩卖军需

---

①　[Mc 本注]5.1—7:部分构成对米特瑞达忒斯战争的叙述,涉及前 68 年底和前 67 年的战役。当路库路斯忙于围攻尼西比斯时,提格剌内斯着手收复被罗马人占领的亚美尼亚各部。路库路斯得到的结果是"他失去亚美尼亚的许多区域以及本都附近的其他地区"(Dio 36.8.1)。当提格剌内斯因此分身乏术时,米特瑞达忒斯率自己 4000 人的部队和提格剌内斯提供的 4000 人亚美尼亚部队(App. *Mith.* 88),开始从亚美尼亚北部进发,可能经由吕库斯谷(Lycus valley),进入他的王国的心脏地带。他在那里发起一场与罗马人的战役,后者的指挥官是副官哈德瑞阿努斯。经过两场失败的遭遇战,其中第二场因米特瑞达忒斯受伤而中断,哈德瑞阿努斯逃往卡拜剌,在那里遭到封锁。

米特瑞达忒斯最初挺进本都时,路库路斯——如 4.77 所示,他刚恢自用且灵魂过度——可能正在计划攻击帕提亚人;这一计划因他的部队的反叛态度而流产(cf. Plut. *Luc.* 34.6)。与此同时,特里阿瑞乌斯解除了哈德瑞阿努斯的封锁。两者的联军迫使米特瑞达忒斯撤至科玛纳(Comana),在那里经过一场无结果的遭遇战,双方军队各自退到筑防的阵地后面过冬。

在接下来的前 67 年夏,米特瑞达忒斯利用自己从罗马人的战略中学到的经验,把特瑞阿瑞乌斯的几个军团诱离他们位于卡拜剌的坚固阵地,让他们去保护位于达达撒(Dadasa)的首要补给站,那里也放着罗马士兵的个人战利品且受到米特瑞达忒斯的威胁。在泽拉(Zela)战场上,米特瑞达忒斯赢得一场决定性胜利,罗马人的损失包括几乎三个军团的指挥官和高级军官,以及 7000 名其他级别的官兵(Plut. *Luc.* 35.1—2; App. *Mith.* 89; Dio 36.12—13.1; cf. T. R. Holmes, *The Roman Republic*, vol.1, New York, 1923, 425)。这是米特瑞达忒斯对罗马军队的最大胜利;这场胜利对路库路斯的生涯以及后来的罗马政策和政治,都有决定性影响。

9　11M,9Mc,7D,9K

[Ra 本说明]路库路斯军于前 68/67 年冬停留尼西比斯期间，普卜利乌斯·克洛迪乌斯·普珥刻尔(P. Clodius Pulcher)，路库路斯妻子的兄弟，在军中煽起一场叛乱(Plut. *Luc.* 34.1–5; Dio 36.14.4, 17.2)。

因为他是他妻子的兄弟

10*　12M,10Mc,不定77D,不定43K

[Ra 本说明]与残篇 9 相同的语境。迪奥(Dio 36.14.4)证实克洛迪乌斯天生有煽动革命的热情。

出于傲慢，他热衷于干坏事

11　13M,11Mc,10D,14K

[Ra 本说明]路库路斯指挥权旁落的消息导致他受到瓦勒瑞乌斯兵的蔑视(Dio 36.14.4)。

两个瓦勒瑞乌斯军团得知，根据伽比尼乌斯法，比提尼亚和本都已给那位执政官①且他们已被遣散

12　14M,12Mc,11D,12K

[Ra 本说明]路库路斯指挥权旁落，导致他的军队拒绝继续对米特瑞达忒斯和提格剌内斯作战。仍然留在军中的部队(瓦勒瑞乌斯兵接受自己的遣散之后；参残篇 11)撤到卡帕多西亚(Dio 36.15.1–3)。

但路库路斯，当他听到资深执政官昆图斯·玛尔奇乌斯·热

---

① [Ra 本注]指玛尼乌斯·阿奇利乌斯·格拉卜瑞欧(M'. Acilius Glabrio，前 67 年执政官)，根据的是《关于执政官行省的伽比尼乌斯法》(lex Gabinia de provinciis consularibus，或 de bello Mithridatico [关于米特瑞达忒斯战争的])，不要与授予庞培清剿海盗的指挥权的《伽比尼乌斯法》相混淆。

克斯率三个军团经吕卡欧尼阿(Lycaoniam)向奇利奇阿进军

13 15M,13Mc,11D,12K

[Ra本说明]昆图斯·玛尔奇乌斯·热克斯(前68年执政官)取代路库路斯成为奇利奇阿总督,为拒绝帮助在邻近的卡帕多西亚地区的路库路斯找借口(Dio 36.17.2)。

但当他以士兵的意愿为借口[不去帮助路库路斯?]

14 16M,14Mc,4D,7K

[Ra本说明]茂伦布莱舍尔猜测,此残篇可能指美内玛库斯(Menemachus),提格剌内斯的一个廷臣,他弃王而走,并在奇利奇阿得到昆图斯·玛尔奇乌斯·热克斯的庇护(Dio 36.17.2)。

他离王而去①

---

① [Mc本注]5.8—14:处理一些导致路库路斯被解除攻打米特瑞达忒斯的指挥权的因素。这些残篇给出几类政治密谋和挤压的具体例子,这些事情把路库路斯置于不得不被取代的境地,取代他的最初是格拉卜瑞欧,然后是庞培。
　　意识到本都迫在眉睫的危险,路库路斯于前67年春把自己的军队带出亚美尼亚南部,但到得太迟,无法阻止罗马人在泽拉的惨败,这一事件给那些急于罢黜路库路斯的人转移攻打米特瑞达忒斯的指挥权的充分理由。在从幼发拉底穿越至本都北部诸城的常规路线的某处,路库路斯遇到罗马军队的残余(Plut. *Luc.* 35.1; Dio 36.14.1)。与此同时,米特瑞达忒斯已撤至塔劳剌(Talaura, Dio 36.14.2),小亚美尼亚高山中的一座要塞,在那里等提格剌内斯军的到来。路库路斯未能诱米特瑞达忒斯一战,之后,他计划再次往东,在提格剌内斯与米特瑞达忒斯会师之前攻击提格剌内斯,以此转败为胜。但各军团已厌恶战争,且激烈批评路库路斯的领导,因此拒绝跟随他;他们往西南退入卡帕多西亚,但承诺在卡帕多西亚坚守自己的阵地以防敌人的攻击,直至夏末(Plut. *Luc.* 35.2-4; App. *Mith.* 90)。他们的反应无疑与他们知道这件事有关:元老院已把路库路斯的军权和行省转交给热克斯(前68年执政官)和格拉卜瑞欧(前67年执政官),他俩已于前67年夏抵达各自的行省。尽管热克斯带了三个新的军团到他的奇利奇阿行省,格拉卜瑞欧作为领比提尼亚和本都的资深执政官已被任命为攻打米特瑞达忒斯的军队指挥官,但两人都不急于卷入一场危险的战役。因此,前67年夏末,路库路斯率他将交给格拉卜瑞欧的剩余军队撤入伽拉提亚。米特瑞达忒斯重新掌控整个本都,且由于卡帕多西亚王阿瑞欧巴尔扎内斯的逃跑,卡帕多西亚也落入他的手中(Plut. *Luc.* 35.7-8, 36.2; App. *Mith.* 91; Dio 36.17.1)。

海盗战争

（残篇 15—20）

15[*]　18M,15Mc,不定 74D,不定 40K

[Ra 本说明]为证明授予庞培打击海盗的超常指挥权的正当性而提供的背景信息中,撒路斯提乌斯可能叙述过海盗在罗马港口欧斯提阿(Ostia)实行的骇人的大胆劫掠(Cic. *De imp. Cn. Pomp.* 33；Dio 36.22.2)。

【"欧斯提阿",各河入海的出口,常常写成中性复数。但如果你想指城市,你要注意,更应该用单数,尽管撒路斯提乌斯也常常用复数指城市。】①

16　20M,16Mc,13D,16K

[Ra 本说明]据信,在讨论伽比尼乌斯提议授予打击海盗的超常指挥权一事这一语境中,庞培被证实曾作此评论(茂伦布莱舍尔即主此说)。反身代词 sibi[他自己]揭示出,这些采取间接引语形式的词属于庞培。

出于这些原因,独裁官苏拉习惯于只对他自己一人(uni

---

① [Ra 本注]更常用的形式是第一变格法的 Ostia, -ae(阴性)。

sibi)[庞培]下马、起座、脱帽

17　21M,17Mc,14D,17K

[Ra本说明]说话者可能是伽比尼乌斯(参他的演说,Dio 36.27-29),这里经历恐惧的人指的可能是庞培,他假装拒绝承担这一由如此大的一项指挥权所带来的重负。

我理解他恐惧[这么一支大军的总指挥官?]这一称号带来的体面和声望

18　22M,18Mc,15D,18K

[Ra本说明]可能与残篇17语境相同,伽比尼乌斯用于支持自己的海盗法案的一篇演说。被指责索贿之人可能是一位对手,比如平民保民官特热贝利乌斯(Trebellius),他试图用自己的否决权阻碍该法令(Ascon. p. 72C)。

我看到他急于寻求巨额(ingentia)[1]贿赂。

19＊　23M,19Mc,不定33D,19K

[Ra本说明]可能描述反对伽比尼乌斯法案的主要元老之一昆图斯·卡图路斯(前78年执政官):参Dio 36.30.4-36。

当时,真正坚定反对[由反对法令之人引发的愤怒导致的?]危险和[庞培的?]野心

20　24M,20Mc,16D,20K

[Ra本说明]反对法令的昆图斯·卡图路斯(参残篇19)指

---

[1]　[Ra本注]或读作indigentem:"我看到这位贫乏之人急于寻求贿赂。"

出,如此沉重地依赖于单个之人,即庞培,是冒险的;因为,如果他在任务中被杀,罗马人民将被迫用另一个人取代他(Cic. *De imp. Cn. Pomp.* 59; Vell. 2.31.1; Val. Max. 8.15.9; Dio 36.36a)。

因为若降临凡人之事①**降临庞培,**

---

① [Ra本注]对死亡的一种通常的委婉说法(cf. Enn. *Ann.* 125V; Cic. *Phil.* 1.10)。

不定残篇

提　纲

战争和军事事务（残篇 1—25）
船和航行（残篇 26—31）
政治与国内事务（残篇 32—37）
其他（残篇 38—56）
短语和单词（残篇 57—69）

战争和军事事务
（残篇 1—25）

1^{*}　1.27M，不定 5Mc，不定 67D，不定 33K

[Ra 本说明]撒路斯提乌斯可能在描述不同的人，要么是前 87 年的秦纳，当时他被自己的执政官同僚欧克塔维乌斯逐出罗马（茂伦布莱舍尔即主此说，引证 *Schol. Gronov.* p. 286St. 8；他用钱募集一支军队[pretio collegit exercitum]）；要么是庞培，当他为苏拉（蒂奇即主此说）或为色尔托瑞乌斯战争（参残篇 2.86.9）征兵之时；要么是勒皮都斯（德布罗塞即主此说）或玛尔库斯·克拉苏，为了镇压斯帕尔塔库斯叛乱（参克拉苏对真富的著名定义——够维持一支军队，*Cic. Parad.* 45；*Off.* 1.25）。

他用银子造出一支军队

2^{*}　1.83M（Serv. auct.），不定 12Mc，2.10D（Serv. auct.），K（Serv. auct.）

[Ra 本说明]设想过各种语境，但不可能确定：勒皮都斯的叛乱（克里茨、蒂奇、茂伦布莱舍尔和赖兰兹[Rylands]主此说），色尔托瑞乌斯的漫游（拉斯特[Last]主此说），或者玛尔库斯·安东尼乌斯（前 74 年裁判官）对海盗的战役（莱波里[Lepori]主此说）。

[1]……同盟遭此损失,〈他?〉充满愤怒和悲伤。[2]他们武装离船,用筏子或游泳,部分人直到船尾触及海草覆盖的海岸才离船;而敌人,一帮由希腊人和阿非利加人组成的极端怯懦之人,半副武装,没坚持多久。[3]然后,妥善(pro fortuna)埋葬盟友并抓住就近一切可用之物后,当不再有成功的希望时,他们向西班牙或撒丁岛行进……

3* 5.8M,不定 31Mc,不定 66D,不定 32K

[Ra 本说明]茂伦布莱舍尔将此残篇归于前 67 年夏发生在本都伽孜乌剌(Gazioura)附近的泽拉之战,米特瑞达忒斯数量占优的部队在那里包围并战胜路库路斯的副官特瑞阿瑞乌斯麾下的罗马军队(Dio 36.12.4)。但此残篇也可描述任何其他战役。

四面受大量[敌军?]压制

4* 2.57M,不定 16Mc,不定 16D,3.18K

[Ra 本说明]描述一座筑防良好的城市;有可能是新迦太基(茂伦布莱舍尔主此说,引证 Strabo 3.4.6),或尼西比斯(德布罗塞主此说),或提格剌诺刻尔塔(格拉赫主此说),或迦太基(cf. App. *Pun.* 95)。此残篇不太可能描述路库路斯在曲孜科斯的营地(克里茨主此说)。

且尽管[有自然防御],四面仍竖以(cum)[1]三道墙(muris)和几座巨塔(turribus)

---

[1] [Ra 本注]若保留 cum 加夺格,则作此翻译;若夺格的 muris 和 turribus 受 munita[加固]这类词支配,则 cum 可能应作 tum 或 circum。

5* 不定 10M,不定 46Mc,不定 60D,不定 26K

[Ra 本说明]原文太过唐突和缩略,无法给出确切的解释。由于此残篇被引作夸张(auxesis)这种修辞手法的一个例子,后半句当以某种方式夸大前词。可能这些词是"他们不饶恕"(non pepercerunt)这类谓语要求的与格,这里指对一座被占城市的居民的屠杀(克里茨即主此说)。

不仅那些抵抗者,连那些投降者﹡﹡﹡﹡①

6* 不定 5M,不定 41Mc,不定 84D,不定 51K

[Ra 本说明]由于只提到此人的本名普卜利乌斯,而这一本名又非常常见,因此不可能确定这里指的是普卜利乌斯·克洛迪乌斯以及他于前 68/67 年冬被自己的姐夫路奇乌斯·路库路斯解职一事(德布罗塞和克里茨即主此说);克洛迪乌斯之后服役于自己的另一个姐夫、奇利奇阿总督玛尔奇乌斯·热克斯(前 68 年执政官)麾下(*MRR* 2.148)。

副官普卜利乌斯被按约解雇

7* 4.62M,不定 28Mc,59D,不定 25K

[Ra 本说明]可能指斯帕尔塔库斯军中的日耳曼人(参残篇 3.68)。

身上一丝不挂

---

① [Ra 本注]若我们接受茂伦布莱舍尔对缩写的原文(a.b.e.m.)的扩充(a⟨rmis⟩ b⟨ellum⟩ e⟨xcitare⟩ m⟨etuentibus⟩),则可译作:"不仅那些抵抗者,连那些⟨因畏惧激起战争而⟩交出⟨武器⟩的人。"

8*　3.41M,不定 19Mc,不定 41D,不定 7K

[Ra 本说明]茂伦布莱舍尔猜测,此残篇部分构成对路库路斯军遭遇的困难的描述,当时,前 73/72 年冬,军队正在追捕撤出曲孜科斯之围的米特瑞达忒斯(Plut. *Luc.* 11.4)。

士兵们休息片刻

9*　4.34M,不定 26Mc,D、K 未收

[Ra 本说明]茂伦布莱舍尔认为指克拉苏军在热吉乌姆附近的半岛封锁斯帕尔塔库斯及其属下(Plut. *Crass.* 10.8)的辛劳和速度,但语境可以是任何其他军事行动。

日夜辛劳忙碌

10*　1.14M,不定 4Mc,26D,3.74K

[Ra 本说明]可能描述斯帕尔塔库斯暴动期间坎帕尼亚和卢卡尼亚的境况(德布罗塞和克里茨即主此说)。相反,茂伦布莱舍尔认为指毁灭迦太基并征服希腊后意大利享有的繁荣。

门不闭户,耕地满农

11*　不定 8M,不定 44Mc,不定 49D,15K

[Ra 本说明]如果色尔维乌斯赋予 pro milite 的意义正确,则此残篇可能描述克拉苏集结的军队(参残篇 4.12),以面对斯帕尔塔库斯暴动造成的危机(麦古欣即主此说)。

既没有士兵也没有召回的老兵(pro milite)

12*　4.80M,不定 30Mc,不定 104D,不定 73K

[Ra 本说明]茂伦布莱舍尔猜测,语境可能是前 68/67 年冬路奇乌斯·路库路斯攻破尼西比斯城墙的那个月黑风高之夜(Dio 36.7.1);参残篇 4.70。但色尔维乌斯指出,这儿撒路斯提乌斯指的是云,而不是夜的黑。

〈云〉遮蔽天光

13*　不定 37M,不定 73Mc,不定 89K

[Ra 本说明]撒路斯提乌斯似乎用名词 vices 描述战斗的胜败交替。

"交替"(VICES)【[可表示]战斗,因为如撒路斯提乌斯所说,战斗总是胜负交替(per vicissitudinem)。】

14*　1.30M,不定 6Mc,不定 38D,不定 4K

[Ra 本说明]根据茂伦布莱舍尔,可能描述前 87 年秋秦纳和马略进入罗马后实施的流血和掠夺(Dio fr. 102.9；Liv. Per. 80:他们(马略和秦纳)烧杀抢掠搞破坏,好像这是一座被占领的城市 [velut captam eam caedibus et rapinis vastaverunt])。这一场面描述的也可能是一座被斯帕尔塔库斯劫掠的城市(克里茨即主此说),或米特瑞达忒斯设置的守军逃跑时对西诺佩的劫掠(Memnon, FGrHist 434F37.7)(格拉赫即主此说)。

造成一座被占领城市的样子

15*　不定 4M,不定 40Mc,不定 56D,不定 22K

[Ra 本说明]为提高打击效果而作的一次机动,色尔维乌斯名之为"高卢式的"。根据茂伦布莱舍尔的猜测,语境可能是庞培前

77 年在去西班牙的路上在高卢境内的战斗,或前 72 年对克瑞克苏斯麾下的高卢人和日耳曼人的战斗(残篇 3.42.9)。

他们为了更易出击而撤退,让出地方(loco cedebant)①

16* 4.75M,不定 29Mc,不定 55D,不定 21K

[Ra 本说明]描述一场以更像骑兵遭遇战的方式打的步兵战,可能是在与米特瑞达忒斯或提格剌内斯的战争中。茂伦布莱舍尔将此残篇归于前 68 年夏发生在阿尔撒尼阿斯河的战斗(Plut. *Luc.* 31.5-8)。参残篇 4.65。

以骑兵战的方式袭击敌尾并撤退

17* 1.87M,1.76Mc,不定 65D,不定 31K

[Ra 本说明]可能描述色尔托瑞乌斯,概述他的军事生涯(蒂奇和茂伦布莱舍尔均主此说);或描述勒皮都斯(前 78 年执政官),当他于前 77 年发起武装反叛(德布罗塞和格拉赫均主此说)。参可疑残篇 52。

他把托伽换成战袍

18* 1.109M,不定 13Mc,不定 61D,不定 27K

[Ra 本说明]可能描述色尔托瑞乌斯在西班牙的胜利,如前 80 年他对科塔和远西班牙总督福菲迪乌斯的最初几场战斗(Plut. *Sert.* 12.3-4)所预示(茂伦布莱舍尔即主此说)。也可以指另外某个外国或罗马将领的胜利。

---

① [Ra 本注]或者,若采用 locos quaerebant 这一读法,则译作"寻求地方以打击……"。

因此他希望那场战斗成为战争的预兆(omine)。①

19* 不定 2M,不定 38Mc,不定 44D,不定 10K

他将迅捷的②步兵队集中于二线

20* 不定 1M,不定 37Mc,不定 43D,不定 9K

从步兵队中集合迅速的部分中,置岗哨于营前

21* 1.70M,不定 9Mc,不定 23D,3.70K

[Ra 本说明]可能描述埃特鲁里亚的联合,以支持前 77 年勒皮都斯的暴动(茂伦布莱舍尔即主此说);参残篇 1.59。语境也可以是对色尔托瑞乌斯或斯帕尔塔库斯的战争。克里茨把 foret 读作 sunt,认为主语是 servitia,即麇集到斯帕尔塔库斯那里的奴隶们。

这[某个地区]将(foret)在几天内武装联合

22* 不定 3M,不定 39Mc,不定 54D,不定 20K

[Ra 本说明]描述一位援军士兵暂时离开罗马营地,这一描述令人想起《尤古尔塔战争》93.2(foret quidam Ligus)以及残篇 4.29,彼处描述两个高卢女人离开斯帕尔塔库斯的追随者的营地。

某个利古里亚人出去解决自然需求

---

① [Ra 本注]或译作"作为整场战争",若采取蒂奇的补足 omni。
② [Ra 本注]可能指那些轻装步兵(expeditae 或 leves),因此具备机动性。

23* 3.92M, 不定 24Mc, 不定 40D, 不定 6K

[Ra 本说明] 茂伦布莱舍尔主张此残篇与此相关: 裁判官克洛迪乌斯(盖乌斯·克劳迪乌斯·格拉贝尔)试图在维苏威山诱捕斯帕尔塔库斯的逃亡角斗士团伙(Plut. *Crass.* 9.2)。但这里的指涉太宽泛,难以确定语境。

他[或"军队"]接近山脚

24* 不定 9M, 不定 45Mc, 不定 39D, 5K

[Ra 本说明] 从空谈转向战斗,旨在阻止一座被罗马人包围的本地城市被占领(可能指尼西比斯)。

为了激起行事而非言辞,他们把孩子和父母放上城墙。

25* 不定 6M, 不定 42Mc, 不定 52D, 18K

敌人将要么垮掉要么解体

船和航行

（残篇 26—31）

26＊ 3.64M，不定 23Mc，3.42D，3.52K

[Ra 本说明]大部分早先的编者将此残篇置于这一语境：撒路斯提乌斯在卷三对黑海地区的附记。但此残篇同样也可以是对此的部分描述：摧毁前 72 年春米特瑞达忒斯从尼科美迪阿航向西诺佩的舰队的那场风暴（参残篇 3.76）。

由于北风惯常造成的海浪迭起

27＊ 不定 13M，不定 49Mc，不定 57D，不定 23K

[Ra 本说明]此残篇与奥维德《变形记》(Ov. *Met.*) 11.484（逆风妨碍命令[impediunt adversae iussa procellae]）十分相似，表明主语可能是坏天气（福纳瑞即主此说）。可能与残篇 26 和 28 属于相同的语境。

［暴风？］妨碍给船员的命令

28＊ 3.55M，不定 21Mc，4.23D，4.38K

[Ra 本说明]茂伦布莱舍尔将此残篇归于撒路斯提乌斯对此的描述：摧毁前 72 年春米特瑞达忒斯从尼科美迪阿航向西诺佩的

舰队的那场风暴(参残篇 3.76)。与之相对,克里茨和蒂奇拒绝色尔维乌斯对这一表述的解释,认为此残篇部分构成撒路斯提乌斯对传说中的漩涡卡律布狄斯(残篇 4.19 已述及)的描述,据说卡律布狄斯每天进行三轮吞进、吐出(Hom. *Od.* 12.104-6; Isid. *Etym.* 13.18.5)。

以巨[字面意为"三重"]浪

29*　1.56M,不定 8Mc,不定 45D,不定 11K

[Ra 本说明]可能描述前 78 年派遣普卜利乌斯·色尔维利乌斯(前 79 年执政官)去打奇利奇阿的海盗(茂伦布莱舍尔即主此说),或者描述玛尔库斯·安东尼乌斯在前 74 年或庞培在前 67 年对海盗的海军远征。但此残篇同样也可以描述任何长官赴任他的海外职务。

但到了一年中大海向船只开放的季节,

30*　不定 12M,不定 48Mc,D、K 未收

[Ra 本说明]尽管色尔维乌斯引此残篇以说明《埃涅阿斯纪》3.520 处的"帆之翼"(alas velorum),即帆像翼这一常见的诗化比喻(Isid. *Etym.* 19.3.1 也挑出这个例子),但撒路斯提乌斯在这里用"小"(parvis)来形容的 alis,最可能指帆的顶或角,即"帆尖"(s. v. *OLD* 3)。

且只展开小小的(parvis)帆尖(alis velorum)

31*　不定 11M,不定 47Mc,D、K 未收

[Ra 本说明]一场海上风暴。

一艘三层桨战船与浪脊齐高①

---

① [Ra 本注]即被举到浪尖。

政治与国内事务

（残篇 32—37）

32[*]　5.19M, 不定 33Mc, 不定 32D, 5.15K

[Ra 本说明]可能描述庞培（克里茨、茂伦布莱舍尔主此说，引 Dio 36.24.5）或罗马人民（蒂奇主此说）渴望通过前 67 年把海盗战争分配给庞培的伽比尼乌斯法。然而，提到的法律也同样可以是，比如前 75 年盖乌斯·科塔提出的一项法律，以解除苏拉强加给保民官的限制之一（参残篇 2.44 和 3.15.8）；或前 70 年庞培和克拉苏的立法，以恢复平民保民官的各项权力；或同一年路奇乌斯·科塔改革陪审法庭的法律。

最渴望这项法律

33[*]　4.54M, 不定 27Mc, 2.37D, 2.46K

[Ra 本说明]可能与残篇 2.22 属于相同的语境，描述保民官西奇尼乌斯的机智，他于前 76 年在言辞上攻击那些主要的元老级政客，他们反对大众恢复平民保民官的要求（Plut. *Crass*. 7.8）：克里茨和蒂奇均主此说。相反，茂伦布莱舍尔似乎主要由于拉克坦提乌斯（Lactantius）把这一轻蔑语用于西塞罗的辩才，猜测撒路斯提乌斯是在描述西塞罗，语境是西塞罗在前 70 年控告维勒斯（参

残篇4.23）。拉潘那主张将此置于卷一的前言,撒路斯提乌斯在那里评论当代修辞术的状况。

如阿皮乌斯①所称,他发展出一套狂吠(canina)②辩论术。

34* 不定16M,不定52Mc,不定92D,不定60K

[Ra本说明]大概描述一些外国使者,他们作为乞援人出现在元老院前,恳求纠正某个罗马官员干的坏事。

他们跪倒在元老们膝前

35* 1.76M,不定10Mc,2.41D,2.50K

[Ra本说明]可能引入菲利普斯的演说(残篇1.67),茂伦布莱舍尔即主此说。在《尤古尔塔战争》30.4和84.5以及《罗马共和纪事》2.43.1a,动词dissero被类似地用于引入演说。

他以这种方式言说(disseruit)

36* 5.27M,不定36Mc,D、K未收

[Ra本说明]一种威胁的姿态:可能针对前67年执政官盖乌斯·皮索,他试图阻止保民官盖乌斯·科尔内利乌斯不顾自己的保民官同僚的否决仍坚持宣读自己的法案文本(茂伦布莱舍尔即主此说,引Ascon. p.58C:当皮索命令扈从抓住那些用手指他的人[cum ille eos qui sibi intentabant manus prendi a lictore iussisset])。

---

① [Ra本注]这位阿皮乌斯可能是阿皮乌斯·克劳迪乌斯·凯库斯(Appius Claudius Caecus,前312年监察官),或一位晚得多的阿皮乌斯:可能要么是前79年执政官,即西塞罗的敌人普卜利乌斯·克洛迪乌斯的父亲(Cic. *De Or.* 2.246),要么是这位前79年执政官的父亲(Cic. *De Or.* 2.284)。

② [Ra本注]字面意为"像狗的"。

用手指[对手的]脸

37＊　5.26M,不定 35Mc,不定 99D,不定 68K

[Ra 本说明]此场合显然是某位将军回到罗马,因为贝罗纳神庙位于战神广场(Campus Martius),在伏拉米尼乌斯竞技场(Circus Flaminius)附近、城界之外;出于这个原因,如果元老院想要某个掌握兵权的人与会,这里就是常用的会议地点。回来之人可能是庞培,当他于前 67 年结束清剿海盗行动的第一阶段之后(茂伦布莱舍尔即主此说,引 Plut. *Pomp.* 27.1-2)。若真如此,则此残篇给出唯一的证据,证明撒路斯提乌斯相当完整地描述过庞培的清剿海盗行动。

他回国时,被迎接(salutatum)①于贝罗纳神庙(aedem Bellonae)

---

① ［Ra 本注］无人称被动态是接受茂伦布莱舍尔的校勘,原文不确定。《维罗纳注》在此残篇之前缺漏甚多,《斯塔提乌斯注》引此残篇又有所不同。两位注家引撒路斯提乌斯时都错误地相信,此残篇中的 salutare 与维吉尔笔下的 salve("再会",s. v. *OLD* 3)和斯塔提乌斯笔下的 salutare(s. v. *OLD* 3)意思相同。

其他

（残篇38—56）

38[*]　不定 1Mc，M、D、K 未收

[Ra 本说明]可能出自撒路斯提乌斯对早期史家风格的描述。

许多人欣然于在雄辩术的林子（luco）①**里低声咕哝。**

39[*]　不定 15M，不定 51Mc，不定 81D，不定 47K

[Ra 本说明]如果 rei 是 reus[被告]的属格（克里茨即主此说），则一位原告或起诉人可能在试图通过提及对方的生活方式而在争辩中战胜被告。与之相对，弗拉西内蒂不顾注家归于此残篇中 cultus[生活方式]的意义，把 rei 解释为 res[事、物]的属格（即 familiaris[家事]），并译为"通过培植自己的家产"。

且他本人[起诉人或原告，诉诸？]被告的生活方式（cultu rei）

40[*]　不定 26M，不定 62Mc，不定 106D，不定 75K

【早上我来到】朱庇特神庙

---

① [Ra 本注]或作"以代替雄辩术"，如果撒路斯提乌斯写的是 loco。

41[*]　不定 23M,不定 59Mc,不定 107D,不定 76K

［Ra 本说明］可能评论某人的天赋（ingenium）或一位演说家的雄辩术。

他由于迟钝一无所缺

42[*]　2.23M,2.19Mc,不定 83D,不定 50K

［Ra 本说明］可能描述庞培（克里茨和麦古欣均主此说），或前 73 年保民官和史家利奇尼乌斯·玛刻尔（蒂奇即主此说），或政治掮客刻忒古斯（德布罗塞即主此说），或玛尔奇乌斯·菲利普斯（格拉赫主此说），或前 76 年保民官西奇尼乌斯（茂伦布莱舍尔主此说）。

但从青年时代开始,他就对许多好人［现状的维护者］无礼

43[*]　不定 24M,不定 60Mc,不定 58D,24K

［Ra 本说明］可能与盖乌斯·库瑞欧根据他的前任强加的条款向达尔达尼亚人勒索钱财有关（参残篇 2.66）。

这些［部落?］不会履行条约中的协定

44[*]　不定 25M,不定 61Mc,不定 95D,不定 64K

［Ra 本说明］这些词可能以间接引语的形式得到记述,展现某人（可能是某位元老或法庭上的起诉人）的主张,他不认为那些卷入某件事的人,比如卷入前 78—前 77 年的勒皮都斯暴动的人（拉潘那即主此说）,是因为环境恶劣被迫加入,而认为他们一开始就是坏人。

［他声称……?］且【卷入】(obstringi)[①]**［此事?］的那些人是罪**

---

① ［Ra 本注］原文不确定。如果我们采用蒂奇的 dici dignum,则译作"那些罪魁祸首并非被迫,他们更应被称作可恶之人而非可怜之人"。

魁祸首而非被迫为之,他们更是可恶之人而非可怜之人

45[*]　1.9M,不定3Mc,不定102D,不定71K

[Ra本说明]可能在鉴别罗马伟大的原因(德布罗塞和茂伦布莱舍尔均主此说),但无法确定。参《卡提利纳阴谋》53.4:少数公民的突出德性成就一切[罗马人民的伟业](paucorum civium egregiam virtutem cuncta patravisse)。

最伟大的首领,勇敢强健的侍从

46[*]　5.17M,不定32Mc,不定27D,3.73K

[Ra本说明]撒路斯提乌斯可能指那些把自己的命运系于海盗(蒂奇和茂伦布莱舍尔均主此说)、斯帕尔塔库斯团伙(克里茨主此说)或前77年的勒皮都斯暴动(德布罗塞和格拉赫主此说)的人。

他们徘徊于无定之地①

47[*]　5.25M,不定34Mc,不定101D,不定70K

[Ra本说明]在许多成功结果出人意料的例子中,有一个可能是庞培清除海盗时的快速进展(茂伦布莱舍尔即主此说,引 Plut. *Pomp.* 17.2)。

事情进展出人意料

---

① [Ra本注]即那些无根之人,他们或出于选择(因为他们感到自己不依附于任何一个地方),或由于无力找到一个安全的避难所。

48* 不定 19M,不定 55Mc,不定 100D,不定 69K

[Ra 本说明]可能撒路斯提乌斯给出某一事件的日期,是通过把这一日期与猎户座随太阳升落的时间相联系,这种情况发生在每年夏至后不久(Plin. *HN* 18.268; cf. Ov. *Fast.* 6.717–719)。

如撒路斯提乌斯所言,(猎户座)紧随夏日退去(pulsum?)①而升起

49* 1.5M,不定 2Mc,不定 78D,不定 44K

[Ra 本说明]可能与上述残篇 38 语境相同。批评对象可能是老卡图(克里茨、茂伦布莱舍尔均主此说),或学者兼庞培党人玛尔库斯·忒热恩提乌斯·瓦罗(M. Terentius Varro,蒂奇主此说),两位都是八九十岁的人。

在其中[书、著作?],在极长的岁月中,他恶毒地就好人编了一大堆谎话

50* 3.18M,不定 17Mc,4.46D,4.4K

[Ra 本说明]可能描述某个女人。可能的人选有:璞莱奇阿(Praecia),政治掮客刻忒古斯的情妇(茂伦布莱舍尔即主此说);摩尼美(Monime),米特瑞达忒斯的米利都妻子(德布罗塞、克里茨、蒂奇均主此说),是他以一顶王冠作为礼物赢得的(Plut. *Luc.* 18.3);克罗迪阿(Clodia),路库路斯之妻,普卜利乌斯·克洛迪乌斯之妹(拉潘那主此说)。

---

① [Ra 本注]如果撒路斯提乌斯写的是 pulsum(克里茨和蒂奇表示怀疑,但豪勒支持,见 Hauler, *Arch. f. lat. Lexik.* 5.1888, p.143),这个词可能用于代替 repulsum,指夏至时(6月20—22日)太阳按明显偏北的轨迹落下。

用过人的装饰(cultu)打扮身体①

51* 2.24M,不定 14Mc,不定 91D,不定 59K

[Ra 本说明]克里茨认为此残篇可能关乎某位保民官对苏拉政制的抱怨(平民保民官利奇尼乌斯·玛刻尔也用"奴役工"(ser-vitium)一词描述苏拉推行的改革,3.15.1),基于这一看法,茂伦布莱舍尔发现此残篇可能指前 76 年保民官西奇尼乌斯要求恢复保民官之权。另外,也可从字面上理解"奴役"一词,指斯帕尔塔库斯和角斗士们在前 73 年逃离卡普阿时的目标(德布罗塞和格拉赫均主此说);或者,此残篇也可描述某个受米特瑞达忒斯或罗马人压迫的民族。

仅仅使奴役[即他们的奴役状态?]变得更好

52* 2.50M,不定 15Mc,不定 90D,不定 58K

[Ra 本说明]茂伦布莱舍尔把动词标注为过去时态,猜测撒路斯提乌斯在描述前 75 年的奥热利乌斯法的效果,该法废除苏拉对平民保民官担任其他官职的禁令(参残篇 2.44)。另外,此残篇也可指格拉古兄弟的活动(德布罗塞和格拉古均主此说),或指任何革命计划,或仅指正在从事的行动的某个变化(参下注)。

这已成为[将成为?]革新(novandis rebus)②的原因

---

① [Ra 本注]若接受茂伦布莱舍尔的观点,认为 cultu corporis 描述的是身体天赋而非打扮,则译作"饰以过人的身体之美"(麦古欣主此说,弗拉西内蒂从之)。但色尔维乌斯引此残篇和《尤古尔塔战争》33.1 作为与身体条件(habitudo corporis)意义相反的例子。根据茂伦布莱舍尔的说法,corporis 一词并不排除"打扮"的意思,因为《卡提利纳阴谋》48.2 处的 cultu corporis 无可否认指的是衣物。
② [Ra 本注]如果出自《埃涅阿斯纪》4.290 的段落可以作为指导,则可译作"计划变更",因为两者的用语近乎相同,《埃涅阿斯纪》4.290 处的 res novae 没有传统的政治含义(革命),而是在描述埃涅阿斯行动步骤的改变。

53[*]　不定 14M，不定 50Mc，不定 96D，不定 65K

[Ra 本说明]缺少语境导致我们不可能判断 inferior[字面意为"更低"]是指一个物理位置（例如，一支军队试图通过敌人占据的山道；拉潘那即主此说），还是比喻性地用于一个在政治或商业领域缺少与人公平竞争的资源或身份的人，他会寻求任何可能的手段以达成自己的目标。

由于较低之人在条条道路上都受到逼迫，

54[*]　不定 22M，不定 58Mc，不定 103D，不定 72K

[Ra 本说明]缺少语境和文本的简略导致我们不可能判断撒路斯提乌斯指的是身体还是精神的力量。注家以此残篇作比的两个段落描述的是来自外部的物理力量受阻。

力量若立足不稳（pendet）①则无效

55[*]　不定 27M，不定 63Mc，D、K 未收

[Ra 本说明]原文缺漏太多，无法恢复含义。原文大概曾包含 verus 一词的某种形式，因为注家引撒路斯提乌斯以给出那个词带"有用"之意的一个例子。

【献】热情【于】公共利益，他们诱惑……我……一 * * *

56[*]　不定 28M，不定 64Mc，D、K 未收

让他委托一项合适的（adcommodatum）任命②

---

① [Ra 本注]*OLD* s. v. pendeo 10；或作"当其依赖于……"（*OLD* 13，如果有一个带 ab 或 ex 的夺格补全 pendet 的意思）。

② [Ra 本注]或作"但当/因他委托这项任命"，若采用茂伦布莱舍尔的校勘（at cum [modatum]）。

短语和单词
（残篇 57—69）

57[*]　不定 34M，不定 70Mc，不定 110D，不定 93K

被认为（duci）①证实（或"证实被导向"）

58[*]　不定 35M，不定 71Mc，不定 108D，不定 77K

不会后悔

59[*]　不定 36M，不定 72Mc，不定 109D，不定 92K

待看之人

60[*]　不定 31M，不定 67Mc，D、K 未收

［Ra 本说明］可能指任命庞培为资深执政官去西班牙与色尔托瑞乌斯作战（拉潘那即主此说）。

他作为资深执政官

---

① ［Ra 本注］duci 可以是一个动词（如译文），或 dux 的属格，第二种情况下则译作"向首领证实"（弗拉西内蒂和麦古欣均主此说）。

61[*]　不定 29M, 不定 65Mc, 不定 98D, 不定 67K

［Ra 本说明］对文本问题的讨论,参可疑残篇 10。

立刻

62[*]　不定 17M, 不定 53Mc, 不定 9D, 1.109K

［Ra 本说明］为应对未经证实的消息而采取的某个行动(参 Tac. *Ann.* 2.77.5 的相同表达)。摘录资料的抄本传统中有非常细微的证据表明此残篇可能属于卷一。

一听到传闻

63^{*†††}　不定 32M, 不定 68Mc, 不定 118D, 不定 91K

控制一切

64[*]　不定 30M, 不定 66Mc, 不定 116D, 88K

几日(?)①

65[*]　不定 38M, 不定 74Mc, 不定 112D, 不定 79K

［Ra 本说明］作为时间标记,撒路斯提乌斯显然把一年的每个季节细分为三个部分,大致对应组成每个季节的三个月。

【春季的第一个月被称为"孟"(novum),第二个被称为"仲"(adultum),第三个被称为"季"(praeceps);撒路斯提乌斯始终如此称之。】

---

① ［Ra 本注］由于撒路斯提乌斯用单数的 lux 表示"日(光)"(例如《尤古尔塔战争》91.3、99.1),可想而知,复数的意思相当于 dies(复数)。另一种可能是,引入复数的 luces 可能受一系列复数名词的影响,用法类似《尤古尔塔战争》31.20 的 paces。

【孟夏。确为"孟"(nova),因为根据撒路斯提乌斯的说法,还有"仲"(adulta)和"季"(praeceps)夏。】

66* 不定 20M,不定 56Mc,不定 105D,74K

[Ra 本说明]取来拖鞋的要求可能发自匆忙离开宴会的客人(克里茨即主此说);或发自裁判官路奇乌斯·科西尼乌斯,他在受到斯帕尔塔库斯袭击时不得不逃离浴室(Plut. *Crass.* 9.5-6;参残篇 3.41),茂伦布莱舍尔即主此说。

快点[取来]拖鞋

67* 1.39M,不定 7Mc,不定 120D,K 未收

[Ra 本说明]根据茂伦布莱舍尔的猜测,可能描述前 83 年 11 月向罗马进军的撒姆尼乌姆人,他们孤注一掷,试图使在璞莱内斯忒封锁小马略的苏拉军撤退。

撒姆尼乌姆人的

68* 不定 18M,不定 54Mc,D、K 未收

极其不可靠(愚蠢?)

69* 不定 21M,不定 57Mc,D、K 未收

一座占据地利的城池

可疑残篇

1* M、Mc、D、K 未收

［Ra 本说明］这可能是对《尤古尔塔战争》37.4（hiemalibus aquis［由于冬季的雨水］）的误引，但塞涅卡引此来解释动词 hiemare［过冬］而非形容词。

由于过冬的雨水

2* 可疑 2M，Mc 未收，不定 111D，不定 78K

［Ra 本说明］蒂奇猜测，昆体良误引《尤古尔塔战争》34.1（"愤怒促成的东西"［quae ira fieri amat］），且"人群"（volgus）因《尤古尔塔战争》34.1 的语境而衍，那里描述一次公共集会上愤怒的民众（multitudo）。

＊＊＊①促成

3* 1.18M（引述），1.16Mc（注），1.33D（引述），1.38K（引述）

［Ra 本说明］可能是对 omne ius in viribus esset（残篇 1.16）的释义或不精确引用。

所有正义都属于更强之人

4* 2.68M，Mc 未收，2.20D，2.26K

［Ra 本说明］多数撒路斯提乌斯的编者都接受把明显残损的 ulipie h. 还原为 volnere［伤］这一推测，并将此残篇与美忒路斯在色尔托瑞乌斯战争中的受伤（参残篇 2.55）联系起来。但如果我

---

① ［Ra 本注］考虑到不确定性，我对 uulgus 存疑；如果保留这一传抄下来的词，则意为"促成一群乌合之众"（如贝里［D. H. Berry］向我书面［per litteras］指出的那样）。

们接受维斯那(Wessner)的复原,in ulteriorem H.[在远西班牙],则注家可能对残篇3.10.1(麦古欣即主此说)或可疑残篇5作了断章取义,如果后者确实分离自残篇3.10.1(参下条残篇)。

而美忒路斯在＊＊＊

5*　3.45M,不定20Mc,2.24D,2.30K

[Ra本说明]此残篇与残篇3.10.1的开场白(at Mettellus in ulteriorem)十分相似,因而可能只是对后者的释义,且注家是为了具体说明sed[通常意为"但是"]意为"因此"。

因此美忒路斯……到较远的那个行省

6　p.212M,Mc未收,1.41注5D,不定81K

[Ra本说明]如果多纳图斯以这些词代替"以及腓力和安提欧库斯"(philippoque et antiocho)并非误引残篇1.49.4,则这些词可能取自撒路斯提乌斯《罗马共和纪事》的其他段落。如果情况如此,则这些词是撒路斯提乌斯文中诗化的"水"(aequor)等同于"海"(mare)的唯一例子。

在海上(auquor⟨e⟩)和陆上

7*　p.212M,Mc未收,119D,K未收

[Ra本说明]根本不确定阿茹西阿努斯是否把这些词归给撒路斯提乌斯。这些词位于出自《尤古尔塔战争》43.1的引文之后,由id est引导,而林德曼(Lindemann)把引导词校订为idem,并因此鉴定撒路斯提乌斯就是这些词的作者。(阿茹西阿努斯用idem引导出自同一位作者的第二段引文,参下一条残篇。)然而,可以设想,传抄的adversus illi不是引文的一部分,而是标题(引出一个

adversus 加与格的例子），因为上一个标题是 adversus illius。

那个反对贵族的人

8* 不定 33M，不定 69Mc，D、K 未收

[Ra 本说明]阿茹西阿努斯未将此残篇归给撒路斯提乌斯的某部具体作品，他可能凭记忆误引《尤古尔塔战争》85.46（"知道地形"[locorum sciens]）。

知道这些

9* 可疑 4M，Mc 未收，3.32D，3.37K

[Ra 本说明]引用的格式（"克瑞西普斯，卷三"——与卡瑞西乌斯在其他地方的做法不同，在其他地方，他总是写成"撒路斯提乌斯"，且常常带书名，从不只有一个卷号）造成对此残篇的怀疑。如果"卷三"前缺了 historiarum 一词，且引文出自撒路斯提乌斯《罗马共和纪事》的卷三，则照克里茨的看法，语境可能是那场前 72 年春摧毁米特瑞达忒斯从曲孜库斯撤离的舰队的风暴（参残篇 3.76—77）之后不久。当时，米特瑞达忒斯把求救信送往亚美尼亚王提格剌内斯和其他邻近的王（App. *Mith*. 78；Memnon，*FGrHist* 434F29.6）。他令人信服地认为，罗马人在本都对米特瑞达忒斯发动的战争，可能像一场大火一样蔓延到相邻的王国。

与之相对，凯尔（*GL* 1.609，Addenda）采用兰（Lang）的观点，后者假定"克瑞西普斯，卷三"之后有一段空白，猜测那里缺了卡瑞西乌斯引自撒路斯提乌斯的一段文本，随后是一位诗人的名字，这位诗人才是此处残篇的作者。凯尔改写原文以产生两行七音步扬抑格（Nonne... acriter/haud... proxumae），并将其归给某位不知名的谐剧诗人（comic poet）（Com. Inc. 46-47 Ri.[3]）。但这一切都不确定。

你不知道？如果火猛烈地抓住一座房子，邻屋也不容易免遭焚毁。

10* 可疑 5M，Mc 未收，不定 98D，不定 67K

[Ra 本说明]在卡瑞西乌斯的文本中，此残篇最初几个词前面有 Sallustius libro[撒路斯提乌斯卷]两词，但后面没有卷号，这导致卡瑞西乌斯的编者们假定在 libro 与 fessit 之间有一段长度不定的空白。此外，由于紧随此残篇之后是归于 2 世纪注家斯塔提利乌斯·玛克西穆斯(Statilius Maximus)的一个注释，茂伦布莱舍尔便认为，引文本身不是出自撒路斯提乌斯，而是出自西塞罗或卡图，因为据知斯塔提利乌斯只注过后面两位作家。因此，只有卡瑞西乌斯在自己的讨论中述及的"立刻"(confestim)一词，可以确定地填入假定的空白并归给撒路斯提乌斯(不定残篇61)。相对地，不排除卡瑞西乌斯的文本中丢失的只有卷号且引文确实出自撒路斯提乌斯这一假设，斯塔提利乌斯可能在注卡图时论及撒路斯提乌斯，因为据知撒路斯提乌斯曾模仿卡图。

＊＊＊立刻，悲伤的信使们

11* 不定 7M，不定 43Mc，不定 47D，不定 13K

[Ra 本说明]由于两种摘录资料仅仅将此残篇归于撒路斯提乌斯，未指明具体作品，故此残篇可能是对《尤古尔塔战争》106.3(virtuti suorum satis credere)的不严格摘引。

他们对德性足够相信

12* 1.135M(引述)，Mc 未收，1.71D(引述)，不定 82K

[Ra 本说明]可能是色尔维乌斯对 cornicines occanuere(残篇

1.107）的误引。

号子响起

13[*]　3.14M（引述），Mc 未收，3.60D（引述），3.63K

[Ra 本说明]茂伦布莱舍尔认为色尔维乌斯在改写残篇 3.50。

尽管撒路斯提乌斯称克里特人最先发明宗教，由此编造出朱庇特出生于他们中间

14[*]　p.211M，Mc 未收，不定 115D，不定 86K

[Ra 本说明]茂伦布莱舍尔认为此残篇是对科塔演说（残篇 2.43.2）中的 acta iam aetate 的不严格摘引。相对地，色尔维乌斯引此来特别说明形容词 senecta 可带名词 aetas。

既已年老（senecta iam aetate）

15[*]　4.6M，不定 25Mc，不定 24D，3.71K

[Ra 本说明]与整个概念相对，不可能判断这些词中的哪些——如果有的话——可直接归于撒路斯提乌斯。

【如是（SIC），大家只有一个心思[，那就是用刀枪解决争端]。"如是"，即当他们逐渐互相援助，所有人都被卷入战争。撒路斯提乌斯[也这么用]如是。】

16[*]　M 未收，不定 11Mc，D、K 未收

[Ra 本说明]塞姆（Syme，"A Fragment of Sallust？"，*Eranos* 55，1957，171-174）认为这可能是撒路斯提乌斯的一条残篇，理由是：尽管这一短语（用于指直布罗陀海峡）不太可能归于撒路斯

提乌斯,但名词 divortium 加最高级形容词(artissimus)以表示 fretum(海峡)的唯一其他例子只见于塔西佗(Tac. Ann. 12.63.1,描述博斯普鲁斯海峡),这位作者在论述黑海地区的地理时凭靠撒路斯提乌斯。

极为狭窄的间隔(angustissumo divortio)

17* 1.66M(引述),Mc、D、K 未收

[Ra 本说明]可能是注家对 maturrume(见于残篇 1.58 和 1.67.16)的误引。

非常迅即

18††† 可疑 3M,Mc 未收,1.63D,K

[Ra 本说明]两种摘录资料都将此残篇归于撒路斯提乌斯的《尤古尔塔战争》,这使茂伦布莱舍尔推测此残篇大致基于《尤古尔塔战争》18—19。但此残篇可能属于《罗马共和纪事》卷一,在那里,撒路斯提乌斯先提到色尔托瑞乌斯撒至福人岛的欲望受挫(残篇 1.88—89),然后详述前 81 年色尔托瑞乌斯在毛里塔尼亚的逗留,以及参与对幼君(princeling)阿斯卡利斯的成功远征(Plut. Sert. 9.2-5):克里茨和蒂奇均主此说。

摩尔人跟阿非利加的其他部族一样,是一个狡诈的部族,他们声称践行波斯文化的正义和杰出之人生活在地球的另一面,在埃塞俄比亚之外

19 可疑 6M,Mc 未收,1.64D,1.121K

[Ra 本说明]克里茨猜测 Azilis 可能是 Zelis 的一个变体,后者是 Tingis(今丹吉尔[Tangier])以南的一个镇,距毛里塔尼亚西北

部的大西洋海岸不远(Strabo 17.3.6)。撒路斯提乌斯论及此地，可能与上一条残篇中提到的色尔托瑞乌斯的活动有关。茂伦布莱舍尔怀疑6世纪作家拜占庭的斯忒法诺斯(Stephanus of Byzantium)提到的撒路斯提乌斯是否就是那位罗马史家。

【阿孜利斯(Ἄζιλις)，利比亚的一座城市，但撒路斯提乌斯和其他人(περὶ Σαλλούστιον)①说这不是一座城市，而是一个地区和一条河流。】

20* M(fasc.2, p.60)，Mc未收，2.2D，2.4K

[Ra本说明]我们知道在伊西多若斯《词源》(Isid. *Etym.*)14.7.1，撒丁岛的地理信息(参残篇2.2)取自撒路斯提乌斯，因此，伊西多若斯在记述撒丁岛的名字所由来的英雄撒都斯时，可能也凭靠撒路斯提乌斯。保萨尼阿斯(Paus. 10.17.2)给出相同的记述，包括撒都斯是玛克瑞斯(Makeris，即腓尼基神美珥卡尔特[Melkart])之子这一细节，埃及人和腓尼基人把玛克瑞斯等同于赫拉克勒斯。

【赫拉克勒斯之子撒都斯率一大群人从利比亚出发，占据撒丁岛，并把自己的名字赋予这个岛。】

21* 3.22M，不定18Mc，D、K未收

[Ra本说明]此残篇提到美特若法内斯(参残篇4.2)——米特瑞达忒斯的一位将领，参加过曲孜科斯之战(Oros. 6.2.16)——基于此而认为残篇的作者是撒路斯提乌斯，纯粹是猜测。茂伦布莱舍尔将此残篇放在第一次提到美特若法内斯的地方，即前74年

---

① [Ra本注]希腊文字面义为"撒路斯提乌斯之类"，但这一词组可仅仅表示"撒路斯提乌斯"(参*LSJ* περί加宾格，C I.2)，或者斯忒法诺斯可能选了一种模糊的表达来表示多个作者。

初米特瑞达忒斯入侵比提尼亚之时。

美特若法内斯因奉承而获得米特瑞达忒斯的好感。

22* p. 212M，Mc 未收，1.34D，1.38K（引述）

［Ra 本说明］茂伦布莱舍尔赞同克里茨，将此残篇归入可疑类，理由是此残篇未见于《路卡努斯注》的最佳来源（只见于一种抄本）。这疑似是对 ut omne ius in viribus esset（残篇 1.16）的模糊引用。参可疑残篇 3。

更强之人看似有更多正义

23* p. 212M，Mc 未收，不定 87D，不定 55K

［Ra 本说明］《论正字法》（*De orthographia*）一书，据说出自某个路奇乌斯·凯奇利乌斯·米努提阿努斯·阿普来乌斯（L. Caecilius Minutianus Apuleius），极可能是 15 世纪的伪造；但若确系伪造，难以设想这位作者从何处取得与撒路斯提乌斯相关的资料，因为《罗马共和纪事》在 15 世纪之前早已佚失。普林尼确实在《自然志》7.199 提及这一细节。

【根据盖乌斯·普林尼和撒路斯提乌斯的说法，斯塔费路斯（Staphylus）第一个教授以水混酒。】

24* p. 212M，Mc 未收，不定 86D，不定 54K

［Ra 本说明］保存下此残篇的来源的可疑性质，参残篇 23。如果残篇 24 的内容确实属于撒路斯提乌斯（色尔维乌斯确实证实撒路斯提乌斯有机会提到皮洛士），则撒路斯提乌斯可能在记述过去发生在南意大利的战斗时提及皮洛士王，斯帕尔塔库斯团伙造成的破坏亦发生在南意大利（格拉赫即主此说）。然而，根据普鲁

塔克的说法(*Pyrrh*. 34.2-3),皮洛士被一个阿尔戈斯(Argive)女人从上方扔下的一块瓦片击中后死去。

【根据特若古斯(Trogus)、撒路斯提乌斯和路凯乌斯(Lucceius)的说法,皮洛士……伊庇鲁斯王……在狄安娜(Diana)神庙被某个女人……杀死……】

25^{*}　不定 75Mc^①

[Ra本说明]可能是对"他们在同一座城里结合起来之后"(*Cat*. 6.2: postquam in una moenia convenere)的不严格摘引。

一切都聚集到同一个地方之后

26^{*}　不定 76Mc

在那场战斗(bello)中,损失三百士兵

27^{*}　不定 77Mc

好大(bona)一部分士兵从那里开拔。

28^{*}　不定 78Mc

[Ra本说明]在2.77,撒路斯提乌斯提到与海盗船相关的"快船"(actuariae)。保存那条残篇的诺尼乌斯与佩罗蒂(Perotti)用了几乎相同的语言来解释该词的性质。

这些人有大约三十艘快船(actuariae naves),十艘货船(onerariae)

---

① 残篇25—55保存于佩罗蒂的《丰裕之角》残篇19—49(Perotti's *Cornucopia*, Frr. 19-49)。

29　不定 79Mc

且当士兵们被消灭后,他逃之夭夭

30* 　不定 80Mc

[Ra 本说明]麦古欣发现,这里可能指前 67 年夏在泽拉之战中,米特瑞达忒斯对路库路斯的副官特瑞阿瑞乌斯的决定性胜利(Dio 36.12.4);参不定残篇 3。

由于这场胜利,敌人得意洋洋,我们的人因恐怖和士气(animis)低落而溃散。

31* 　不定 81Mc

中央有(iacet)一块平原,到处漫水

32* 　不定 82Mc

只要你们认为自己是安全的,直到其余民众到达

33* 　不定 83Mc

他怯懦、顺从地说了几句话便离开

34* 　不定 84Mc

[Ra 本说明]这里的用语有点类似菲利普斯对那些参加玛尔库斯·勒皮都斯(前 78 年执政官)领导的叛乱的人的描述:scelerum conscientia exagitati(残篇 1.67.7)。

当他们为自己的罪行甚至阴谋而感到罪恶,忧心忡忡,不知道转向何方

35* 不定 85Mc

在他进犯(invaderet)敌人之前

36* 不定 86Mc

[Ra 本说明]可能是撒路斯提乌斯描述前 88 年盖乌斯·马略的逃亡的一部分(麦古欣即主此说);参残篇 1.23。

且他以一条渔舟航向深[海]

37* 不定 87Mc

[Ra 本说明]麦古欣觉得可能描述色尔托瑞乌斯;参残篇 1.76—77。

没有人比这个男人更好或更杰出

38* 不定 88Mc

步兵被打垮(effuso)打散后,他们开始逐渐撤退

39* 不定 89Mc

被打垮(fusos)两次的士兵

40* 不定 90Mc

在他把高地交给敌人之前

41* 不定 91Mc

但敌人最终在精力和力量上占了上风。

42＊　不定 92Mc

［Ra 本说明］麦古欣建议将此残篇与这件事联系起来：裁判官克洛迪乌斯试图在维苏威山诱捕斯帕尔塔库斯的逃亡角斗士团伙（Plut. *Crass*. 9.2）；参残篇 3.40。

当他完全围住此山并将之封锁

43＊　不定 93Mc

［Ra 本说明］可能指色尔托瑞乌斯在西班牙的某次行动（麦古欣即主此说）。

他马上占据由士兵包围的峡谷

44＊　不定 94Mc

［Ra 本说明］可能与路库路斯在他的亚美尼亚战役中跨越幼发拉底有关（麦古欣即主此说）；参残篇 4.53—54。

他已使全军跨越

45＊　不定 95Mc

［Ra 本说明］麦古欣发现这儿可能指前 69 年提格剌内斯在提格剌诺刻尔塔之战中溃败于路库路斯之手前说的大话（蔑视罗马人作为一支战斗部队则太少，作为使者则太多：Plut. *Luc*. 27.4；App. *Mith*. 85）。

说完这些之后，战斗马上打响

46＊　不定 96Mc

此后一马平川，他安全地派出军队

47 *　不定 97Mc

［Ra 本说明］可能指愤怒的乌合之众迫使前 75 年的执政官们前往欧克塔维乌斯家避难（参残篇 2.41）。

武装之人把门堵住

48 *　不定 98Mc

他们不会碰巧受绝望影响而宁死不活

49 *　不定 99Mc

当他为那个士兵设下埋伏

50 *　不定 100Mc

许多人死于那场遭遇战（congressu）

51 *　不定 101Mc

当他们碰巧向他冲去，他们被轻易击退

52 *　不定 102Mc

［Ra 本说明］参不定残篇 17。

由于他前行时身着战袍，他考虑尽快发动战斗。

53 *　不定 103Mc

这些在前面扛旗子的人意识到危险并停下之后

54＊　不定 104Mc

于是执政官迅速把军队带出

55＊　不定 105Mc

[Ra 本说明]可能描述在宴会上谋杀色尔托瑞乌斯的那些袭击者(Plut. *Sert.* 26.11),拉潘那即主此说。

所有人一起[从自己的躺椅上?]起身,并同时给他一击

就国事致老凯撒书

[Ra 本说明]这是我们仅有的抄本 V(fol. 127r)上的标题。由于两篇文章似乎都采取了公开信的形式——第二篇明确指出这点(2.12.1, perlectis litteris)——因此容易理解"书信"(epistulae)的说法。① "老"(senem)旨在区分独裁官凯撒(前 100—前 44 年)与他的继子屋大维·凯撒(Octavian Caesar,前 63—14 年),即后来的皇帝奥古斯都。直到前 44 年春以后,作此区分才有必要,彼时屋大维根据其伯祖父的意愿,采用盖乌斯·尤利乌斯·凯撒之名(Cic. *Att.* 14.12[366].2)。

---

① [译注]标题的拉丁原文为:〈EPISTULAE〉AD CAESAREM SENEM DE RE PUBLICA。

一

[约前48年10月]①

[1.1] 先前这被信以为真:诸王国和诸帝国,以及凡人们热切渴望的其他东西,机运都拿来当礼物赠予;因为这些东西常常为那些不值当之人所有,好像被任意赠予,②而且没法安然无恙地保存在任何人那里。[1.2] 但事实表明这才是真的——如阿皮乌斯③在其诗句中所说——每个人皆是自己机运的缔造者;对你而言尤其如此,因为你远超他人,比起你将要做的值得赞美的行为,人们对赞美你的行为感到厌倦来得更快。[1.3] 另外,作为缔造物,

---

① [Ra本注] 与庞培的战争已属过去(2.2, bellum tibi fuit),因此此信晚于庞培在法尔撒路斯(Pharsalus)之战的失败(前48年8月9日或尤利乌斯历的6月7日)。鉴于根本没有提到前46年的阿非利加战役和卡图的自杀,前46年(K. C. Vretska, *Sallustius Crispus, Invektive und Episteln*, vol. 1, Heidelberg, 1961, 48 推定的日期)似乎不太可能。

② [译注] 比撒路斯提乌斯稍晚的哈利卡尔纳索斯的狄奥尼修斯在《罗马古史纪》的前言中(1.4)向我们叙述的希腊人对罗马霸权的看法,与此处的说法十分类似:"罗马随着时间达成世界霸权,并非通过虔敬、正义或其他德性,而是凭着自发和机运[*tychē*]的不公:她随随便便把最大的福祉赐予最不值当之人。而那些更恶毒的人习惯公开指责机运,说她把属于希腊人的福祉赐予蛮人中最下劣的人。不过,既然有一些史家都敢把这些[意见]写进留给后世的史书中去,我还说其他那些大众作什么!"转引自沃格林,《记忆:历史与政治理论》,朱成明译,华东师范大学出版社2017年版,页135。

③ [Ra本注] 阿皮乌斯·克劳迪乌斯·凯库斯(前312年监察官),模仿毕达哥拉斯(Pythagoras)的"金色诗行"(Golden Verses),以萨图尔努斯格律(Saturnian meter)写过《箴言集》(*Sententiae*)(cf. Cic. Tusc. 4.4)。

德性的产物应当得到尽可能多的照料,以免因漠不关心而败坏或毁于软弱。[1.4]事实上没有人愿意将统治权拱手让人,不管他多好多仁慈,一个更有权势者总是受到畏惧,因为他可以作恶。[1.5]事情之所以如此,是因为有权势者在大部分事情上是非颠倒;他们认为,他们统治的那些人越无能,他们自己就受到越好的保护。① [1.6]但是相反,应该在这件事上努力:你要使自己既好又强,以便尽可能好地统治。因为,最坏的人最难忍受统治者。

[1.7]但比起你之前的所有人,用武力处置那些征服物对你而言更加沉重,因为比起其他人的和平,你发动的战争更加温和。[1.8]此外,胜利者们②要求战利品,而那些被征服者是公民。你应当从这些困难中全身而退,并且使共和国在将来更加强大,既非仅仅通过武力亦非通过反对敌人,而是通过和平的诸种好的技艺——这要艰难得多得多。[1.9]因此,现实把所有有大智慧和中等智慧的人召唤到这里,每个人都尽其所能地献策。[1.10]而我的看法是这样的:你以哪种方式处置胜利,整个未来会因此而不同。

[2.1]但现在,为了你能更好、更容易地行事,你要听取(accipe)灵魂提醒我的那点东西(paucis)。③

---

① [Ra 本注]这是一句老生常谈:僭主们与恶人亲善而对善人起疑,把后者视为他们权力的潜在威胁(参《卡提利纳阴谋》7.2;Plin. *Pan.* 45.1-2)。
　[译注]《卡提利纳阴谋》7.2:"要知道,国王们对于好人较之对恶人更加猜忌,在他们心目中,别人的长处永远是充满危险的。"
② [Ra 本注]那些在内战中为凯撒而战的人。
③ [Ra 本注]参《尤古尔塔战争》110.6,paucis accipe de 加夺格。
　[译注]《尤古尔塔战争》110.6:"关于(de)你们的共和国,你是作为其代表被派到这里来的,你要听取这点东西(paucis accipe)。"

[2.2]统帅(imperator),①与你作战的是一个著名的人物,②有强大的力量,渴望权力,更受机运而非智慧的眷顾;跟随他的是一小撮人,他们由于自己的不义(iniuriam)而与你为敌,③还有一些人因亲戚关系或其他纽带跟他绑在一起。[2.3]因为,任何人都无法分享他的权力,如果他能忍受这么一个人,整个世界就不会因战争而震动。[2.4]其他乌合之众跟随他多是出于大众的习惯而非判断,一个接着一个,好像其他人比自己更审慎似的。[2.5]与此同时,那些完全被耻辱和放纵玷污的人,受不公的诽谤引导,④抱着攫取共和国的希望,投奔你的阵营,公然以死亡、抢劫以及一切让败坏的灵魂感到高兴的东西,威胁那些驯良之人。[2.6]这些人中的一大部分,当他们看到你既未取消债务,也未把公民视为敌人,就四散离去;一小部分留了下来,对他们而言在军营比在罗马有更多的闲暇——他们[在罗马]承受的债权人的压力太大。[2.7]但出于同样的原因,据说有大量凡人后来投向庞培一边,债务人在整个战争期间把他视为一个神圣而不受侵犯的避难所。⑤

[3.1]因此,由于你必须作为胜利者进行战争与和平,为了你能温和地结束前者,并使后者尽可能公正且持久,你要首先考虑你自己,因为你将要行的是最高之事。[3.2]至于我,我认为,所有残暴的统治[仅仅]在残酷而非持久方面更胜一筹,没有一个人会

---

① [Ra本注]此处以及第二封信中有两次(6.6、12.1),凯撒被称为imperator,这一头衔授予得胜的罗马将领,凯撒取此作为永久的荣誉,后来从威斯帕西阿努斯的时代开始成为罗马皇帝的正式头衔。参《致凯撒》2.12.5。
② [Ra本注]庞培:2.7和4.1提到名字。
③ [Ra本注]即那些因为做了对凯撒不义的行为(iniuria)而与其有过节的人,不义是因为这行为为无缘无故。
④ [Ra本注]即那些在前49年战争爆发之时错误地或曲解地预计凯撒不会维护财产所有者的权利而会掠夺和搜刮意大利的人。
⑤ [Ra本注]即一个庇护所,作为保护他们免于债权人的要求的一种手段。

让众人害怕,恰恰相反,出自众人的恐惧会回落到这个人身上;①这样的生活陷入持久和危险的战争,因为不管在前面还是从后面或侧面,你都得不到安全,你总会处于危险或害怕之中。[3.3]相反,对于那些以和善与仁慈调和统治的人,一切都显得顺利而愉快,甚至敌人——比起公民对待其他人——都显得更加友好。

[3.4]也许有人会宣称,我的这些话败坏你的胜利,而且对战败者过于好心。毫无疑问,我认为,我们和我们的先人分给诸外国——我们天然的敌人——的东西,也应该赠予公民,而不应按野蛮人的习惯,以谋杀还谋杀,以血还血。

[4.1]这场战争前不久,格奈乌斯·庞培和苏拉的胜利引起的那些喧嚣;多米提乌斯、卡尔波、布鲁图斯以及其他人,他们既非身负武装地亦非在战斗中根据战争法被杀死,而是在恳求之后以最邪恶的方式被杀死;②罗马平民在共和庄园(villa publica)③像牲

---

① [Ra本注]参前46年当凯撒强迫得奇乌斯·拉贝瑞乌斯(D. Laberius)表演其某出笑剧时,后者针对凯撒的一行话(Sen. De ira 2. 11. 3; Macrob. Sat. 2. 7. 1–5; Suet. Iul. 39. 2):众人惧者必惧众人(necesse est multos timeat quem multi timent)。
[译注]塞涅卡,《论愤怒》2. 11. 3:"再想想这样的事实:恐惧总会反过来伤害到制造恐惧的人,令别人害怕的人自己没有不害怕的。在这方面你不妨回想一下拉贝瑞乌斯著名的诗句,当这句诗在内战顶峰时期在剧院中被念出来时,他使所有人都竖耳倾听,就好像念的台词说出人们的心声:众人惧者必惧众人。"
② [Ra本注]都死于庞培之手:格奈乌斯·帕皮瑞乌斯·卡尔波(前85、84、82年执政官)在前82年死于西西里(参《罗马共和纪事》1.45),格奈乌斯·多米提乌斯·阿赫诺巴尔布斯(秦纳的女婿,前87—前84年执政官)在前81年死于乌提卡,在阿非利加战役中(参同上,1.46)——都死于苏拉内战;玛尔库斯·尤尼乌斯·布鲁图斯(著名的行刺凯撒者的父亲)在前77年死于山内高卢的穆提纳投降之后(参同上,1.69),在勒皮都斯反对苏拉政权而反叛之时。这里归入"其他人"的那些人中,有玛尔库斯·佩尔佩尔纳(前82年裁判官),瓦勒瑞乌斯·玛克西穆斯(Val. Max. 6. 2.8)将其加到这三个具名的受害者之上。佩尔佩尔纳在前72年被处死,当时他在西班牙在色尔托瑞乌斯反叛中作战(参同上,3.58–59)。
③ [R本注]战神广场上的一座建筑,人口普查或征兵时国家官员的总部所在地。里面暂住着用于凯旋式荣誉的外国使者和将军;苏拉曾在这里屠杀4000名在柯林门战役中俘获的囚徒。参Platner, Topogr. of Rome, 345。

口一样被屠杀:①这些都已被遗忘杀死了吗?[4.2]唉,在你带来的胜利之前,公民的那些秘密死亡和突然被杀、女人和孩子逃到父母或子女的怀里、家庭的破坏,[这些事]是多么严酷和残忍!②[4.3]那同一帮人③怂恿你做这些事;[这样一来,]毫无疑问,这场斗争将决定诸种不义将处于你俩中谁的支配之下,你将不是恢复而是攫取共和国,而且出于同样的原因,军中所有最好、最有经验的人在服完兵役之后会把武器伸向父母昆弟,好让那些最坏的凡人从他人的痛苦中寻求口腹和其他无尽欲望方面的满足,他们会成为胜利的耻辱,好人的荣誉会被他们的丑行玷污。[4.4]我认为,你不会真的没有注意到,他们中的任何一位,在胜利尚不确定之时,以怎样的作风或纪律为人处世(sese gesserit);有些人在指挥作战时,以怎样的方式沉迷于妓女和各种饕餮盛宴;④以这些人的

---

① [Ra本注]并非严格意义上的"罗马平民"(plebs Romana),而是士兵,主要来自萨姆尼乌姆,他们在前82年11月1日发生在罗马城外的柯林门战役之后投降。这成千上万名解除武装的囚徒被苏拉处决(人数有说4000的[Flor. 2. 9. 24],也有说多达8000[Liv. Per. 88]或9000的[De vir. ill. 75. 10])。他们被拘禁于共和庄园——一块大空地,带有门廊,位于战神广场,人口普查或征兵时用作国家官员的总部所在地。
② [Ra本注]把追溯野蛮行为与凯撒获得胜利(前48年)关联在一起,造成这样的印象:似乎此句和上一句提到的恐怖行为发生在前1世纪50年代,尽管4.1中所有明确提到名字的受害者都属于前82—前77年。大概作者的意思是,除掉4.1列举的那些杀戮的主犯庞培,以及凯撒原谅被他打败的敌人这一开明政策,终于解除这一持久的恐惧:庞培及其支持者会再度掀起那些残酷的复仇行为。
③ [Ra本注]即那些在凯撒战胜庞培之后转而效忠凯撒的人。
④ [Ra本注]影射庞培营帐中的逸乐,与凯撒营帐中的斯巴达式情形形成对比(Caes. B Civ. 3. 96. 1; Plut. Pomp. 72. 5−6),同时影射庞培的追随者指定的复仇和奖赏的浮夸计划(Caes. B Civ. 3. 83)。
[译注]凯撒,《内战记》3. 96. 1:"在庞培的营帐里,可以看到搭着凉棚,陈设着分量极重的银盘盏,士兵们的帐篷上覆盖着新鲜的草皮,路奇乌斯·勒恩图路斯和一些其他人的帐篷上则掩盖着常春藤,还有许多东西,都表明他们异乎寻常的奢侈和对胜利的盲目自信,因而不难猜想,他们对这一天的战斗结果毫不担心,所以才寻求那些不必要的享受。但这些人却还一直嘲笑凯撒的这支极为艰苦、咬紧牙关忍受的军队,尽管他们缺乏一切必需的东西,敌人还说他们奢侈。"《内战记》3. 83:"……总之,大家谈论的全是自己的显耀前程、金钱酬奖或报复私人嫌怨,至于用什么办法方能打赢这一场战争,则绝不再考虑,考虑的只是怎样去享受胜利。"

年纪,即使在闲暇之时触碰这种享乐,也会是一种耻辱。

[5.1]就战争已经说得够多。由于你和你的所有人正在进行的是和平的巩固,我首先请求你好好考虑你关心的是什么事情;如此把好人与坏人分开之后,你将开始踏上通往真理的道路。[5.2]我是这么想的:由于一切有始之物皆有终,当罗马城命定的毁灭来临之时,公民将与公民陷入肉搏战,如此力竭血枯之后,他们将成为某个王或某个民族(nationi)的战利品。否则,无论整个世界还是所有种族(gentes)合在一起,都无法撼动或压制这个帝国。[5.3]因此,和谐的好就必须巩固,不和谐的坏必须清除。[5.4]这将会发生,如果你去除挥霍和抢劫方面的无度,不是唤回古老的习俗(instituta)——那些由于道德败坏早已沦为笑柄——而是为每个人的财产设置挥霍的界限;[5.5]因为这已成为风尚:年轻人认为最漂亮的事就是把自己和别人的东西消耗一空、对欲望以及其他人的请求概不拒绝,将其视为灵魂的德性和伟大,而将良心(pudorem)和节制(modestiam)视为出于愚傻。[5.6]因此,剽悍的灵魂走上歪路,在习惯(consueta)阙如之处受到煽动,时而在盟邦中,时而在公民间,动摇旧制,在旧物中搜寻新东西。①[5.7]由此,接下来必须取缔放债人,如此我们才能各自照顾自己的事。[5.8]正确且唯一的方法就是让人民而非债权人担任官职,在加强而非削弱共和国中显示灵魂的伟大。

[6.1]而且我知道,一开始这件事将是多么艰难,尤其对于那些相信自己在胜利中将更放肆、更自由而非更受限制的人。如果你更愿意关心他们的幸福(saluti)而非他们的欲望,你就能为他们、我们以及盟友建立稳固的和平;反之,如果年轻人继续同样的爱好(studia)和习性(artes),你那辉煌的名声将与罗马城同时迅速毁灭。

---

① [R本注]文本残缺因而意思不明。

[6.2]最后,智慧者出于和平的原因发动战争,怀着对闲暇的希望忍受辛劳。除非使其(illam)①稳固,否则被战胜或战胜有何区别呢?[6.3]因此,诸神在上,你要把握(capesse)共和国并且——像你通常做的那样——克服一切艰难。[6.4]因为,要么你能够医治,要么所有人都将放弃治疗。没有任何一个人向你祈求各种残忍的惩罚或严厉的判决,②这些更容易毁坏而非匡正国家;相反,你要让各种卑劣的技艺和邪恶的欲望(libidines)远离年轻人。[6.5]这才是真正的仁慈:关心公民不会毫无过错地被父邦放逐,阻挡愚行和各种错误的享乐(falsis voluptatibus),稳固和平与同心,不因屈服于各种耻行(flagitiis)、容忍各种罪过而允许当前的快乐(gaudium),不顾不久将来的邪恶。

[7.1]我的灵魂对那些让其他人害怕的事情有最大的自信;[我指的是]任务的艰巨,因为全部陆地和海洋都将由你整顿。由于如此卓越的天性无法触碰那些小事,巨大的回报寓于巨大的关切(curae)。[7.2]因此,你应该事先关心(provideas)让平民——他们已经被赏赐和公粮(publico frumento)败坏③——有自己的工作,由此使他们免于公害(malo publico);使年轻人热衷于诚实和勤奋,而非各种消费或财产。[7.3]如果你剥离附着于金钱——一切事物中最大的瘟疫——之上的好处与荣誉,这就能实现。[7.4]因为我经常全神贯注地(cum meo animo)思考,所有卓越之人凭靠哪些事情获致伟大、哪些事情能促使人民或各个民族繁荣

---

① [译注]阴性,当指和平。
② [Ra本注]前52年庞培的司法改革引入的那些(参《致凯撒》2.3.3注)。
③ [Ra本注]前58年,保民官普卜利乌斯·克劳迪乌斯通过一项法令,废除按月分配给罗马人民的粮食的要价。前46年,凯撒把受粮者的数量从32万减少到15万(Suet. *Iul.* 41.3)。
  [译注]苏厄托尼乌斯,《神圣的尤利乌斯传》41.3:"他不按通常的方式和地方而按街区在房产主协助下统计人口,并把接受国家赈济粮的人数从32万减少到15万。为了不致因重新登记将来再召开会议,他规定,每年由大法官把一些没有登记入册的人补到死亡者的空缺上去。"

昌盛，以及后来哪些原因使那些最伟大的王国和帝国倾圮，我总是发现那些同样的善与恶：所有胜利者蔑视财富，被战胜者则贪求财富。[7.5]任何一个凡人都没有别的办法提升自己并触碰到神圣之物(divina)，除非弃绝金钱和身体方面的各种快乐；不让灵魂沉迷于奉承或激起的欲望、迎合悖逆的欢乐，而要在劳作、忍耐以及好的教诲和各种有力的行动中得到锻炼。

[8.1]比如，建造一座房子或庄园，用各种雕像、挂毯和其他艺术品装饰之，使这一切比[房子或庄园]本身更耐看，这不是让各种财富成为一种荣誉，而是让[房子或庄园]本身因各种财富而成为一种耻辱。[8.2]进而，那些习惯于一天两次把胃填满、无夜不与妓女共眠的人，在灵魂应当统治的地方，却将其压制在奴役状态；他们想在灵魂迟钝、伤残之后再将其用于操练，完全是徒劳。[8.3]因为，无知(imprudentia)毁灭大部分事物甚至自身。然而，如果无论官职还是其他令乌合之众趋之若鹜的东西都不可买卖，这一切邪恶将与对金钱的崇拜一同消失。

[8.4]除此之外，你还要事先关心让意大利和各行省更安全；这么做并非不易理解。[8.5]因为，这同一帮人毁掉一切，遗弃自己的家，以不义的手段占据别人的家。① [8.6]同样，不要让兵役像迄今为止那样不义和不公平——部分人不服兵役，其他人则服三十年兵役。而且先前那些作为懒惰的奖品的粮食，②宜通过各自治市(municipia)③和殖民地，赠予那些服完兵役回家的人。

[8.7]我已尽可能简要地总结我深信共和国必不可少且能给你带来荣耀的那些东西。[8.8]现在，看来就我的行为说几句并

---

① [Ra本注]意思不确定：也许作者指的是《致凯撒》2.5.4描述的那些人，他们迫于债务遗弃自己的家，转而过一种懒惰和犯罪的生活。
② [Ra本注]参7.2注。
③ [译注]municipium是臣属于罗马但处于自己法律治下的城镇。

无不妥。① [8.9]大部分凡人拥有或假装拥有判断是非的足够天分;事实上,每个人的灵魂都渴望责备他人的行为或言辞,看来几乎没有哪张嘴张得足够开②或哪根舌头足够敏捷,能够阐明胸中所想。[8.10]我毫不后悔把自己置于那些[责备]之下,沉默才会让我更加懊悔。因为不管你沿着这一条还是其他更好的道路前进,至少我已尽己所能地建言和襄助。剩下的就是祈祷,希望令你愉悦的那些东西,不死诸神也会赞赏并允许其完满实现。

---

① [R本注]即促使我给你提供建议的诸动机。
　　[Ra本注]即他公开发表意见并向凯撒提建议的行为。
② [R本注]显然指能足够快地张开。

二

[Ra本说明]抄本 V(fol. 129v)中没有标题,只有大概两行空白隔开书信二与书信一的文本。

[前50年末或前49年初]①

[1.1]我知道,向一位王或一位统帅以及任何一个拥有最高权力的凡人建言献策,是一种多么困难和艰险的行为;因为那些人身边有大量顾问,但没有一个人对未来之事足够明智、足够审慎。[1.2]再者,低劣的建议常常比好的建议更走运,因为机运按自己的意愿操纵大部分事情。

[1.3]但我年轻时②渴望从事公务(rem publicam capessere),为了熟知这些东西花了许多巨大的心血;如此并非仅仅为了获得官职——许多人以邪恶的手段获取之——也是为了能够熟知国内和战争方面的公务,以及军队、男人和财富的数量。[1.4]因此,我经过深思熟虑,决定把我的名声和节制放在你的尊严之后,只要

---

① [Ra本注]写信的日期假设战斗迫近但尚未爆发,因此可以假定早于凯撒跨过卢比孔河(Rubicon),即前49年1月11/12日(尤利乌斯历的前50年11月24/25日)的夜晚。
② [Ra本注]参《卡提利纳阴谋》3.3。
   [译注]《卡提利纳阴谋》3.3:"而在我年轻时,起初我也像其他许多人那样由于爱好而投身政治活动,但是在官场里我遇到许多令人灰心丧气的东西;在那里没有谦逊、没有廉洁、没有诚实,到处我看到的只有厚颜无耻、腐化堕落、贪得无厌。"只要

是能增加（accederet）你的荣耀的事，不管多么危险都要去做。[1.5]我决定这么做，既非盲目亦非由于你的机运，而是因为在你身上，在各种其他品质之外，我还发现一种值得大加赞赏的品质（artem），那就是你的灵魂在逆境中总是比在顺境中更加强大。[1.6]但通过其他凡人，这件事就更加明显，因为比起你将要进行的值得荣耀的行为，人们对赞美和欣赏你的慷慨（munificentiam）感到厌倦来得更快。①

[2.1]至于我，我坚信没有什么如此高深的东西，是你的理解不能轻易到达的。[2.2]我就国事给你写这些东西，不是因为我把自己的建议和才能看得比真实情况（aequo）更高，而是因为我认为在战争的辛劳以及各场战斗、各场胜利和统治中，应当提醒你注意京城的职责（negotiis urbanis）。[2.3]因为除非你把这个当成建议的核心，保护自己免于敌人们的攻击，否则你又该以何种方式对抗敌对的执政官、②留住人民给予的荣誉，③你的想法就配不上你的德性。[2.4]如果在你之中还有那一个灵魂，那个灵魂从一开

---

① [Ra 本注]同样的结论，几乎以同样的语言见于《致凯撒》1.1.2。
② [R 本注]指前 49 年执政官路奇乌斯·科尔内利乌斯·勒恩图路斯·克茹斯（Lucius Cornelius Lentulus Crus）或他的同僚盖乌斯·克劳迪乌斯·玛尔刻路斯（Gaius Claudius Marcellus）。这似乎是书信作者假定的时间。
[Ra 本注]前 49 年执政官路奇乌斯·科尔内利乌斯·勒恩图路斯·克茹斯，在对凯撒采取高压措施中扮演主要角色，这些措施最终促成内战（Caes. B Civ. 1.1.2）。
[译注]凯撒，《内战记》1.1.2："执政官路奇乌斯·勒恩图路斯鼓动元老院，说：只要他们肯大胆勇敢地说出自己的意见，他对国家绝不会不尽到责任，如果大家仍像前些时候那样，对凯撒还有留恋，还想讨好凯撒，他也就要为自己的前途打算，不再唯元老院之命是从，他自己也有退路可以再去讨好凯撒，再去和凯撒交朋友。"
③ [R 本注]尤其是他的军事指挥权的扩大以及不在罗马而成为执政官候选人的特权。
[Ra 本注]尤其是不在罗马而成为执政官候选人的特权，一项由全部 10 名平民保民官在前 52 年提出的法令授予的特许。

始就动摇贵族的党派,①恢复罗马平民的自由,将其带出沉重的奴役状态,在裁判官任期内(in praetura)不费一兵一卒就摧毁敌人的武装,②在国内和战争方面立下如此巨大、如此显赫的功业,以致甚至任何一个敌人除了你的伟大之外也不敢有所抱怨:你何不抓住我就最高的国事所说的那些东西。你肯定会发现那些东西要么是真的,要么在任何情况下都离真不远。

[3.1]但由于格奈乌斯·庞培——不是出于灵魂的乖僻就是因为他除了伤害你之外一无所求——竟堕落至此:把武器交到敌人(hostibus)手中;③他因为这些事情使共和国陷入混乱,你必须恢复这同一个国家。[3.2]在所有事情中,他首先赋予少数元老管理各项税收、支出和审判的最高权力,把之前拥有最高权力的罗马平民留在奴隶状态,甚至处于不公平的法律之下。[3.3]甚至先

---

① [Ra本注]例如,在他的支持下,在前1世纪70年代他的早期政治生涯中,保民官的权力得以恢复(Suet. *Iul.* 5),这在下一个分句中被称作恢复平民的自由。
[译注]苏厄托尼乌斯,《神圣的尤利乌斯传》5:"他担任军政官——他回到罗马之后由民选授予他的第一个公职——期间,他热情地支持企图重新树立平民保民官权威的领袖们;保民官的力量曾被苏拉缩小。"
② [Ra本注]前62年,武装暴力致使元老们暂停凯撒的裁判官职务,之后又使他官复原职(Suet. *Iul.* 16)。
[译注]苏厄托尼乌斯,《神圣的尤利乌斯传》16:"然而,当平民保民官凯奇利乌斯·美武路斯不顾同僚们的反对,提出一些最富煽动性的法案时,凯撒还是怂恿他,并且极其固执地袒护他,直至最后元老院命令两人都停止公职活动。然而,尽管如此,凯撒还是敢于继续行使职权主持法庭。但是当凯撒听说有人要用武力阻止他时,他解散自己的侍卫,脱下公服,悄悄溜回自己家中,并打算视时局需要而继续隐退。第二天,当民众完全出于主动群集他家,以示威援助他恢复职务时,他真的劝止住他们。由于他的这一行动完全出于意外,仓促间召集起来应付这次群众行动的元老院由自己的领导人物出面向凯撒公开表示感谢,然后把他召请到元老会堂,用最高的规格赞美他,撤销原先的命令,恢复他的职务。"
③ [Ra本注]并非严格意义上的外敌(hostibus),而是那些同盟和附属的国家,特别是地中海东部的那些国家,他们拿起武器为支持庞培而战(Caes. *B Civ.* 3.3)。
[译注]凯撒,《内战记》3.3:"庞培利用一整年没有战争和不受敌人干扰的空隙时间,积聚兵力,从亚细亚和曲克拉得斯群岛,从科尔曲剌(Corcyra)、雅典、本都、比提尼亚、叙利亚、奇利奇阿、腓尼基和埃及等地,征集起一支庞大的舰队。他还让所有的地方都建造大批船只。他已经从亚细亚和叙利亚的所有王、君主(dynastis)和头领(tetrarchis)以及阿凯亚的自由城市勒索大批金钱,并且强迫他控制下的几个行省的包税团体付给他大宗款项。"

前被赋予三个阶层①的审判权,也被那同一帮党派分子控制、随意赠予和收回,他们欺压无辜、抬高同党。[3.4]无论罪恶,还是耻行或卑鄙,丝毫不能阻止他们攫取官职。他们剥夺、劫掠一切方便到手的东西;最后,好像他们已经攫取京城,把自己的欲望和放纵当成法律。[3.5]而且,若他们以自己的方式,把凭德性获得的胜利用于奴役,我只会感到适度的悲伤。[3.6]但这帮最无能之辈,他们的全部力量和德性都挂在舌头上,他们傲慢地行使运气和另一个人②的迟钝带给他们的统治权。[3.7]因为,怎样的叛乱或内部冲突,曾彻底毁灭过这么多如此显赫的家族?或者说,可曾有过某个人的灵魂,在胜利中如此残暴、如此无度?

[4.1]路奇乌斯·苏拉,根据战争法他可以在胜利中为所欲为,尽管他明白通过惩罚敌人可以增强自己的派系,但他只处死少数人③并宁愿以善行而非恐惧留住其他人。[4.2]但赫拉克勒斯在上(Hercule)!玛尔库斯·卡图、路奇乌斯·多米提乌斯以及同一党派的其他人,把40位元老以及许多大有前途的年轻人当作敌

---

① [R本注]元老、骑士和部落平民(tribuni aerarii);参 Suet. *Iul.* 41.2。
[Ra本注]元老、骑士和部落平民(几乎无法与骑士区别开来);根据前70年通过的《奥热利乌斯法》,陪审员取自这三个阶层。然而,在前52年庞培的法律下(Ascon. p. 36C),在暴力(vis)和贿选(ambitus)案件的审判中,有了新的、更严格的程序规定。
[译注]苏厄托尼乌斯,《神圣的尤利乌斯传》41.2:"他同人民分享选举权,除执政官一职外,其余官员一半按人民的意愿选举,另一半由他亲自指定。他往每个部落送去简信:'独裁官凯撒致贵部落:我向你们推荐某人和某人,以便他们经你们之选举出任官职。'他甚至允许被褫夺公权者之子担任官职。他规定只有骑士和元老两个阶层的人有审判权;他取消部落平民即第三等级[的审判权]。"
② [Ra本注]庞培。
③ [Ra本注]遇难者人数有说高达4700的(Val. Max. 9. 22. 1),也有说低至520的(Plut. *Sull.* 31. 5),这里是一种轻描淡写的说法。在遇难者中,据说有多达40名元老和大概1600名骑士(App. *B Civ.* 1. 95)。

人屠杀掉;①但与此同时,这么多不幸的公民的血也无法满足那类最凶残的人。无论孤儿、年长的(exacta aetate)父母,还是众男女的悲痛、哀嚎,都无法改变他们残暴的灵魂;而且,他们一天天地变本加厉,以恶行恶言剥夺一些人的地位(dignitate)②和另一些人的公民权。③［4.3］关于你,我能说什么呢？如果可以,那些最懒散之人愿意用自己的生命使你受辱。尽管超出预期,统治权并不令那些人感到如此高兴,因为你的地位让他们感到极度懊恼;而且,他们宁愿由于你的不幸而危及自由,④也不愿通过你使罗马人民的统治由伟大变成最伟大。［4.4］因此,你的灵魂更应一遍又一遍地考虑,你当如何稳固和强化国家(rem)。［4.5］至于我,理智(mens)能想到的东西我都会毫不犹豫地说出来。不过,仍有待你的天性去判断什么是你认为真实和在实践方面有用的东西。

［5.1］我认为——如我从父辈那里学到的——［我们的］国家分成两个部分:贵族和平民。先前,最高权威(summa auctoritas)属于贵族,平民则有极大的力量(vis multo maxuma)。［5.2］因此国内经常发生撤离,⑤贵族的权能(opes)总是被削弱而人民的权利(jus)得到提升。［5.3］但平民处于这一自由之中是因为没有一个人的权力(potentia)高于法律,也因为贵族不是在财富或傲慢上超过地位低下者,而是在好名声和有力的行为上;每一个极其卑微的

---

① ［Ra本注］作者极度夸大前54—前52年的政治动荡中的暴力导致的伤亡人员的数量,他把责任不公平地推到以乌提卡的卡图［小卡图］及其妹夫多米提乌斯(前54年执政官)为代表的强硬派贵族(diehard optimates)身上。他所说的被杀元老的数量(40),这个数字似乎出自苏拉的褫夺行为(参前注),而卡图和多米提乌斯与此无关。
② ［Ra本注］那些成为前50年的监察官们的牺牲品的人,其中就有撒路斯提乌斯,他被逐出元老院(Dio 40.63.4)。
③ ［R本注］通过把他们放逐。
　［Ra本注］那些被死刑案定罪而受逐的人。
④ ［Ra本注］通过把凯撒从其高卢统帅的位置上召回,由此使意大利在北方边境面临反叛的可能。
⑤ ［R本注］参《卡提利纳阴谋》33.3注。

人,在农田上(in arvis)①或军队中都不缺乏荣誉之事,对自己和祖国(patriae)心满意足。

[5.4]但当他们逐渐跟农田分离,懒惰和贫穷迫使他们居无定所,开始觊觎他人的财富(opes),并且拿自己的自由和共和国做买卖。[5.5]如此,曾经作为主人、在所有种族中施行统治的人民逐渐瓦解,代替共同统治的是每个人私底下使自己陷入奴役状态。[5.6]因此,这群人首先染上恶习,然后在彼此毫不相干的各种技艺和生活方式中徘徊,在我看来[这群人]根本不适合去管理共和国。[5.7]不过,新公民②补充进来之后,我对此抱有大的希望:一切都会朝着自由觉醒;因为后者(illis)会为了保住自由升起关切,前者(his)则会为了摆脱奴役升起关切。③[5.8]我建议你把这些新公民和旧公民混杂安置在各个殖民地;如此,兵源将更加充足,平民忙于有益的工作就会停止作公共的恶。

[6.1]但我既非无知亦非不审,这件事一旦实施,将会在新贵中间激起怎样的狂怒和风暴。而且他们会忿恨于把一切完全搞混,把这种奴役强加给旧公民;一旦大量民众由于一个人的馈赠而成为公民,最终,将会从一个自由国家产生一位王。[6.2]至于我,我的灵魂确信:一个人通过损害共和国为自己赢得拥护,就是犯了邪恶的罪行;当公共利益亦有利于私人时,却犹豫是否去做,我视其为愚蠢和懒惰。

---

① [Ra本注]字面义为"在耕地上"。卑微的自耕农不为自己的国家打仗时,就在耕地上勉力为生。
② [Ra本注]下文紧接着提到把这些"新公民"安置在各个老兵殖民地(veteran colonies),表明作者指的可能是这样一些人:他们因军功而获得自由,比如,凯撒用以组建其第五军团的罗马化的高卢人(Alaudae, Suet. Iul. 24.2)。
  [译注]苏厄托尼乌斯,《神圣的尤利乌斯传》24.2:"受此鼓舞,在国家拨给的军团之外他又自费组建几个军团,还有一个由山外高卢人组成的、并用高卢语命名的军团(叫作Alaudae),他用罗马的训练方法和生活方式训练他们,用罗马的武器装备他们;后来又授予每个战士罗马公民权。"
③ [译注]R本和Ra本都认为illis指代新公民,his则指代旧公民,当从之。

[6.3]玛尔库斯·德鲁苏斯(M. Druso)①任保民官期间,始终计划的是尽力为贵族争得最大权能;如果他们没有成为他的支持者,他一开始就不会试图去做任何事。[6.4]但这些珍爱诡计与邪恶胜过诚实(fide)的人,当他们意识到有一个人在把最大的好处②赠予许多凡人时——显然,他们每一个人都明白自己有一颗邪恶、不诚实的灵魂——他们认为德鲁苏斯与他们自己完全一样。③[6.5]因此,害怕他会由于如此巨大的威望而单独任事,他们尽力反对这一威望,推翻他们自己和他的计划。[6.6]所以,统帅啊,④你要更加关切的是,应当常备诚实的朋友和多重防卫(multa praesidia)。

[7.1]对一位强者而言,打压正面之敌毫无困难;好人们既不准备设置隐匿的圈套,也不准备躲避那类圈套。[7.2]因此,当你把他们引入政治体(civitas)时,由于平民将确实得到更新,你要全心全意地投入这件事:培养优良习俗,在旧人与新人间创建和睦。

[7.3]但如果你杜绝对金钱的追逐,或将其减到事情允许的最低限度,你将在极大程度上为祖国、为公民、为你自己、为孩子并最终为人类带来最大的善。否则,无论私人事务还是公共事务,不管在国内还是在军中,都无法管理。[7.4]因为在金钱欲望侵入的地方,无论纪律、良好的品性还是任何天性,都不足以阻止灵魂或快或慢但最终向其屈服。[7.5]我经常听到,各个王国、城邦以及民族,由于富裕失去自己贫穷时通过德性获取的各个大帝国;⑤这毫不稀奇。[7.6]因为,当一个好人看到一个较次之人因为财富而更出名且更受欢迎,一开始,他胸中沸腾,万般纠结;但日

---

① [R本注]他在前91年担任保民官时,试图推动既利于贵族又利于平民的改革,并试图把罗马公民权扩大到罗马的各意大利盟邦。他死于一场未知的暗杀。
② [R本注]亦即公民权;参前注。
③ [Ra本注]即以为他的动机是自私的。
④ [Ra本注]参《致凯撒》1.2.2注。
⑤ [Ra本注]参《致凯撒》1.7.4的类似评论。

甚一日,当虚荣(gloria)战胜荣誉(honorem),富裕战胜德性,他的灵魂就背离真相转向享乐。[7.7]确实,虚荣促进勤奋;当你去掉虚荣,德性本身就自身而言(ipsa per se virtus)是苦涩和艰难的。[7.8]最终,在财富被视作名声的地方,所有的善——诚实、正直(probitas)、知耻(pudor)、质朴(pudicitia)——都无价值可言。[7.9]因为,朝向德性是一条陡峭的道路;尽力朝向金钱则可以任选喜爱的道路,因为好事和坏事都能创造金钱。

[7.10]因此,你尤其要剥夺金钱的权威。任何人就不会因为财富多少而在审判死刑或荣誉方面有大小不同的权力,正如选举裁判官或执政官不是因其富裕而是因其高尚。[7.11]但对人民而言,就官职作出判断是简单的;由一小撮人认可诸陪审员(judices),这是王政,因金钱而选出他们则是不诚实的。因此,可欲的是让所有第一等级的人①去当陪审员,但在数量上要比现在更多。[7.12]无论罗德岛人(Rhodios)②还是其他政治体,凡是富人和穷人根据各自的份额共同审理最大及最小之事的地方,都不曾对他们的法庭失望。

[8.1]不过,在官员选举上,盖乌斯·格拉古任保民官时颁布

---

① [R本注]参《尤古尔塔战争》86.2及注。
　[Ra本注]仅次于骑士阶层的最富裕的公民,骑士则构成陪审员的主体(参3.3注)。根据一份最早确证的几十年后的图表,第一等级的最低财产资格(10万色斯忒尔提乌斯)正好是骑士阶层的四分之一。
　[译注]《尤古尔塔战争》86.2:"在这同时,他[马略]自己则征募军队,不过不是像我们的祖先那样按照阶级征募,而是允许任何人自愿参加军队,而他们大多数是无产者。"彼注云:"这里所说的阶级据说是色尔维乌斯·图利乌斯在财产资格的基础之上规定的。"

② [Ra本注]罗德岛人因其所有公民轮流担任陪审员的制度而出名(参 Cic. Rep. 3.48)。
　[译注]西塞罗,《论共和国》3.48:"……斯奇皮欧说:'你说得对,但是如果你还记得,那里人人掌权,不管是平民,还是元老,并且轮流执政,一些月里尽民众责任,一些月里尽元老责任。他们尽每一种责任时都获得津贴;同一些人在剧场里,在库里亚(Curia),既审理刑事案件,也审理其他案件;元老院具有与民众同等的权力,同样的影响……'"

的法律①对我而言最为可欲,因其规定从混合的五个等级中通过抽签②召集各个百人团[前来投票]。③ [8.2]如此则金钱被高尚持平,④人人将竞相在德性上超越他人。

[8.3]这些是我提出的针对财富的重大补救。因为,一切事物都因其用处而受到赞美和追求。作恶是因其报偿;如果你去除那些报偿,没有人会无缘无故作恶。[8.4]但是,贪婪是一头狂野之兽,巨大且无法抵挡;贪婪蔓延到哪儿,就毁灭城镇、乡村、庙宇和家庭,混淆神法和人法,无论军队还是城墙,都丝毫不能阻挡其前进的道路;贪婪夺走全体凡人的名声、质朴、孩子、祖国和父母。[8.5]然而,如果你剥除金钱的美饰,贪婪的力量再大,也会被好风尚轻易战胜。[8.6]而且,即使所有正直之人和不正之人都抱有这种想法,你仍要与贵族派作毫不轻松的斗争。如果你提防他们的诡计,其他一切就轻而易举。[8.7]因为他们如果在德性上足够强大,就会倾慕而非嫉妒好人。由于懒散、笨拙、麻木和衰颓已经侵入他们,他们喧闹、诽谤,视他人的美名为自己的耻辱。

[9.1]但我为何还要讲述更多的事,好像这些事不为人知?玛尔库斯·比布路斯(M. Bibuli)的勇气和灵魂的力量在执政官任上表现出来:⑤迟钝的舌头,天性上邪恶胜过聪明。[9.2]对他而

---

① [Ra本注]前123或前122年,但这一法案并未得到证实。
② [R本注]前来投票;而不是让第一等级的所有百人团先投票,依次类推。
③ [Ra本注]而不是在召集第二、第三及相继的各等级的投票者直到大部分人到达之前——有时则是在较低等级的所有公民投票之前,让第一等级的所有百人团先投票。
④ [R本注]原文和意义不确定。
⑤ [R本注]当然是反讽。他是前59年凯撒的同僚。他们共同的执政官任期被戏称为"尤利乌斯和凯撒的执政官任期"(Suet. Iul. 20.2)。
　[译注]苏厄托尼乌斯,《神圣的尤利乌斯传》20.2:"从此时起,凯撒开始单独掌管全部国家政务,爱怎么干就怎么干。有些爱说俏皮话的人开玩笑地表演签署遗嘱文件的动作,在签名盖章之后写道:'于尤利乌斯和凯撒执政之年'(一用其氏族名,一用其家族名),代替'于比布路斯和凯撒执政之年'。下列诗句不久也家喻户晓:不久前发生过一件事情,那是在凯撒之年,不是在比布路斯之年;因为我清楚地记得,在比布路斯执政的那年,不曾发生过什么事情。

言,执政官这一最高权力成了最大的耻辱,他会敢做什么? 路奇乌斯·多米提乌斯①力量强大吗? 对他而言,没有一段肢体免于耻行和罪恶:说谎的舌头、沾血的双手、逃跑的双脚,那些最可耻的无法体面地称呼的部位。②

[9.3]但我决不会瞧不起那一位玛尔库斯·卡图的机灵、饶舌、③狡猾的天性。这些是希腊人教育的产物。但在希腊人中,完全没有德性、警惕和勤劳。显然,他们因无能而在国内丧失自己的自由,难道你认为可以凭借他们的指示获取统治吗?

[9.4]这一派中剩下的是那些最无能的贵族,在他们中间,就像在一块匾上,除了一个好名字外一无所有。④ 路奇乌斯·珀斯图米乌斯(L. Postumii)⑤和玛尔库斯·法沃尼乌斯(M. Favonii)⑥在我看来就是累赘(additamenta),⑦像一艘大船上多余的负担;这些

---

① [R 本注]路奇乌斯·多米提乌斯·阿赫诺巴尔布斯是乌提卡的卡图的妹夫,前 54 年执政官。
  [Ra 本注]参 4.2 注。多米提乌斯是凯撒不共戴天的政敌,在前 49 年被元老院派去接任凯撒的高卢指挥权。
② [Ra 本注]这一小节的语言,从"说谎的舌头"开始,接近托名撒路斯提乌斯对西塞罗的抨击中的语言(3.5)。
③ [Ra 本注]"饶舌"(loquax)而非"雄辩",例如:"卡图运用冗长的辩论阻挠其政敌的议案通过,他因此而臭名昭著。"(Plut. Cat. Min. 31.5, 43.3)
④ [Ra 本注]比如,附在一系列头衔和公职的最前头,好像附在贵族的门厅内的先人面具上的标记(参《尤古尔塔战争》4.5 注)。
⑤ [Ra 本注]可能是前 49 年 1 月被元老院派往西西里去稳住凯撒的那位元老;他拒绝不与卡图一起前往(Cic. Att. 7.15[139].2)。
⑥ [R 本注]以卡图的模仿者出名(参 Suet. Aug. 13.2)。
  [Ra 本注]以卡图忠实的拥趸和盲目的模仿者而出名(Plut. Cat. Min. 46.1)。
  [译注]苏厄托尼乌斯,《神圣的奥古斯都传》13.2:"……因此,当其余的人,包括著名的卡图模仿者玛尔库斯·法沃尼乌斯,被镣铐着带出时,他们只恭敬地向作为统帅的安东尼乌斯致敬,却用最污秽的漫骂挖苦奥古斯都。"普鲁塔克,《小卡图传》46.1:"卡图拿这些话为自己辩护并反对庞培。有一个叫玛尔库斯·法沃尼乌斯的人,是卡图的密友和忠实的拥趸,就像古代的法勒隆的阿波罗多若斯(Apollodorus of Phalerum)追随苏格拉底一样,只要听到卡图倡导的论点,就会因欣喜而得意洋洋,如同饮下烈酒,沉醉的头脑陷入狂热之中。"
⑦ [Ra 本注]把珀斯图米乌斯和法沃尼乌斯与贵族本身区别开来。珀斯图米乌斯的确切身份不明,但可知法沃尼乌斯不是降自一位执政官祖先,因此不配贵族头衔。11.6 再次提到这一多余的群体。

东西只有在安全到达后才有用,如果发生什么灾难就会最先被丢弃,因为最没价值。

[10.1]在我看来,既然我已就平民的更新和改良谈得够多,现在我就说说你应该就元老院做些什么。[10.2]在年龄和天性成熟之后,我几乎再也没有用武器和马锻炼身体,而在书籍中驾驭灵魂;就其本性而言更强的那个东西[灵魂],我令其经受劳作。[10.3]并且我在这样的生活中,通过大量阅读和聆听懂得这个:所有王国以及所有政治体、民族,只要其中忠言(vera consilia)盛行,就能保有兴盛的统治;而在偏私、恐惧、享乐败坏忠言的不管什么地方,不久之后权能被削弱,然后统治被剥夺,最后被迫为奴。

[10.4]就我而言,我的灵魂是这么想的:无论谁在他的国家中处于比其他人更高、更耀眼的位置,他就要对共和国有巨大的关切。[10.5]因为,对其他人而言,国家的安全只不过意味着自由的保障;但对凭德性获得财富、光荣和荣誉的人而言,当衰落的共和国开始一点点晃动,灵魂就会因各种各样的关切和辛劳而苦恼。为了保卫荣耀、自由或家产,他出现在每一个地方,匆匆忙忙,他曾在顺境中越兴盛,如今在逆境中就过得越艰难、焦虑。

[10.6]因此,当平民服从元老院就像身体服从灵魂,并且遵循其法令时,元老们的建议就应当有效力;聪明对人民来说是多余的。[10.7]如此,当我们的先人迫于最艰苦的那些战争之时,不顾马、人、金钱的损失,他们仍不知疲倦地以武力争夺统治。不管国库的空虚,还是敌人的力量、逆境,都不曾迫使他们伟大的灵魂放弃他们凭德性获得的东西,只要他们还有一口气。[10.8]而且,他们做成这些事更多凭借有力的策略而非顺利的战争。[10.9]因此之故,在他们的时代,共和国是一个,每个人都为其献策,成立针对敌人的党派,每个人都为了祖国而非他自己的权力锻炼身体和天赋。但如今,恰恰相反,那些属于贵族的人,他们的灵魂被迟钝和软弱侵蚀,在劳作、敌人和军事方面一无所知,在国内

拉帮结派，傲慢地管制一切种族。

［11.1］如此，先前凭自己的建议使飘摇的共和国得到稳固的元老们，受制于他人的欲望，摇摆不定，一会儿被推到这，一会儿被推到那；他们朝令夕改，根据那些被统治者的憎恶或偏私来衡量公共的善与恶。

［11.2］但如果每个人的自由是平等的，或者投票能更加隐蔽，那么共和国的权能就会更大，贵族的权力则会变小。［11.3］不过，由于难以夷平所有人的声望——确实，对那些人而言，①祖先获得的德性留下荣耀、高尚和荫庇；另外那些民众，则大部分是杂交种——你要使这些人的投票免于畏惧。因此，在秘密［投票］中，每个人将更珍视自己②而非另一个人的权力。［11.4］好人和坏人，强者和弱者，渴求自由并无二致。但多数人出于畏惧放弃自由。极其愚蠢的凡人们，在竞赛胜负未分之际，就因笨拙而退缩，好像已经被打败。

［11.5］因此，我认为，可以通过两件事强化元老院：只消增加［元老］数量③并用方板（per tabellam）投票。以方板作为掩饰，他会更敢于凭自由的灵魂行事；数量的增加能提供更多的保护和更大的用处。［11.6］因为在这个时代，情况几乎是，一些人卷入公共审判，另一些人则卷入他自己或朋友们的麻烦之中，他们丝毫不曾理智地为共和国出谋划策；但没有什么事情比傲慢的统治④更妨碍他们。那些属于贵族的人以及一小撮元老——可视之为那一党派的累赘，他们不管想要赞赏、批评、裁决什么，凡欲望所及，都会去做。［11.7］一旦增加元老数量并用方板投票，那些人就会收起

---

① ［R本注］即10.9提到的贵族的党派。
② ［Ra本注］亦即他会根据行动的最佳进程听从自己真实的感觉，而非屈于压力以另一种方式投票。
③ ［Ra本注］苏拉于前81年增加300名元老院新成员，将其规模扩大到600人的程度；凯撒于前45年又增加大概300人（Dio 43.47.3）。
④ ［Ra本注］亦即有权的少数人对整个群体施加的压力。

他们的傲慢,当他们不得不服从那些他们先前极其残忍地统治过的人。

[12.1]也许,统帅,①读完这封信,你会想要知道:多少数量的元老是合适的,该以何种方式向他们分配各种不同的职务;既然我认为审判应当委托给第一等级的所有人,那么每一类(genus)的配额和数量将是多少。[12.2]对我来说,按类分配这一切,一点也不难办;但首先,看来我应当提出最高建议,并使之确实得到你的赞赏。如果你决定走这条道,剩下的就轻而易举。[12.3]至于我,我希望我的建议审慎且最为实用;因为你的事业顺利进展到哪里,我的好名声就能到那里。[12.4]但还有一愿望更强烈地驱策着我,那就是不管以何种方式,尽快使共和国得到襄助。[12.5]我珍爱自由胜过荣耀,而且我祈求并劝勉你,最显赫的统帅,在征服高卢族之后,不要让罗马人民至高无上、不可战胜的统治因年久而消解或由于过度迟钝而分崩离析。[12.6]可以肯定,如果发生这种事,夜与昼都将无法安定你灵魂的关切:你会受梦魇折磨,狂乱失心,陷于精神错乱。[12.7]至于我,我确实清楚,所有凡人的生命都受到神意的照看;任何人的不管善行还是恶行,都不会没有结果,相反,自然会让好人和坏人各自的报偿如影随形。[12.8]同时,如果由于运气这些报偿来迟,对每个人来说,出于良心,他自己的灵魂会提供希望。

[13.1]但如果祖国和祖先能与你说话,无疑他们会对你说这些:"哦,凯撒!我们这些最强有力的人,把你生在最卓越的城,你是我们的光荣和堡垒,敌人的恐惧。[13.2]我们把我们以大量辛劳和危险获取的东西,连同呼吸,一起交付给刚出生的你:世界上最大的祖国、祖国内最显赫的宅第和家庭(domum familiamque),以及良好的品性、值得尊敬的财富,总之即和平的一切饰物和战争的

---

① [Ra本注]参《致凯撒》1.2.2注。

一切报偿。[13.3]由于这些极其高贵的恩宠,我们要求你的既非耻行亦非恶行,而是为了你能恢复被颠覆的自由。[13.4]完成这件事,你的德性的名声定将传遍所有种族。[13.5]因为在这个时候,尽管你在国内和军中均表现卓著,但你的荣耀比起许多强人(viris fortibus),仅持平而已。但如果你使国家从倾覆的边缘恢复至最高贵的名字和至高的统治,世界上还能有谁比你更显赫、更伟大?[13.6]当然,如果相反,这一统治碰巧是出于衰朽(morbo)①甚或命运,那么谁会怀疑,全世界都会发生毁败、战争和杀戮?但如果你怀有好的欲望,感念祖国和祖先,将来你将因为恢复共和国而获得超越一切凡人的荣耀,而且你一个人的死将比生更显赫。[13.7]因为,机运有时折磨活人,嫉妒则经常折磨活人;一旦呼吸向自然屈服,嫉妒者们被去除,那德性本身就越升越高。"

[13.8]在我看来最有用的做法和我相信将对你有用的东西,我已尽可能简洁地写了下来。除此之外,我恳求不死的诸神,不管你以何种方式行事,你和共和国的事情都进展顺利。

---

① [Ra 本注]字面义为"生病"或"疾病",有些人认为这是在影射凯撒易发的癫痫(morbus comitialis; Suet. *Iul.* 45.1)。但 morbus 更可能是一个比喻,喻指国家由于内部——与外部相对——原因而分崩离析。
[译注]苏厄托尼乌斯,《神圣的尤利乌斯传》45.1:"据说,他身材高大,皮肤白皙,四肢匀称,面部稍胖,一双黑眼睛炯炯有神。他体格健壮,只有临死前,时常突然晕倒,夜里做噩梦。他在战事进行中两次癫痫发作。"

附录一

作为统一体的撒路斯提乌斯作品

艾 伦(Walter Allen)

最近几年,撒路斯提乌斯引起大量学术注意,"专论"一词通常被着重而显著地用于他的《卡提利纳阴谋》和《尤古尔塔战争》。不过,撒路斯提乌斯声明他试图不带党派性或偏见地写下 res gestae[发生之事;功业]:

> 但我决心回到我过去向往的志愿上来,而不祥的野心曾使我偏离这一志愿,我决心撰述罗马人民的功业,把那些似乎值得追忆的事件一部分一部分地笔之于书,这尤其是因为我的灵魂已从希望、恐惧和共和国的派系中解脱出来。因此,下面我便简要且尽可能忠实地叙述卡提利纳阴谋。(《卡提利纳阴谋》4.2 以降)

在《尤古尔塔战争》第 4 节,撒路斯提乌斯更是两次使用 memoria rerum gestarum[对功业的记忆]以表明其活动的边界。撒路斯提乌斯《罗马共和纪事》的开篇也类似地提到 res gestae(卷一,茂伦布莱舍尔本残篇 1),① 还有另一处对准确性的声明(《罗马共

---

① 参在革利乌斯《阿提卡之夜》(Aulus Gellius, *Noctes Atticae*, 5.18.7-9)中,色姆璞若尼乌斯·阿色利欧(Sempronius Asellio)论与 annales[编年史]相对的 res (转下页)

和纪事》卷一,茂伦布莱舍尔本残篇 6:"内战中站在对立派系之一方不会使我偏离真实")。在术语上,作者未在其三部作品间作出区分。

因此我认为,上文引自《卡提利纳阴谋》的段落意味着,撒路斯提乌斯自始至终都试图以一种不偏不倚的方式写严肃的史书,但新奇的是,对于任何长时期的完整描述,他不打算按年代顺序写作。显然,福奈欧利(Funaioli)① 独自就撒路斯提乌斯用于执行其宣称计划的可能文字(literalness)作了尽管对立但直接的评论,因为撒路斯提乌斯的作品确实在处理罗马史上一段特殊时期的几个部分。然而,这一点需要得到再次强化和扩展,因为福奈欧利判定《卡提利纳阴谋》4.2 只用于《卡提利纳阴谋》而非一个更大计划的前言。

我们一般会以写作顺序考虑撒路斯提乌斯的诸作品,但如果我们考虑其诸作品跨越的年代时期,他的计划将变得清晰。《尤古尔塔战争》始于第二次布匿战争后玛西尼撒获得努米底亚王位(《尤古尔塔战争》5),持续到前 104 年 1 月 1 日马略的胜利。

撒路斯提乌斯没有写前 104—前 78 年的历史,因为那段时期或其中最好的一段,已经由西色恩纳或其他人处理过(《尤古尔塔

(接上页)gestae(historiae[纪事])的崇高,革利乌斯则在 1—6 节描述过 annales 与 historia 之间著名的区别。一般而言,res gestae 指一种更深刻、理性的史著的类型,尽管革利乌斯段落的其余部分绝非同等明晰或协调。我略带踌躇地认为——因为这可能只是巧合——撒路斯提乌斯《卡提利纳阴谋》4.2 用了与革利乌斯转述的阿色利欧非常类似的表达:"我试图写下罗马人的功业。"(qui res gestas a Romanis perscribere conati essent)参沃尔班克对革利乌斯段落的史学重要性的评估:F. W. Walbank, "Addendum: M. Gelzer's theory of the origins of Roman historiography", *CQ* 39, 1945, pp.15-18。

① Funaioli, s.v. "Sallustius", *RE* 1A^2(1920) 1938. 出于谦虚,不应忽视教科书版本,那些版本有时候说出的真相没办法进入语文学研究。在这个例子中,斯卡德(J. W. Scudder)在其旧版《卡提利纳阴谋》(*Catiline*, Boston and Chicago, 1900)中温和地说(p.ix):"撒路斯提乌斯试图写下罗马史的几段特殊时期。由于这些时期在时间上相互紧密关联,他的最终计划可能是将其联结成一个整体,以便对罗马逐渐从共和国变成帝国的那个世纪作一个连贯的描述。"

战争》95.2）。由于撒路斯提乌斯明显不打算在别的地方讨论苏拉时期，因此他在《尤古尔塔战争》95.1 以降引入他对苏拉的刻画，并且申辩道，他之所以将其包括进去是因为他相信西色恩纳尽管是当时最有能力的史家，但对苏拉未能做到完全坦诚：

> 既然我叙述的事件使我们注意到这一大人物，我以为在这里就他的生平和本性谈几句是适当的。如果是在别的地方，我们就无需再谈苏拉的事情，因为路奇乌斯·西色恩纳对他的记述总的说来是最好的也是最精确的，只是依我看，他的意见讲得不够坦诚。（《尤古尔塔战争》95.2）

尽管这段话被理解为意味着撒路斯提乌斯当时并未构思《罗马共和纪事》，但我同意福奈欧利，① 如果我们考虑《罗马共和纪事》覆盖的年份，则撒路斯提乌斯的意思是清楚的。

撒路斯提乌斯的《罗马共和纪事》接下来覆盖后苏拉时期的前 78—前 67 年，其最后日期由奥索尼乌斯的以下陈述指出：这几卷书处理始于前 78 年的 12 个年头（Auson. *Ep.* 22.61-63）。《卡提利纳阴谋》在第 18 章拾起下一个大事件，前 66/65 年的"第一次卡提利纳阴谋"。

因此，撒路斯提乌斯已实现我在上文第一段引用的那一声明。

---

① Funaioli, s.v. "Sallustius", 1928f. 福奈欧利在这一点上的评论是敏锐的，尽管在其简要的陈述中，比起三部作品年代上的延续性，他更强调主题的统一。福奈欧利恰当地把撒路斯提乌斯的《罗马共和纪事》视为对西色恩纳的接续，西色恩纳则是对阿色利欧的接续。然而，如果撒路斯提乌斯的全部写作，如福奈欧利所示，指向对从后格拉古（post-Gracchan）时代（《尤古尔塔战争》）到凯撒的崛起（《卡提利纳阴谋》）这段时间的平民政治的思考，人们就可以期待撒路斯提乌斯按他自己的观点重写西色恩纳的亲苏拉（pro-Sullan）史，因为即使法恩尼乌斯和阿色利欧可能都讨论过尤古尔塔，撒路斯提乌斯还是写了尤古尔塔。我不同意撒路斯提乌斯的所有作品共享一个单独的目的，因为撒路斯提乌斯本人声明他对卡提利纳和尤古尔塔的兴趣有不同的理由（《卡提利纳阴谋》4.4；《尤古尔塔战争》5.1）。

他并未写下他处理的那一时期的完整历史;他是在描述那些年里那些著名的事件。他的三部作品,按他自己的说法都是 res gestae,形成一个序列并构成罗马史撰上的一个创举。《卡提利纳阴谋》和《尤古尔塔战争》不是没有联系的"专论"。《罗马共和纪事》涵盖的奇怪的年代可能是故意的,尽管撒路斯提乌斯(卷一,茂伦布莱舍尔本残篇1)只提到他从前78年开始。

无论《卡提利纳阴谋》还是《尤古尔塔战争》,均未处理各自涉及的年份的所有事件,这一事实也许就是 carptim[一部分一部分地]的意思,[①]尽管该词在《拉丁辞海》(TLL)中的其他用法更支持"处理历史的各个部分"这一解释而非"有选择地处理历史"。如果我们接受"表明作者打算处理那一时期的各个历史片段"这一解释,我谨慎对待"专论"一词的理由就会变得明显:这个词实在太迅速地把我们引向基于珀律比俄斯和西塞罗《致亲友书》(Fam.)5.12 的恼人讨论。[②] 当然,考虑到撒路斯提乌斯对公正的声明和他声称自己写的是 res gestae,那些讨论与我们目前的研究无关。

北卡罗来纳大学

[①] 注意到这点也许并非不相干:particulatim[部分地]用于指维吉尔写作其长诗《埃涅阿斯纪》时采取的一段一段写作的方式(Donatus, Vit. Verg. 23)。

[②] F. W. Walbank, "Tragic history: a reconsideration", Bulletin of the Institute of Classical Studies of the University of London 2, 1955, pp. 4-14; and "History and Tragedy", Historia 9, 1960, pp. 216-234. 沃尔班克的这些文章,加上本文第一个脚注末尾提到的那一篇,在古代史撰方面为我们的问题和当代文献给出一个卓越的视角,尽管不触及撒路斯提乌斯。这些文章因此间接表明撒路斯提乌斯的进路是多么新奇。

尽管当代批评有这么一个趋势,即在撒路斯提乌斯的两部"专论"与他的《罗马共和纪事》之间作出区分,但我们不应忽视"专论"一词在当代用法中的混乱。比如,在《牛津古典辞典》中,麦克唐纳(A. H. McDonald)说路奇乌斯·科厄利乌斯·安提帕忒尔(L. Coelius Antipater)向罗马引入"纪事专论这一形式"。罗森贝格就科厄利乌斯的 7 卷本《布匿战争》(Bellum Punicum)更详尽地讨论过这一点(A. Rosenberg, Einleitung und Quellenkunde zur römischen Geschichte, Berlin, 1921, pp. 167f.)。根据这一定义,撒路斯提乌斯的 5 卷本《罗马共和纪事》也可以是"专论"。

附录二

论菲利普斯的演说

施托伊普(J. Steup)

第 3 节开头抄本作：pro di boni, qui hanc urbem omissa cura adhuc tegitis[善意的诸神在上，你们至今仍护佑着这座疏于照料的城]。大部分晚近的编者公认，这里的 omissa cura 两词不能得到满意解释。在早先和晚近时候，人们都试图战胜传统的那种理智的含义，提出一些完全不充分的答案。早先注家的诸观点完全不值一提。但克里茨的见解(1856 年版)，认为 omissa cura 是一个从属于 hanc urbem 的品质夺格(Alblativus qualitatis)，而且 hanc urbem omissa cura 意为 hanc urbem sine cura[这座无人照料的城]或 hanc urbem, cuius cura omissa est, sc. ab eis, quos illam curare ac tueri decebat[这座城的照料，显然为那些应该照料和看护之的人所疏忽]，也几乎无需反驳。因为，为了完全认出克里茨假定的品质夺格的特点，显而易见，ab eis quos illam curare ac tueri decebat 的补足语，克里茨认为是诸元老，这是完全任意和绝对不允许的。我们只能对 omissa cura 作完全一般的理解，只能理解为取消某种对国家的照料，这与提到的诸神保护的延续，无疑处于不一致的矛盾之中。正是这一矛盾，使传世文本存在某个缺损这一假设必不可少。

如今绝不缺乏再次恢复我们的关系从句的原文的努力；但在

我看来,我所知道的各种猜测中,没有一种能够符合可能性的要求。欧热利(Orelli)在 omissa 和 cura 之间插入 a senatu[被元老院]两词。对此,可以肯定地说,他相信克里茨穿凿附会地加到传世文本中去的东西。但通过进一步考虑我们的演说及其发生的情境的其他内容,人们必须说,菲利普斯在这里说的绝对不可能是取消元老院对国家的照料,也不可能是某种临时的、不容变更的东西。演说者坚决反对元老院先前针对勒皮都斯的内容贫乏的行为,他强烈要求对其进行有力的惩罚;但元老院长期或短期以来完全无所作为,因此这篇演说到处都是对此的影射。此外,菲利普斯的确是在元老院演说,他以自己的演说寻求通过元老院的最高和最终决议(das Senatusconsultum extremum atque ultimum)。豪普特的(M. Haupts)推测(*Rh. Mus. N. F.* 1, 473 = *Op.* 1, 149) amissa curia[失去元老院]更是完全离谱,蒂奇在其文本中亦作此假设。菲利普斯在元老院演说并想让元老院通过某个决议,绝不可能称元老院(die Curie, den Senat)是"失去的",是"不再存在的"。

兰格(L. Lange)在 1879 年的一个莱比锡大学的项目中,详尽地处理过我们正在研究的这一小节。他猜想,某几行抄本后出现的单词 vatum carminis——人们一般会修订为 vatum carminibus[在先知们的预言方面]——可以理解为位于我们的关系从句中的 omissa cura 之后。兰格在两种条件下特别地提出这一大胆的提议,对此需要在后面的小结中删除 vatum carminis 之前传世的 et[和],并且在 defenditis[你们保卫]之前插入 re[事情]。① 首先,他似乎觉得这有史实的基础(如果并非完全不可能,那也十分牵强),菲利普斯在后面的小节中——注家们一般这么认为——提出要调查西比拉预言书;其次,兰格相信,在他完成这一观察之后,他

---

① [译注]此节拉丁原文为:vos mussantes et retractantes verbis et vatum carminibus pacem optatis magis quam defenditis[你们喃喃自语、缩手缩脚,凭借言辞和先知们的预言,你们希望得到和平而非保卫和平]。

能够明确断言,根据带过去完成时分词 omissus 的独立夺格(Ablativus absolutus),行为主语只能是主要动词的指示代词,因此,对于我们的小结中多数注家正确地解释为独立夺格的 omissa cura,无论如何要把 a dis[被诸神]考虑进去。

第一点是对的,由于前83年卡皮托利乌姆的火灾,西比拉预言书毁于火中,最早直到前76年——这一年份在我们的元老院协商[即菲利普斯发表此演说的这次协商]之后——通过派遣得力的使者前往下意大利、希腊和小亚细亚才取得预言书的一个新册。但除此之外,就此事而言,如果的确有一次对西比拉预言书的调查,在我们的演说发生之时也不可能知道;但这也许以某种方式与包含同样内容的一些熟语有关(参 Th. Bergk, *Opusc. Philol.* 1, 654 f.),对于 vatum carminibus 这一通常的表述,完全不必要想到西比拉预言书。因此我相信,这两个词出现在我们的版本中所在的地方,也并非不适宜,而且在那里我们有一种过得去的含义,如果我们译成"你们喃喃自语、缩手缩脚,凭借言辞和先知们的预言反对勒皮都斯,你们希望得到和平而非保卫和平"。不过怎么能根据后面的小节来判断,在我们的关系从句中插入 vatum carminibus 完全没有使文本变得更令人满意。兰格认为,菲利普斯把"取消诸神对西比拉预言书的照料"放在"诸神对国家的照料的延续"的对立面。但国家与西比拉预言书的这样一种并置简直不可思议。把西比拉预言书称为 vatum carmen,会由于把单数的 carmen[预言]放在复数的 vatum[先知们]旁边而必然十分奇怪。复数的 vates 本身完全不是什么引人注目的东西,兰格也正确地注意到,作家笔下的西比拉预言书碰巧被称为 carmen Cumaeum, Euboicum, fatidicum;但把单数的 carmen 和复数的 vatum 联在一起,则是兰格的生造,而一般来说这种生造是几乎不被允许的。

此外,我也能够肯定,兰格对带分词 omissus 的独立夺格的看法是不对的。众所周知,带过去完成时分词的独立夺格,通常涉及主要动词的主语发出的一个动作;不过也确实还有许多其他方式的情况,而此处绝对看不出为何带 omissus 的独立夺格应当是一种特殊状况。实际上,兰格自己引用的三个小节,或多或少与他为 omissus 制定的规则自相矛盾:西塞罗,《为利伽瑞乌斯辩护》(Cic. pro Lig.)1.1:omissaque controversia omnis oratio ad misericordiam tuam conferenda est[且我必须避免争论,把整个演说转为祈求你的同情];塔西佗,《编年史》(Tac. Ann.)15.6:alii occulte pepigisse interpertabantur, ut omisso utrimque bello et abeunte Vologaese Tigranes quoque Armenia abscederet[另一些人认为他们之间已暗中缔结一项条约,规定双方结束战争且沃罗盖色和提格剌内斯退出亚美尼亚];以及李维,《自建城以来》3.46.9:postquam omissis rebus aliis prae cura unius nemo adibat[由于人们关心这件事情,其他事情都遭到遗忘,所以无人上前]。兰格认为第一个小节不适用于特殊情况,因为"演说家"——他允许把争论放到一边——至少是句子的逻辑主语。但至于另外两个小节,某种这样的东西没办法使之生效:塔西佗的 utrimque[双方]无疑不是兰格设想的提格剌内斯和沃罗盖色,而是罗马人和帕提亚人,或者科尔布罗(Corbulo)和沃罗盖色;而在李维的那一小节中,十分显然,omissis rebus aliis[其他事情都遭到遗忘]的施动者,不是行为主语 nemo[无人],而是那些有寻求正义的动机的人。

  由此证明,兰格试图复原我们这一小节的原文所据的前提,完全靠不住。因此,维尔茨在雅各布斯版第 10 页提出的猜测 omissa cura nostra[疏于我们的照料],在语言上无可指摘。但基于同样的原因,我们必须拒绝欧热利的 omissa a senatu cura——实际上,说这与 omissa cura nostra 没多大不同是不合理的。此外,还有一些提出的修订方案,用不着认真考虑,只需一个简单的罗列足矣:舍内(A. Schöne)猜测是 hanc urbem securam 或 hanc urbem vobis sacram,贝格(Bergk)猜测是 obnixa cura,克劳特(Kraut)猜测是 nimis securam，诺瓦克（Novak）猜测是 non remissa cura。

我不会再搞错，我们已获得对我们的小节的一种可能的补救（Heilung），如果我们考虑到，在我们的演说发表之时，没有执政官在位（参《菲利普斯在元老院的演说》第 21 节的提议："让摄政克劳迪乌斯、资深执政官卡图路斯及其他有权之人保护京城，设法不让共和国受到伤害"），因此缺少这样的官员去尽第一行中的义务：照料京城和国家的安全。这一考虑引导我得出这一猜测，撒路斯提乌斯写的是 omissa consulum cura［疏于执政官的照料］，由此诸神守护的延续与执政官照料的取消形成对立。梵蒂冈抄本中时有发现细小的空缺。璞瑞斯奇阿努斯（Prisc.）卷一第 243H 页证明，我们的演说第 14 节的 tribuniciam potestatem［保民官权力］之前，就丢了 pleibei［平民的］一词，而我相信，大多数新的编者已在文本中正确地意识到这一点。也许正是我们的小节中 consulum 的脱落提示我们，梵蒂冈原本中的词是简写的（参我们的演说的标题中 in senatu［在元老院］作 in sea），且未被抄工理解。

第 10 节：an expectatis, dum exercitu rursus admoto ferro atque flamma urbem invadat? quod multo propius est ab eo quo agitat statu quam ex pace et concordia ad civilia arma: quae ille advorsum divina et humana omnia cepit non pro sua aut quorum simulat iniuria, sed legum ac libertatis subvortundae.［难道你们在等军队再一次逼近，以铁与火入侵京城？因为，从他现在行动的位置，比从和平与同心，到内战的距离近得多，那个人违背一切神法和人法而攫取的东西，不是因为他本人或与他类似的那些人遭受的不义，而是要颠覆法律和自由。］根据 exercitu rursus admoto［军队再一次逼近］这些词，新的注家一致认为，在我们的演说发表的那个时间点之前，勒皮都斯已有一次带军逼近罗马。科尔特（Corte）把 rursus［再一次］注为马略和秦纳对罗马的进攻，此演说的第 19 节会指出这件事。

但此次对罗马的进攻，之前从未在任何地方提到过，鉴于相同的情形，比如考虑到苏拉时期对罗马的两次占领，菲利普斯也可以同样用 rursus 一词。但如今对 exercitu rursus admoto 的通常注释在我看来无法接受。如果勒皮都斯已有一次带军逼近罗马，菲利普斯无疑会清楚明确地说出来。但这没有发生。菲利普斯只在第 6 节以降提到勒皮都斯亲自招募武装人员，此外我们毫无疑问还要思考发生在罗马的事情。既然之前没有提到勒皮都斯朝向罗马的敌对的进军，但菲利普斯不可能忽视一个如此重大的指控，因此我们必须认为，实际上勒皮都斯在之前并未进行敌对的进军。在我看来，由此 rursus 要解释成，在我们的演说发生之时，勒皮都斯率领的那支军队，至少其中好的部分，之前已和勒皮都斯存在于罗马之中或附近。毫无疑问，勒皮都斯受命去埃特鲁里亚之前亲手招募的那一伙人跟他去了埃特鲁里亚，而且可能勒皮都斯带着军队从罗马出发去南埃特鲁里亚——离罗马一点也不远——已经有一长段时间，他在发动叛乱之后马上就能将其投入战役。我相信，我们必须把 rursus admovere 理解为只是京城附近的又一次行军 (Führen)，而不是再一次引兵 (Heranführen) 向城，因此 rursus 只是描述军队回到过去已占据的一个位置。

根据新近注家的看法，菲利普斯用 quod multo propius est ab eo quo agitat statu quam ex pace et concordia ad civilia arma [因为，从他现在行动的位置，比从和平与同心，到内战的距离近得多] 这句话说，勒皮都斯从现在占据的位置，到以火与剑进攻罗马，比起勒皮都斯早就在做的、从和平到国内战争的步骤，是小得多的一步。这些想法无可厚非，但在我看来，传世文本并非毫无问题。在此，与提到的间隔相关的两件事情在同一个主句中，主语反而是对照句 (Vergleichungssatze) 中的两件事情的距离。毫无疑问，这里我们还有一个严重的错格 (Anakoluthie)。如果我们在句子开头即 invadat [入侵] 之后嵌入介词 ad，就可以排除这一问题。在我看来，对文本的这一细小修改是必要的，由此使组合句(Periode)得到纠正。

在所有新版本中，在接下来的句子中可以发现 cepit[攫取]之后有一个逗号。但没有注家就 non pro sua aut quorum simulat iniuria[不是因为他本人或与他类似的那些人遭受的不义]与前文的关系作进一步说明。这些词既然不能被视为与 advorsum divina et humama omnia[违背一切神法和人法]相对照，那么它们本身就是对立的：sed legum ac libertatis subvortundae[而是要颠覆法律和自由]。但我相信，我们也不能从 non pro sua aut quorum simulat iniuria, sed legum ac libertatis subvortundae 中看出对 advorsum divina et humama omnia 的进一步实行；根据这种见解，这一无连接结构(Asyndeton)非常奇怪。如果我们在 cepit 之后不加标点，并认为 advorsum divina et humama omnia 不应当只是对 quae ille capit[那个人攫取的东西]的进一步规定，而是对 quae ille capit non pro sua aut quorum simulat iniuria, sed legum ac libertatis subvortundae 的进一步规定，这一小节的每个困难就会逐渐消失。勒皮都斯不是为了报复不义，而是意图颠覆法律和自由，拿起武器，故称其为对一切属神和属人秩序的违背。欧热利已在 1831 年和 1853 年的版本中去掉 cepit 之后的标点；但他没有对这一小节作注。

第 16 节：neque te provinciae neque leges neque di penates civem patiuntur[无论行省、法律还是家神，都无法容忍你作公民]。这些词包含一个巨大的困难，最初由蒂奇发现。只能这样理解传世文本，换言之即勒皮都斯再也不能成为一个公民，首先是因为他掠夺过各个行省，其次是因为他违反法律，最后是因为他曾对着家神起伪誓。把行省、法律和家神并置本身就够奇怪的，如果考虑到以下这点就会显得奇怪至极：最先提到的是行省，可如果问题是某人被允许作为罗马公民，绝不会最先提到这个；另外，发生在行省的勒索行为，固然会受到流放的惩罚，但这已包括在违反法律之中。此外，我们这个传世的句子与上下文不连贯。在前述内容之后，我们期待进一步讲述勒皮都斯不安的灵魂，或者在这期间即使他放下武器，为何人们还必定处于恐惧和担忧之中；但绝无证据表明，勒皮都斯因其至今为止犯下的罪恶而不再能成为公民。蒂奇倾向于接受在 provinciae［行省］之后掉了 magistratum［官职］一词。但插入 magistratum 丝毫没有消除这一小节的困难。虽然 neque te provinciae magistratum 不会与 neque di penates civem patiuntur 形成糟糕的对照，但可以说一个像勒皮都斯那样不安的灵魂，不管担任某个行省的官职还是作为罗马公民，都令人难以容忍；此时勒皮都斯的执政官任期已结束，如果他放下武器，就只能先以私人身份回到罗马。但 neque leges 这些词完全无法理解。蒂奇的猜测难以令人满意，同样难以令人满意的是，马兹维(Madvig)在 *Advers. Crit.* 2293 f. 中对这一小节的尝试性理解。马兹维相信，要把 provinciae 的前三个字母看成 populi Romani［罗马人民］的缩写，并进一步认为，这个词的剩余部分，vinciae，也许最初是 iudicia［诸审判］。但这里的 iudicia 不可能作为 leges［法律］和 di penates［家神］的第三项放在这里。就此而言，诸审判不能忍受勒皮都斯作为公民，与法律不能忍受他是一样的。奥伊斯讷(Eussner)的猜测 neque te provinciae regem neque di p. c. p. 和维尔茨的猜测 neque te proconsulem legiones neque di p. c. p.，我相信无需详细证明其不合理之处。

  我认为，只需改动一个字母，就能从传世文本中获得令我们满意的意义：leges 当写作 reges［诸王］。从而意思就是，一个像勒皮都斯这样不安的灵魂，既不能在各行省，亦不能在诸王国，最后也不能在祖国，使自己成为公民。在那个时代，罗马世界分为意大利、各行省以及附属于罗马的诸王国这几个部分。把 provinciae 与 reges 或 regna［诸王国］并置，经常见于撒路斯提乌斯（例如，《勒皮都斯的演说》13、《科塔的演说》14、《玛刻尔的演说》6、《尤古尔塔战争》31.20)。就 civis[公民]一词的含义而言,西塞罗在《论共和国》3.25.37(animus corpori dicitur imperare ut rex civibus suis[据说,精神统治肉体有如王统治自己的公民])也将该词用作"王的臣民"。鉴于我相信的这个想法,菲利普斯也许会持有这种看法,即勒皮都斯不仅在罗马和意大利,而且在任何地方都令人不堪忍受,像他这样的一个人,不可能适于任何一个有秩序的政体。

第 16 节:perge qua coeptas, ut quam maturrume merita invenias[继续你开始的事情吧,以便尽快遭到应得的惩罚]。"继续"预设一个必不可少的假定,即某人已经开始的事情已经开始。因此,现在时动词 coeptas[开始]在这里是不可能的。我们在普林尼《书信集》(Plin. *Ep.*)7.8.2 中读到 perge ut coepisti,因此在撒路斯提乌斯的 perge qua 之后,只可能跟完成时。但这里的完成时绝不可能如科尔特所说是 coepisti,而是 coeptasti。音节 ti 在随后的 ut 之前非常容易脱落。

第 17 节:quanto mehercule avidius pacem petieritis, tanto bellum acrius erit, cum intelleget se metu magis quam aequo et bono sustentatum[赫拉克勒斯在上,你们越热切地要求和平,战争就会越激烈,当他意识到凭借畏惧比凭借公平和好更能维持自己]。这里勒皮都斯对元老院的首要动机的认识,是一种非常奇怪的方式,元老院以其一贯的迟疑作风,处于一个不确定的未来之中。这本身就已相当奇特,何况勒皮都斯的认识涉及的从句,与长句的其他部分之间的关系,更是完全不清楚。此外,菲利普斯已在第 5 节把勒皮都斯对大部分元老的蔑视归因于后者的畏惧:despecti et indigni re publica habiti praedae loco aestumantur, quippe metu pacem repetentes, quo habitam amiserant(或者更确切地说,考虑到那整个相互关系,有必要写成 amiserunt)[那些遭蔑视且对共和国无足轻重的人,被视同战利品,因为这些出于畏惧重索和平的人,正因畏惧而失去曾有的和平]。据此,由 intelleget[他意识到]一词产生的疑问就不复存在。因为勒皮都斯明白,元老院以其作风,在面对他时迄今仍受畏惧引导,他由此相信,一旦发生一场军事冲突,以其对手的力量,他无需长久地作极端的努力。

布赖斯高地区,弗莱堡

图书在版编目(CIP)数据

罗马共和纪事 /(古罗马) 撒路斯提乌斯著; 张培均译注. — 北京:商务印书馆, 2023
("经典与解释"丛编)
ISBN 978-7-100-22107-8

Ⅰ.①罗… Ⅱ.①撒… ②张… Ⅲ.①古罗马—历史 Ⅳ.① K126

中国国家版本馆 CIP 数据核字(2023)第 043363 号

权利保留,侵权必究。

"经典与解释"丛编
罗马共和纪事
〔古罗马〕撒路斯提乌斯 著
张培均 译注

商 务 印 书 馆 出 版
(北京王府井大街36号 邮政编码100710)
商 务 印 书 馆 发 行
南京新世纪联盟印务有限公司印刷
ISBN 978-7-100-22107-8

2023 年 8 月第 1 版	开本 880×1240 1/32
2023 年 8 月第 1 次印刷	印张 11⅛

定价:58.00 元